上海教育丛书

陆 逐/著

品课：语文与立身

上海教育出版社

《上海教育丛书》编委会

《上海教育丛书》历届编委会

总　序

　　建设一流城市，需要一流教育。办好教育，最根本的是要建设好教师队伍和学校管理干部队伍。

　　在长期的教育实践中，上海市涌现了一大批长期耕耘在教育第一线呕心沥血、努力探索，积累了丰富经验的优秀教师；涌现了一批领导学校卓有成效，有思想、有作为的优秀教育管理工作者。广大优秀教育工作者教育教学和管理工作的经验，凝聚着他们辛勤劳动的心血乃至毕生精力。为了帮助他们在立业、立德的基础上立言，确立他们的学术地位，使他们的经验能成为社会的共同财富，1994年上海市领导决定，委托教育部门负责整理这些经验。为此，上海市教育局、上海市中小学幼儿教师奖励基金会组织成立《上海教育丛书》编辑委员会，并由吕型伟同志任主编，自当年起出版《上海教育丛书》（以下称《丛书》）。1995年上海市教育委员会成立后，要求继续做好《丛书》的编辑出版工作。2008年初，经上海市教育委员会领导同意，调整和充实了《丛书》编委会，并确定夏秀蓉同志任执行主编，协助主编工作。2014年底，经上海市教育委员会领导同意，调整和充实了《丛书》编委会，确定尹后庆同志担任主编。至2022年3月，先后共编辑出版《丛书》139册。《丛书》的内容涵盖了基础教育和中等职业教育的各个方面，包含有较高理论水平和学术价值的著作，涉及中小学教育、学前教育、师范教育、职业教育、校外教育和特殊教育，以及学校的领导管理与团队工作，还有弘扬祖国优秀文化、促进国际教育交流等方面的著作，体现了上海市中小学教育改革与发展的轨迹，体现了上海市中小学教育办学的水平与质量，体现了优秀教师和教育工作者的先进教育思想与丰富的实践经验。《丛书》出版后，受到广大教师、教育工作者及社会的欢迎。

为进一步搞好《丛书》的出版、宣传和推广工作，对今后继续出版的《丛书》，我们将结合上海教育进入优质均衡、转型发展新时期的特点，更加注重反映教育改革前沿的生动实践，更加注重典型性、实用性和可读性。希望《丛书》反映的教育思想、理念和观点能起到抛砖引玉的作用，引发大家的思考、议论和争鸣；更希望在超前理念、先进思想的统领下创造出的扎实行动和鲜活经验，能引领当前的教育教学改革工作，使《丛书》成为记录上海教育改革历程和成果的历史篇章，成为广大教师和教育工作者的良师益友。限于我们的认识和水平，《丛书》会有疏漏和不尽如人意之处，诚恳地希望广大读者提出宝贵意见，帮助我们共同把《丛书》编好。

《上海教育丛书》编委会

2022 年 3 月

序

　　我认识作者大概有 30 多个年头了。他是在 1999 年评上上海语文特级教师的，此前他（作为区教育学院的教师）已被评为副教授了，按常规是不能再评中学特级教师的。当时我们有个想法，区教育学院进修部的教师可以评教授系列职称，师范大学中从事"中小学教学法"教学的教师可以评中小学特级教师职称。这些想法在当时获得了批准，因此陆逐就成为一个有双重职称的教师。当时，我参加了中小学教师高级职务评审的工作，因此我对他的专业水平是比较了解的。

　　在我面前放着陆逐老师写的这本书稿，因时间关系，只能概要地浏览一遍，却给我有耳目一新的感觉。我平时看的很多是教师怎么上课的文章，很少看到评论他人上课的文章。陆逐老师既是一位语文老师，又是一位语文教研员。他对自己的要求是"手有教材，心有学生"，而且还要"心有教师"！

　　陆逐的这本书，从内容上可以分为四个部分。第一部分写他是怎样评课的。事实上，评课是中国教师最基本的教研活动，是十分讲究的。就语文而言，它涉及课内与课外，教师与学生，内容多与少、难与易、有兴趣和没兴趣，教得快与教得慢、开头与结尾、主题与质疑、语气强与弱，讲与想、讲与练，作业与练习，等等。这中间有教育理念，有语文学科和语文教学方面的专业知识，也涉及心理学、教育学，甚至人际关系学、公共关系学，等等。书中这部分接地气，很实在。

　　第二部分是对上课的理性认识。这里进一步显示出本书的特色——实在。讲课第一条是学生能懂，最好是每个学生都懂，当然这是一种理想的情况。有时候有些学生似懂非懂，教师就要想办法让他们弄懂。如果时间不允许，那就要求学生不放弃,在以后有条件时弄懂。其实这种情况我们自己也是有过的,好的教学要适时生成,既"积累"懂的,也积累(不放弃)不怎么懂的。弄懂不懂的,那也是今后学习的目标。

第三部分是他认为的学生必记的知识,有些是容易忽视且很难教的知识,如中国的文言文等。这部分里有他教学的经验与见解,也有一些个性特征,可供参考与借鉴。

第四部分是作文指导,我觉得作者在这方面是有独到见解的。他把培养人看得很重,在学生知识的拓展与积累上下功夫,在对学生的质疑及批判性思维的培养上下功夫。我认为他真正抓住了语文教学的重点!

陆逐老师的这本书整体特点是实在,他就是在实实在在谈怎样教好语文课。他从培养和培训教师的角度出发,关注语文教学的基础,特别是教师在教学工作中一定会遇到的但有时又会被忽略的事情。

本书的"实在",体现在学以"致用"。我这样说,不是指这本书可以解决语文教学中的所有具体问题,而是作者的思路可以借鉴和举一反三。

本书的"实在",体现在培养"质疑"上。质疑与批判性思维以及创新精神的培养是联系在一起的,这在高中语文学科核心素养中有明确的表述,这是培养学生面向未来的"致用"。

本书的"实在",体现在重视"积累"上。要学好语文就要积累,有了积累,就有学生学习语文的进阶和色彩(个性)。这种积累离不开教师的指导和学生自己的揣摩。积累的本质也是"致用"。积累是一辈子的事情,这对语文老师来说也是一样的。

本书的"实在",还体现在"流畅"上。要达到流畅,首先要做到可读,再进一步就是读后要有愉悦感。作者把"流畅"放在评课的标准中,我很赞同。进一步说,这也是"致用"的艺术要求。

陆逐老师是教语文出身,他从教至今一直没有离开过教学岗位(包括培训教师)。陆逐老师还是作家,写过几部长篇,还有短篇,有散文、杂文、电影剧本等。

我在这里介绍作者及他的这本书,不单单只是为了语文教学,我们每个人都学过很多年的语文。就我而言,我是学物理的,回忆起自己的学生时代,语文是对我影响最大的学科之一（当然物理也是）。在工作中，我更体会到语文的重要性。近年来，对语文学科的讨论引起了社会的极大关注。因此，我想本书的教育观对语文学科及其他学科的教师和专家都是可以借鉴的。

　　是为序。

2021 年 10 月

自 序

我的一位朋友看完这本书后,给起了个书名——"语文与立身",我看了后浑身冒汗。但是,语文教师当然应该靠语文立身!难道要靠别的什么立身?他说得没错呀!我决定略加修改,把书名定为"品课:语文与立身"。

我发现每年高考后都有不少热心人收集各地试卷的作文题目,不管是否有人注意,他们都开始写同题作文,而且任凭人家说好说坏,依然我行我素。同样,要是有人问考生的成绩,往往总是先问语文成绩,像是遵循某种规矩似的。我国古代私塾不也是只教"语文"吗?好像就只有这一个学科。到了近代,才分门别类,有了好几个学科……我后来当了语文教师,常常要去听课。我发现学校领导几乎都爱听语文课。他们是不是对语文特别感兴趣?这肯定是原因之一,然而我想,最大的原因恐怕是他们以为只要识几个汉字,就能听懂语文课。

其实,"隔行如隔山",只识得几个字是听不懂语文课的。这位教师为什么教得好?不足的地方又有哪些?这堂课的达成度有多少?课的节奏和容量合适吗?教师处理生成原则有什么独特的地方?教师的整体素质如何?……这些问题,听课的人都能回答出来吗?常言道:"外行听热闹,内行听道道",那些听语文课的人究竟能听出什么"道道"呢?

我们都知道"文以载道"的意思。以为学好了语文,就能明白"文"中的道理,就能用"文"来向别人说说自己悟出的道理。我想语文教师应该把"文"中所述的道理都悟出来并告诉学生,而且还要教会学生自己去悟,让学生明白怎么样才能悟出来,悟得深刻,悟得实在,在悟中明是非,因为并不是任何道理都是对的。

然而,光靠悟,又是远远不够的。不跟实践结合,语文是教不好、学不好的。

没有开阔的视野和宽广的胸怀，语文最多只能给人提供一些便利，培养不出一流的接班人！学语文必须学会辩证思考，质疑学问。既然世界的一切都能用语言文字描述，我们就应该尽力去学懂世界的一切，尽管这并不现实。然而，这只是靠语文立身走完万里长征的第一步，因为学语文，你必须承担改造世界、创造世界的重任！

语文教师的责任重大，不仅要传承人类的优秀文化，还必须让学生了解世界、理解世界。语文教师要借助语言文字把传承的优秀文化发扬光大，并且继续传承下去。语文教师要借助语言文字把对世界的了解告诉学生，让学生更好地成长，更好地生活。

我国封建社会有科举制度，选拔人才往往是"一篇定终身"。就语文而言，过去似乎认为，不管教学生什么，识字、写字、文法、句法……都是为了学生能写出一篇可以助其步入仕途的文章。但现在，语文教学不是仅仅教学生写一篇有质量的文章。你能从别人的一篇文章中发现多少有用的信息？你能从一篇古文中学到什么，发现什么？你学的语文能为你立身起到什么作用？学好语文是能够帮助学生立身的。语文教师不也是靠着语文使自己不断提升的吗？文化滋养着人的精神世界，文化又因人的精神创造而展现辉煌！

我可以把自己学到的都教给学生吗？不行，因为我学得太多或不够，学得太深或太浅，学得太新或太旧……我必须重新咀嚼，必须有所选择，重新加工，尽可能把对的教给学生。我们知道，几乎所有语言类学科都应该考"听、说、读、写"，我国的语文考试只考"读"与"写"，这似乎并不完整。但不管怎么考，反正我教语文，这些都得教。

人们对外部世界的描述，总是尽可能做到与外部世界相符。但是其中有时因为主观认识的差异，所写文章内部逻辑的序与外部世界逻辑的序并不完全一致，思维的序与运用语言的序也会有所不同，甚至因为文化差异，逻辑思维方式也会不同，个体兴趣爱好差异也会导致同样的现象。但是，只要你写，总是期望有人能读懂，哪怕是写给自己（以后有可能读到），也要能读下去。文章能不能流传，在文章的逻辑的序中应该能看出来，如文章的写作对象是什么，内容是什么等，否则怎么流传呢？须知，有不少能读的文章也不见得能流传。

要说到"读"，就必须说清楚作者是怎么写的，他那样写是为了什么；他可以写得很精练，但为什么写得那么详尽；他应该详尽地写，却偏偏点到为止，是在忌讳什么吗……你要想到字里行间去,想到纸的背后去,想到作者的脑子里去,这就很见功力了。

有人说,你想得那么多,但是作者常常说没想过,这又该怎么解释? 是还真出现过这样的情况。有些名人的文章被用作考试材料,试题的答案也许不完全是作者的想法,但也很有道理,为什么不能考呢? 须知,"阅读"也是一门科学!

现在说说"品课",评课一般是以质量高低作为标准的,而品课更多的是品品课的细节问题,是一种又细又粗的咂摸。不管怎么说,评论都得有一个共同的大的标准,那就是美的原则——完整、和谐与流畅。我们常常说,上课是遗憾的艺术。遗憾,就是对美的追求的不满足,或者说是对追求完美的美感到不满足。其实真正的完美总是有着遗憾的。要评价一堂课,需要从多方面去考察:整体的安排和谐吗? 学生对课文内容的理解过程流畅吗? 他们感觉到的问题是否充分体现出来了呢? 他们发现的问题解决了吗? 他们学得扎实吗? 他们又会如何编码呢?

就像写文章一样,你在上课之前就要考虑好先讲什么再讲什么,想一想在哪里先得有个铺垫或伏笔,是要让学生先警觉还是顺其自然;怎么才能让学生学会,要检验,要启发,要深化;学生会不会用,要不要试一试,这些是不是如行云流水……

早年我也写过一些关于语文品课的文字,5 万字左右吧,结果一不小心,点错了键,屏幕上瞬间一片空白! 我的电脑水平也实在臭! 于是许多年来我都不再想写这本书了。特别是想到这本书偏重实用,早晚有人会写,就更是懒得动笔了。后面我到过许多地方听课,发现许多司空见惯的问题上课者似乎从来没有注意过,结果犯了错。我总想去提醒几句,又想自己是否多管闲事了,我未必比别人多懂点什么。我跟成功教育的倡导者刘京海关系很好。他曾说,最让他痛心的是:"许多有经验的教师退休了,他们的有效经验也被带走了,这是教育的最大浪费! 因为许多大学刚毕业的年轻老师又要在教学中重新摸爬一遍,花费好长时间……"我没有他那么大的抱负,但是也许我的许多看法对上课者是有用的呢? 也许我的经验能够让他们少走些弯路,哪怕省下一点时间去做别的更有意义的事,享受一点生活的乐趣也是好的。于是,我就写了这本书。

本书由我写的 40 篇文章构成,有的发表过,有的是初次面世。第一辑共 11 篇文章,写的是语文教师应该具有的理念;第二辑共 17 篇文章,写的是上好语文课和语文教学的一些基本的技术性问题,有知识、技巧和经验;第三辑共12篇文章,写的是作文指导。每辑的开头都有导读。客观地说,书中的有些内容在理解或操作上是有一些突破的,能够带给读者一些收获。自然,本书也难免存在差错,恳请智者指正。

  本书很适合语文教师阅读。有人说阅读本书可以让年轻教师早点及格,早点走上"教学自由"的道路。虽然这种说法可能有些夸张,但是至少我是有这样的愿望的。本书也适合高中生或正在为高考做准备的学生用,因为有些技巧和思维模式,对年轻人、对语文备考者有一些现实的借鉴意义。

陆逐

2021 年 12 月

目录

第一辑

语文教师应该具有的理念

　　本辑有11篇文章，介绍的是语文教师应该具有的理念。语文教学改革已经开始很长时间了，教学改革的实效也已经在语文教学的许多方面显现出来，有的已经取得了很大的成功。

　　我本以为我说的一些理念是老生常谈，却不料听课时发现，有一些语文教师竟然对此毫不知晓，特别是年轻的语文教师。

　　我是一名语文教师，我教过初中、高中、大学的语文，而且学生评价"教得还不错"。在本书中，我必须尽自己最大的努力，把我认为语文教师应该具有的理念，用自己认为还算清晰的语言表述出来，希望能够让语文教师特别是年轻的语文教师有所收获，成为令人信赖的语文教师。我把这件事看作自己的一种责任！

在我看来,理念有一个主观参与并逐渐形成观点的过程,有一个吐故纳新的过程,甚至对有的人来说还有脱胎换骨的意思。观点则几乎是已形成体系的认识或见解。前者是动态的,后者则常常有着静态的特征。我们教语文的很强调教育、教学理念的转换,并认为,要教好语文,这些理念必须与时俱进,必须在转换中常换常新。这个转换的过程有时是刻骨铭心的,甚至是痛苦的,然而一旦转换成功,则往往茅塞顿开,产生如虎添翼般的生机。因此,我认为语文教师有这样一个动态过程,对其职业生涯的发展是有所帮助的。

有些理念的解读已经超越语文的范围,似乎对教其他学科的教师也有用。这些理念适用于很多学科,因为学科教学理念本来就有相通之处,常常无法分得那么清楚。我强调了教学中的"本体意识""整体阅读意识""两个到位意识""达成度意识""节奏和容量意识",以及教师很需要然而听不到的"自我保护意识"等。我认为这些意识是几乎所有教师都必须具备的。另外几种意识则大概都适用于语文教师,如"语感与语用意识",从美学角度看语文课的完整性、和谐性和流畅性,等等。

虽然如此,在介绍这些教学理念时,我是从语文教学的角度加以陈述的,如讲"本体意识"时主要讲的是"语文本体"。我写的那些,对语文教师而言应该是贴切的,因为其中有我的特殊体验和温度,是能够跟同行沟通和交流的。

01 属于语文教师的语文本体

有一次,有个区拿出所谓最好的课让我听。听罢,我对带我来听课的教研员说:"这是语文课吗?……"我听过不少课,说实话,有些课不是语文课,尽管名义上都叫"语文课"。如果有教研员在其负责的区域是这样辅导教师上语文课的,那么还有语文课吗?注意,我没说"一流的语文课"。也有一次,我听有关老北京胡同的课,课上教师出示了上海旧弄堂的照片,里面有许多卖杂货的摊贩,还有各种叫卖声的录音……我评课时能说什么呢?我只能说:"刚才听了一堂介绍以前上海风俗的课……"我确实没有听到语文课,真的!语文教师居然把"语文"丢了,把语文本体丢了,这真是咄咄怪事!

一、语文课的拓展离不了语文本体

我这样说,好像自己就做得很好,其实不然。记得大概在十年前,我带一位我辅导过的教师到沈阳参加一次全国语文教学大赛。以前,凡我带的教师参赛十有八九会得第一名的,这次居然只得了二等奖。究竟是什么原因影响了评奖?想了好久,我想问题应该是出在"拓展"这个环节上。当时上海强调每堂课都要有拓展部分,如果没有,就不合格。我在辅导时也强调了这一点,结果正好教学大赛不欢迎这样的"拓展",所以影响了评奖的档次。

请问:语文课强调拓展有什么错?没有拓展的语文课有什么意义?我当时真的是这样想的。现在我想明白了,语文课当然要拓展,但不管怎样拓展,都不能影响整堂课的完整、流畅与和谐。用这一点来衡量这堂课,那么得二等奖就比较公允了。语文课的拓展,必然趋向现实生活。怎样才能让拓展的内容跟教材内容融为一体,而不是课的前面部分是一个样,后面部分又是另一个样?这应该是一堂完整的课,而且是语文课!

我记得上的课文是鲁迅的《阿Q正传》,当时是怎么拓展的呢?"在现代中国还存不存在'阿Q精神'?""应该怎么对待'阿Q精神'?"记得拓展时教师向学生提出了一个问题:现代中国当然也有"阿Q精神",那要不要"阿Q精神"?"要。我们也需要增强自信,也要适当的精神胜利法。""不要。我们要摒弃'阿

Q 精神'，真正树立信心！"然后是双方辩论。

虽然在这样的拓展中有比较积极的思维活动，一般说来是符合拓展的要求的，然而请思考：整堂课前与后是和谐、统一的吗？《阿Q正传》的主旨是否定精神胜利法的，是针对中国人的弱点加以批判的。从语文本体的角度看，如果肯定"阿Q精神"，这样的拓展当然是错的。

那么，怎样的拓展才是正确的呢？如果能够以理解鲁迅小说的一般主旨为要求，那么这样的拓展是对的。如果在这个基础上理解"阿Q精神"是中国人的一种弱点，那么这也是对的。如果能够由此联系到我们现在的中国人依然存在某种"阿Q精神"，那当然是对的。如果进一步理解鲁迅揭示了人类存在着的"阿Q精神"，那肯定是对的。因为这些都没有违背这堂课应该遵循的语文本体原则，体现了课的完整性和流畅性，而且在理解的深度上真正与语文本体原则和谐、一致。

二、语文本体的内涵

语文的含义是什么？这在语文界以前作了探讨。我们认为语文的含义，包括语文的内涵与外延。《语文学习》期刊的封面上清楚地写着："语文学习的外延与生活的外延相等。"也就是说，以语文作为载体可以告诉我们整个生活的一切。看来语文的外延不能作为语文本体，总不能把语文课上得像物理课、化学课、思想品德课……语文的因素涉及语法、修辞、逻辑、写作、美学……这些概念可能还很大，它们跟语文是同列的。语文本体涉及更基础的认字、写字、组词、造句、写作……甚至语文本体跟听、说、读、写的能力直接有关。如果要周延，那么语文课的文学味也应是语文本体的范畴。简单地说，这些才可以算作语文本体的内涵，也正是语文教师应该坚守的本位，舍此就没有语文，没有语文教师！

从动态而言，语文课是用以提高学生的语文能力的，在夯实基础中提高，在不断深入理解、欣赏中提高，不同阶段语文课的要求与难度也在不断地提高。从终身学习的视角来看，这个过程是没有止境的。甚至同一篇课文在不同的年级都能教，只是对语文本体掌握的要求不同罢了。

因此，语文课要有认字、写字的基本要求，教师要会写字，而且要写得好，笔顺要对。语文教师要会读，而且读得准确，当然也要让学生读，并作适当指导。教师要开口说，要分析讲解课文，不仅要到位，而且要和谐、完整。教师要写一手好文章,要能有理有据地赏析别人写的文章并比较恰当地打出等第。教师要让学生理解文章的写作对象,对文章的人物或主旨有逐渐深入和透彻的理解并进行评价。有时,甚至一个词或一个手法的改变,都会影响写作对象的科学性和客观性,都会影响文学意味的表达和传递。

经典课文的文学性也是语文本体的组成部分。语文教师承担着神圣的职责,就是要让祖国的优秀文学著作在学生的心中扎根,让崇高的中华文化的基因在学生的心中扎根。我们这里暂且不说那些古代的经典对社会和文化的影响,以及应该如何教学,我们怎么能不把鲁迅的"哀其不幸,怒其不争"讲清楚呢?怎么能不把鲁迅塑造的人物形象在世界文学长廊中的地位讲清楚呢?我们教舒婷的《致橡树》《双桅船》,怎么能不让学生了解朦胧诗,了解它的含蓄多义及其在中国诗歌发展史上的地位,并且爱上她的诗呢?我们教卡夫卡的《变形记》(节选),怎么能不讲虚幻与现实的结合,以及他对现代文学发展所起的作用……文学味,是文化传承的密钥,掌握课文的文学味也就成了语文教师坚守语文本体的密钥之一。

三、坚守语文本体与"点石成金"

坚守语文本体,就是要用好语文课上基础的东西,来弄懂课文的写作对象。这样,语文的外延跟语文课就有关系了。语文教师重在用学到的语文本体知识来把握写作对象,语文教师是教学生怎么用学到的语文本体和基础知识更好地理解内容和主旨的专家,而不是课文内容研究的专家,因为课文内容涉及各科的知识。学生学好了语文本体的知识,有利于他们更好地掌握课文内容,甚至对此产生兴趣。这才是语文课的当然目标。

学生兴趣产生之后,会对物理、化学、数学等相关学科感兴趣。他们以后在这些学科方面的发展,一般跟语文教师关系不大。但是,对此,语文教师没有什么遗憾,因为我们作为语文教师的职责已经完成了,这就是"点石成金"!

对创造力培养而言,人的兴趣多少会对此起到直接作用。更可贵的是,语文教师教会了学生自己运用语文本体知识来学自己感兴趣的学科。也就是说,学生已经具有一定的语文能力,能够独立学习前人的知识、经验、学问、理论,甚至是在此基础上作出的创造。这是语文教学的直接结果。

"点石成金"不是语文教师的专利,只要是教师,就必须珍视这种专利。教师不经意的一句点拨、一个赞许的目光、一次会心的感慨，也许会影响学生一生的发展。"你的作文写得真不错，你会成为作家的！"几十年后，这位学生真成了作家。"你对数学很敏感，有几个人有这样的天赋！"谁知道你这个语文教师的一句话竟然启蒙了一位数学家！

也许语文教师最能"点石成金"，因为跟其他学科教师相比，语文教师这样点拨学生的机会最多。其他学科教师的"点石成金"往往集中在本学科上，语文教师的"点石成金"却会涉及各科。语文教师必须给学生传授课文中包含的各种知识，包括语文基础知识。也只有在这样大量的实际语言运用中，语文本体中的基础才能真正落到实处，对学生的可持续发展发挥长远作用。

语文教师当然会喜欢对语文感兴趣的学生，但我们培养学生不会只希望他们当语文教师或作家。我们的学生会在各行各业发展，在各个领域里为祖国的发展做贡献。只要学生掌握的语文能力对他们从事专业的长远发展有益，就说明我们对得起他们，我们尽到了语文教师应尽的职责。

02 语文教学方式与语文教师的魅力

语文教师的魅力在哪儿？乍一下子恐怕说不清。我知道以前的语文教师是很有魅力的。早年没有电视，甚至没有收音机，看电影也是偶尔的事。那时的语文教师似乎什么都知道，会讲故事，会讲你不知道的一些东西……这个时候，若要问教师中谁最有魅力，回答者中大多数都会选择语文教师。慢慢地，有了收音机，有了电视，有了计算机和互联网……语文教师的魅力就减弱了。语文教师说的话，一般没有演员那么动听，长得也往往不如演员那么美那么精神，知道的也常常没有专家的多或深刻……而语文课文呢，哪怕没有深入地学，有的同学也能看懂一些……哪怕有的地方不懂，查查词典也能明白得大差不差……语文教师在学生心目中的地位降低了。这是个现实，语文教师必须积极面对。

要问怎么样的教师才最有魅力？我的回答是，能教会学生懂得如何做人的教师，才是最具魅力的！

一、语文教师的魅力与体验式教学

如上所述，仿佛语文教师的魅力来自其传递的信息。他们像是说书先生？像是主持人？像是演员？……这些说法都对，又都不对，因为语文教师不仅要传递信息，还要教学生如何更好地传递信息——教学生学会语言运用。就像信息与传递信息是两回事，各种知识使用语言传递的技巧也是两回事。客观地讲，以前语文教师的魅力的确有一部分源自其传递信息方面的作用，在通信技术不发达、信息不发达的年代传递信息自然有其重要作用，但是语文教师更重要的作用是传授语文本体方面的知识与能力，尽管这些常常不被人们注意。现在信息传递的方式越来越多元，传递的信息也越来越多样，于是看起来，语文教师的魅力也渐渐减弱了。但随着语文教师在语文本体知识传授方面作用的不断增强，语文教师的魅力也在不断增强。

现在很推崇体验式学习。对语文教师而言，一方面让学生在体验中学习语文知识，形成能够不断自我纠错、不断提高的机制；另一方面让教师在体验式教学中不断提高教学水准，在学生弄懂并掌握知识的过程中，妥善、及时、科学地加以指点，旨在最终让学生自觉地独立掌握知识和能力。

我国历来有"读万卷书，行万里路"之说，强调知识和理论只有在实践中才能最后被验证。也就是说，只有体验过、验证过的知识和理论，才能真正被掌握，才能真正发挥作用。因此，推崇体验式学习或教学是很有必要的。其实，以前有作为者的学习也并非没有体验，并非没有实践，只不过这种体验往往被掩盖了，甚至无人知晓。人们在自己体验，在没有人指导的情况下独自体验。有的人走的路对了，成功了，但他们常常忘记有过体验的过程；而有的人走的路错了，失败了，也没有人指正，他们想当然地认为是因为自己笨或者是时运不济。

恢复体验式学习的本源吧，科学学习的过程本来就离不开体验。语文教师只有自觉地运用体验式教学，才能让语文本体的回归更有效率，有更实用、长远的价值。

不管我们承认还是不承认，有的学生连写的字都像老师，甚至连待人接物、走路的样子、思考的方式都像老师，这是为什么呢？这个过程中难道不存在体验式学习的因素吗？这给我们两点启示：一是我们应该在教学中更自觉、更多地让学生进入体验式学习；二是我们为人师表，就要更严格地要求自己。

语文教师的魅力是永存的，因为语文教师的魅力体现在指导学生的体验式学习中，体现在语文本体的回归中！

二、体验式教学与接受式教学

有的学校一窝蜂地强调体验式教学，把它作为评课的唯一标准，如果在某堂课上看不到体验式教学，就断定这不是一堂好课。这样的做法在体验式教学刚推广时也许是很必要的，但将这作为绝对的标准，就是个问题。

首先，体验式教学是个很宽泛的概念，甚至不能采用统一的模式。我在听课时发现，一旦教师上课有上不下去的现象时，一定是因为这位教师没有把握好"不同的孩子有不同的体验"，遇到这种情况，教师只能自己一口气讲完了事。如果教师能够跟学生一起体验，既有与学生相同的体验，又有区别于他们的体验，这样的课，教师能不上得举重若轻吗？

其次，即使教师自觉追求体验式教学，也不可能做到没有一点接受式教学的痕迹。对于有些学生已经完全掌握的知识或能力，我们如果仍然用体验式教学,必然会多费不少时间。课堂教学时间是固定的,这里多了那里就少了。在毕业班上语文课,或者新接其他教师教过的班,尤其免不了会用到接受式教学,因为要了解学生本该学过的知识点是否真正学过,是否真正掌握。这时候我们常常要通过接受式教学来了解学生的知识掌握情况并且补上没有掌握的知识点,否则时间就会不够用。

更何况,以前学校教学以接受式教学为主,不是也培养出了不少人才吗?有不少大学教师,甚至是很有名望的教师,他们采用的教学模式本质上不还是接受式教学吗?但是他们可以用自己的体验把学习的过程补全,尽管有的是自觉地补全,有的是不自觉地补全,有的补对了,有的要重新来过。

所以我们说,体验式教学与接受式教学是并存的。强调体验式教学是必要的,但一味地否定接受式教学是不可取的。

我曾在甘肃固原听过一位老教师上的语文课。他是一讲到底的,但他的教学中也有体验的元素。他把自己的体验跟学生的体验结合在一起了。学生的确很少提问,但是问题已经解决了,学生不提问也没什么问题。这样的课是应该被肯定的,而不能吹毛求疵地轻易否定。当然我对这位老教师的肯定也引起了轩然大波,经过我的解释和分析,才让大家认可。

虽然这样,我还是提倡在教学中自觉地把体验式教学与接受式教学的优势全发挥出来,因为我们需要这样的课。两者的结合本质上是科学的,就是教学改革的正确方向。

三、接受式教学与中国人的思维

在世界各民族的思维方式中,有相通之处,也有各民族的特点。一般说来,中国人往往首先倾向于整体思维,而西方人往往倾向于分析思维。在口语中我们常常说"我是中国人",而不说"我是中国人之一"。严格地讲,前者有逻辑错误,但是强调了整体的中国人的特征。从现代科学的发展趋势来看,整体思维的好处将大于分析思维。的确,依靠分析思维,西方人在科技方面走到了世界前列。他们常常思考:"水是由什么构成的?"于是研究出了 H_2O。"H_2O 又是怎么构成的?"于是从氧的原子量出发,研究出轻水和重水……中国人是怎么思考的? 我们往往是:"水有三态。水与土构成世界……"我不想简单地评说孰长孰短,因为世界未来的发展方向必然是整体思维与分析思维的统一。但是,思维方式的差异影响着对体验式教学和接受式教学的理解与使用。

整体思维是有不足之处的。为什么至今还有那么多教师对体验式教学有抵触呢？为什么不肯把学习的过程再细分一下，从而找出体验这一必备过程呢？为什么想通了却不肯付诸实践呢？是怕难吗？教师的责任难道不是为学生排忧解难的吗？

当然我们也不要忘了，分析思维也是有不足之处的。做得很细是应该的，但是要细分到什么程度？一味地细分下去，会不会走上经院哲学的死胡同？接受式教学我们是很习惯的，过去接受式教学盛行是因为什么？现在我们的学生几乎包括全部适龄的人，我们光用接受式教学行吗？怎么能放弃对许多人的教育呢？让知识和能力从"象牙塔"里走出来，不用体验式教学行吗？即便中国人善于运用整体思维，但是如果不运用分析思维来考虑问题和解决问题，也是不行的。既然有人对自我体验不自知，那么我们就增强自我体验；学生是这样，教师当然也是这样。

我不是说，中国人的整体思维方式就一定不能采用体验式教学。相反，正因如此，语文教师更要自觉地采用体验式教学，并且将它与接受式教学结合在一起。

语文教师的魅力在哪里？就在于让更多的学生能够接受教育，就在于让每个学生都能学会知识、掌握能力、学会做人！

03　语文教学改革从整体阅读做起

我到过很多地方听课,也到过很多学校听课,感到问题最多、最普遍、最严重的就是如何做到整体阅读。可见,整体阅读并不是那么容易做好的。我觉得,既然教学改革是从整体阅读开始的,并且也有人取得了成功,那么现在语文教师的教学也必须做到从整体阅读开始。我想有反复是正常的,坚持则是必要的。持之以恒,成为习惯,我们自然能够体会到整体阅读的好处。当然,教会学生掌握整体阅读的正确方法,尤为重要。

一、从部分阅读到整体阅读的沿革

在没有开始教学改革前,学语文是这样的模式:解决难句难词,了解时代背景,介绍作者,分析写作特点、主要内容、文章主题……总之,是逐个解决问题,把一篇课文拆得支离破碎,然后再合起来,有的人甚至连合起来的阶段都没有。有人说,现在虽然在改革,但在实际操作中不还是这样处理吗? 这话说得好,真是不该这样,却偏偏还是这样。可见,在从部分阅读到整体阅读的教学模式(也称先分后合的教学模式)转化中,习惯势力是如此顽固,解决这种转化问题的艰巨性、反复性乃至长期性,是我们没有充分预料到的。

其实,这样的教学模式本来就不是中国的,可以说是从国外引进的。中国人倾向采用整体思维,中国以前的私塾、乡学、太学等,教学都是从整体开始的。先是反复地读,边读边正字、正句,直到读熟了,几乎能够把文章背出来了,才教文章讲了什么,好在哪里,而很少管讲得清楚与否,教学就完了,接着就是考查背得怎么样,写得怎么样。学生以后通过自我体验也许懂了,那样最好,也许一直不懂也没关系。

许多人已经看出来了,我对这种传统教学是持批判态度的。然而又不全是这样。我在大学里曾经听过一位桐城派老教授讲《孟子》。老教授先是把讲的内容背一遍;然后背出第一段的第一句,再把历代名家对这句的注解一一背出来,并讲了自己对这句的解释,对前人的注解再作解读并总结;接着是背这段的第二句,依次类推,由句到段,由段到篇……最后是质疑和问答。下课后,同学们会自己讨论，对这些注解再作具体深入的自我理解。

我觉得这样的课很不错，因为老教授跟历代名家的体验作了交流，在授课时，老教授的体验跟学生的体验在交流。这样的传统的课不也是从整体出发的吗？老教授把课文整体地背出来，学生边听边看课文，这不是一种整体阅读吗？

然而，我讲的是在大学时候的学习，如果在中小学也这样上课，那么为什么还要进行教学改革呢？毕竟这是一种老的教学模式。

一般说来，从部分阅读开始，先分后合的教学模式是从新学在我国问世开始的。它的好处在于新，跟传统教学有所不同，而且教学效果也往往比传统教学要强。因为相对而言，新学采用的教法比较科学，能够帮助更多的学生掌握学习内容。多年来，我们的语文教学基本上遵循的都是这个路子。

可以说，我们几乎每个人，基本上都是受过这种教育的。我们也许可以说，自己已经是一个有一定才华的人，而且能够走上讲堂给学生们上课，但那种强调从部分阅读开始教学并从事着教学工作的，还大有人在。甚至在已经强调必须从整体阅读开始教学的现在，仍然有教师自觉或不自觉地走从部分阅读开始教学的老路，而且顽固得很。

中华人民共和国成立之后，我们就进行了多次教学改革。最近几年，教学改革的力度有增无减。从整体阅读开始，教学已经形成风气。把整篇课文拆得支离破碎，然后教学的方式，已经被越来越多的教师摒弃。然而，不知从何时起，这种从部分阅读开始教学的风气又悄然兴起，一些人甚至对此没有警觉。

我曾听过这样的课。在教授一篇课文时，一位教师用自己制作的课件，依次点出关于课文的七个问题。她先是根据问题作分析，然后出示课件上的标准答案。七个问题解答完后，课文的教学也就结束了。我想问：这是语文课吗？把一篇课文拆成七个问题并一一解答，就算上课了？教师只要从网上摘下别人拟的几个问题就能上课，那么要语文教师干什么？后来一问，原来这位教师在大学是学计算机专业的。可见，从部分阅读开始教学的语文教学方法，在社会上甚至在语文界有着多么广泛的影响啊！

二、采用"先整后分"的教学模式是大势所趋

先知道整体，然后知道部分，此时被感知的部分便有了整体的特征。我们说的感悟，就是如此。中国人总的来说偏整体思维，是先对事物的整体作了解，

然后对整体与部分的关系进行深入探究，进而研究部分的作用。为什么先要对课文的内容作了解？很可能这样的整体阅读仍然是肤浅的，但是随着对整体各组成部分的深入探究，我们对内容的理解会更深刻一些，从而有助于我们对内容作审视，进而对主旨也能有由浅入深的理解，这样我们再研究部分的真正作用，就变得简单多了。

要把握事物的本质，从整体出发是必要的。而从整体到部分的过程，往往也是学生对课文的学习体验过程，是语文教师要花大功夫获得再体验的过程。只有这样的循环往复，教学才能真正落到实处。

许多教师喜欢先介绍作者和写作背景。其实在平时的阅读中，先看作者，先思考写作背景的读者往往是很少的。这些内容至少在这里是不受整体控制的。如果到了学生基本上已经掌握主旨的时候，再来给学生介绍作者和写作背景，而且让学生思考这些跟主旨的关系，他们对课文主旨的理解会不会更深刻一些呢？

许多教师喜欢在教学一开始就让学生思考课文的主旨，并且自己作了归纳。这算得上先整体后部分吗？只有学生根据课文内容加以体验、思考的过程才是"先整体"，教师先告诉学生主旨并不是"先整体"，抛开课文的具体内容思考主旨只是"先部分"而不是"先整体"。

有一次，在上海中青年语文教学大赛的听课过程中，嘉定二中的一位小个子年轻女教师给我们上了一堂"长文短教"的课。她教的是高一年级，授课内容是资中筠先生的《无韵之离骚——太史公笔法小议》。首先，她让学生阅读课文。我对这篇课文不熟，于是只能抓紧时间阅读课文。我还没读完，学生已经读完了，原来学生课前有预习。正式开讲时，她先要求学生梳理内容，根据内容梳理课文的主旨，再让学生归纳主旨，对学生的归纳她只是稍稍点点头。其次，她对每一部分都问了些问题，主要是写作手法方面的，如果是难的问题，她就换一种方式，在比较中让学生弄懂。再次要求学生说说每一部分跟主旨的关系，并且自己作了纠正和补充。之后，要求学生归纳课文的主旨，并指出刚刚归纳的主旨跟前面归纳的主旨的差异，并要求学生说说原因。最后才介绍作者和写作背景，并要求学生再来认识课文的主旨，讨论作者观点的现实意义……一篇篇幅较大的课文就这样在一课时中完成了教学。

我很佩服这位教师的胆略，离开对这篇长文的把握，是很难这样上课并且举重若轻的。她采用的就是先从整体阅读开始，再从部分阅读出发，巩固并检验整体阅读的成果，并作与课文有关的适度拓展。她的授课是成功的。

三、语文教学改革坚持从整体阅读开始

其实，长文短教是如此，上好其他类型的课也是如此。从整体阅读开始，是一个方向；坚持从整体阅读开始，是语文教学改革的大势所趋。

坚持从整体阅读开始，才能有利于学生的体验，有利于教师的体验跟学生的体验的交流。换言之，体验式教学往往从整体阅读开始。其实学生本来就已经具有一定的整体阅读能力。学生平时读报纸看杂志，可以看得很快。这就是采用整体阅读的方法。当然，对学生阅读能力的提高我们教师是出过力的。学生能够看懂阅读材料，具有这种能力，我们对此深信不疑。学生的整体阅读可能不很到位，但是没关系，教师可以指导啊。学生理解清楚了，再现这样的体验，让更多的学生有同感，达到所有学生都理解的目的。学生可能对文章的某些方面理解不清，教师用自己的体验，或者顺着学生想的一点一点摸索，最终一定能够让学生都能理解。

坚持从整体阅读开始，才能有助于教师提高自身的教学能力。教学能力并不仅仅指对语文知识点的把握，更是指教师的教态，教师对教材、对学情的充分了解，以及教师在教学过程中的机智应变等。每个人每个地方的条件、情况不同，相应的处理也会有所不同。从这个角度说，语文教师个人教学能力提高的空间很大很大。

坚持从整体阅读开始，才能有助于整个语文教学改革的顺利进行。语文教学改革必须考虑许多方面，例如：怎样让更多的年轻教师尽快地成为合格的教师；怎样让更多的有经验的优秀教师在退休前把自己的体悟理论化并进行推广，惠及更多年轻教师；怎样让整个备课组、教研组都能提高一个层次，在更广更高的层面思考语文教学改革的热点问题，从而发挥更大的作用……

教学改革是个大工程，它的要素也会很多。不管怎么说，从整体阅读出发，可以说是语文教学改革的底线。我们只能在底线之上改革，而不能在底线以下徘徊。语文教学改革好不容易走到了现在这一步，走回头路是不行的！今后的语文教学改革，必须从整体阅读开始！

请思考一下本文涉及的一些概念，以及它们之间的关系：整体阅读、整体思

维（整体感知、整体感悟、整体接受、整体体验）、整体提高……这样，我们对语文阅读的"整体"意识大概有所领悟了吧。其实文章本身的整体性与我们主观阅读的整体性，应该是相辅相成的，而语文教师不过是两者之间的中介，为了提高教学的效果，我们必须强调整体阅读。

04 语感与语用
——什么是语文教学改革的方向

语文教学中应试教育的积弊已经为越来越多的人所认识,每年高考之后,语文考试的成绩非常自然地成为公众的议论热点:一些语文基础相当好的学生分数居然很低,一个小学程度的试题可以让中文系的教授如堕五里雾中……真是匪夷所思!于是各地都有人不约而同地提出"语感"这个命题,有的甚至称之为语文教学改革的方向,但笔者觉得未必如此。

语感是个沼泽。语感不是新命题。叶圣陶说:"文字语言的训练,我以为最要紧的是训练语感,就是对语言文字的敏锐感觉。"吕叔湘也说过:"语文教学的首要任务是培养学生各方面的语感能力。"钱国融、鲁枢元这样说:"传统的语言学便对语言学家施加了一个重要的限制;无论如何不要涉入'语感'的沼泽,因为'语感'是捉摸不到的。其实正是这种'捉摸不到'的属性,才使言语活动取得了文学的质地。"

语感是什么?广义上说,语文是主体对言语的感受;狭义上说,语文是人们在长期的言语实践中培养起来的对语言文字的敏锐的审美感知能力。由此可以得出结论:语感是长期言语实践中养成的;语感是语文训练的最后结果;语感是难以捉摸的;语感具有文学的质地。

如果把语感作为人的语言认识的结果看待,这个方向是可以接受的(吕叔湘称之为"首要任务");如果要在中小学语文教学中贯彻语感教学,只会使教师和学生都难以捉摸其奥妙而陷入困惑。

语用是个新视野。如果有人说,过去的旧学能够让学生通过整日读背而最终领悟语感,那么这种未必科学的教学方法现在是不能让人领教而信服的了。通向语感的途径有两个:一个是不断在"捉摸不到"之中捉摸而终于捉摸到了;另一个是不断在言语实践中由浅入深、由简而难地捉摸中而捉摸到。前者有成功的先例,但为数寥寥,很难为教师、学生所效法;后者旨在使更多的人成功,这是语文教学必须探索研究的课题。

语文就其本质而言,是通过训练学生掌握言语的实际运用能力。一些学生可以借此深造最终成为语言、文学的专家。但更多的学生则可以借此学习、工作、交际,成为其他领域的专家或建设者。因此,对语感的认识似乎不必"形而上",不妨试试"形而下",至少对中小学生应该有个相对的标准。这个标准看来也只能是语用能力了。

语文教学改革要倡导语用。语感与语用并非对立,区别不过是语感含混难以操作,而语用具体易于操作。言语的实际运用是通过听说读写的途径得以实现的,不仅要使学生在听说读写中掌握各种言语形式,而且要使学生认识到某一言语形式的表面意义及其在特定言语环境中的实际意义,进而让学生能独立地在交际中运用不同言语形式,顺利地达到表情达意的目的。

应该指出,广大中小学语文教师在长期的教学改革实践中,在培养和提高学生听说读写能力方面取得了很高的成绩,积累了丰富的经验。然而听说读写与语用并不处在同一层面。关于语用中的合作原则、礼貌原则,以及语段结构的形成、话语中的信息传递等问题,国际上也只在 20 世纪 70 年代后才形成理论。要是语文教师能够借鉴先进的语用学理论,对其加以消化和发展,并且基于已经取得的成绩和经验,在实践中进一步探索研究,那么语文教学界出现喜人的新局面是指日可待的。

可捉摸的语用,可以为我们到达不可捉摸的语感彼岸架设一座桥梁。看来,语用应该成为当前语文教学改革的一个方向。

【作者附语】

这篇文章原发表在 1997 年 2 月 4 日的《解放日报》上。当时语文界对语文教学改革的方向进行了热烈讨论。2003 年,《上海教育》要求我把原文修改一下,我照办了,发表在 2003 年 8 月 1 日的《上海教育》上,该文和此文在文字结构上有些不同。

05　语文教学改革要做到"两个到位"

　　成功教育的倡导者刘京海说过,他不能称自己是教育理论家,只能说是教育领域中的实践家。他还说,只有在大学里研究教育理论的专家才能算得上理论家。那么基础教育阶段的语文教师算什么呢?我看也只能算是教学的实践家,甚至连实践家也不如,只能称为实践者。

　　我听过一位教师上课,她知识非常渊博,语文的基础知识相当扎实。她给高中生上课,课上得不错,可是学生不太懂。我后来给她换了一所重点学校,希望情况有所改善,但是教师和学生并不很欢迎她。

　　这是因为什么?因为"教得不到位"。教得不到位,必然也会出现"学得不到位"。不能教会学生,那么学问再好,对学生的学习有什么帮助呢?别的我不知道,我只知道要当好一名基础教育阶段的理想的语文教师,就必须是语文教学的实践家。其实,我们也是这样要求自己或其他教师的。

一、教,必须"教得到位"

　　语文教师可以有很渊博的知识,但是要教得让学生能听得懂,学得会。你必须善于分解知识和能力,使之与学生的基础相近,能够让学生进入体验。因为学生是动态存在的,你必须研究并把握时机,让学生学会基础知识并巩固所学到的知识与能力。

　　有些教师总认为自己在大学里学得好,总认为自己会比同学更有出息。可是谁知道几年后,他的同学,同样是从事教师职业,在大学成绩可能不如他,现在反而超过他,成为专家。这是因为他善于学习,但不像他的同学那样重视实践,自然不擅长教学生。教得不到位的教师,不能让学生学会的教师,怎么也不能算是好教师吧!

　　即便是在不如意的环境中,如果你能"教得到位",机会也早晚会青睐你。你可能暂时不受赏识,甚至被排斥,但你的教学成果会让你抬起头来。

　　要想"教得到位",就必须对自己所教的内容有深入的了解,对自己的教学对象有准确的了解。在教材、教师、学生的"三位一体"中,教师应该是天然的中介。在教学中教师是必不可少的,但是离开教学,学生自己跟教材打交道,自然就不需要教师了。教师就是为了让学生最终能离开教师也能够学得很好很扎实而努力的。从这个角度说,能让学生离开教师也能学习、生活、工作得很好,就是教师的最高目标。

要想"教得到位",教师就必须自己不断提高。大学学到的知识毕竟是有限的。教师在教学中只顾独自低头摸索和钻研,终究难免成为井底之蛙。语文教师要不断地开阔眼界,拓展知识面,不断地学习,不断地提升自我。乔布斯说过,要始终保持"初学者"心态,像婴儿一样对什么都感兴趣。语文教师应该始终这样生活,而不是满足于当一位普通的"教书匠",徒有知识而不能很好地实践,须知实践能力的养成,也是需要学习的。自己都不爱学习的教师,怎么能让学生爱学习? 教师自己都眼界不开,如何让他的学生开眼界呢? 除非学生有其他的机会。一个自己生活得很憋屈的教师,是无法训练出很开朗、很自信的学生的,因为他没有成功与自信的实践。

记得初中的时候,我的语文老师自认为是教学的大师,在他的教导下我的语文成绩非常好,可是在区语文大赛上,我名落孙山。现实逼着我要自找门路。我买到一本新版的语文复习书,我一道一道题目,不管简单还是难,都认真地做,结果提高得很快。现实告诉我,"教得到位"是多么重要! 在会教的教师的指导下,学习会事半功倍;在教不到位的教师的指导下,学习会事倍功半。深入的教学实践,是"教得到位"的前提。

二、满足学生的需要,学生才能"学得到位"

学生要善于学习。死记硬背算会学吗? 我看算不上。学过一篇课文之后,学生光记得中心思想、写作特点等,怎么也不如心中有课文的整体来得好。善于学习的人,一定是能把自己的体验跟所学的知识融合在一起的。

教师有时教学生,但学生学不会。可是过了一段时间,学生似乎突然就会了。这是什么原因? 因为学生的生活经验增加了,也就容易与所学内容融合了。有时学生学不好,教师不必太急,慢慢地,学生会更自觉地学会教师所教的东西。

要让学生学会,就要启发学生去体验,启发学生运用自己的生活经验。除此之外,就是在实践中检验了。如果学生在另一种环境中也能运用教师所教的知识，那么这位学生算是真的学会了。

要让学生会学，不能把希望仅仅寄托在学生身上。教师必须研究学生，研究学生是怎么学的，为什么没学会，怎样才能创造条件让学生学会学好。这种研究学生的本领，是教师的基本功。

要让学生学会学好，还要了解学生的需要，并且尽可能满足学生的需求，全心爱护学生，这样往往能够起到事半功倍的作用。

我曾经听说有位教师很会教学生。她是华侨，因为爱国，回国上大学，当了教师。后来她曾到我这儿进修，我们接触过。我认为她的业务能力并不突出，可是她的学生偏偏都考得很好。为什么呢？我进行过调查。她每天上班买三个大饼，一分为二，就是六份。进了班级就分给六个同学。在二十世纪六七十年代，上海有的底层人民生活很贫苦，早上常常不吃早饭。学生把这半个大饼看得很重，很是期待。他们今天这六个人吃，明天那六个人吃；或许你咬一口，我咬一口……

我想，也许她成功的诀窍就是这三个大饼！早上学生哪怕吃过一口，发生低血糖的概率就会降低，教师讲的课就能听进去，成绩就会变好。更何况，那时的工资低，粮票更是紧缺货！教师的定粮每月是二十五斤。谁能做得到每天花三两粮票给学生买早餐，而自己少吃一顿甚至两顿饭？

有的教师对此很不以为然，认为这位教师的精力没有放在语文教学上。其实不然，因为她解决的是学生的基本需要问题。需要满足了，学习就能上去。正是出于对学生满腔的热爱，才让她义无反顾，哪怕会缺钱，哪怕自己会挨饿！

现在很少会出现类似的情况。但是要做到"两个到位"，依然是必须由教师掌控的。满足学生的需要，学生才能"学得到位"，要能做到满足学生的需要，教师必须有对学生满腔的热爱！

三、教师要做到教和学的"两个到位"

"教得到位"与"学得到位"都必须由教师掌控，而且它们互为衡量的标准。教师要做到"教得到位"，就必须研究怎样让学生"学得到位"；反之，衡量教师是否"教得到位"的标准，只能是学生是否"学得到位"。然而，这些都是操作范畴的事，可怕的是教师常常对此不上心，没有明确的意识。

我所在的学院曾经办了一所民办中学，领导要我负责高中的语文教学。跟我一起教并行班的另一位语文教师是位女教师,刚退休,年龄比我大,但在进修的时候曾经是我的学生。论上课,显然我教得比她好。可是第一次测试,我教的班的成绩远远不如她教的班的成绩。这是因为什么呢? 我只能老老实实地去听她的课。只听了一节,我就知道问题出在哪儿了。原来,我只关注学生是否全神贯注地在听我的课,却对学生如何理解、如何解题不甚关心。这样,只要试题稍微偏离原教材,学生就不会答,成绩自然不行了。而她教学生,不仅把学生教会,而且关注学生怎么答,甚至怎么写。相比之下,我没有关注学生是否"学得到位"。具体地说,我没有关注学生理解是否到位,解题是否到位。我自以为教得是到位的,而事实并非如此。

我开始对学生强调操作。我发现学生面对同一种题型不同的题目时,态度却大相径庭。看来我对操作强调得仍然不够。对不同的题目,我要求学生都能解题到位。我渐渐地总结出这样的经验:"一次到位,次次到位。"也就是说,千万不能浅尝辄止。让学生真正一次做到位,哪怕多花点时间,这样才有可能为学生下次做到位树立范式。否则的话,学生只能浅尝辄止,解题就很难正确。注意到这点不足,我教的班的成绩慢慢地上去了。

中国的知识分子大多擅长口头表达,一旦到了操作的层面,常常就手足无措。我就是这样的。

要做到教与学的"两个到位",就一定要面对所有学生。事实上,只要有几个学生没有学到位,这个班的成绩就不稳定,就意味着"学没到位",自然也就是"教没到位"。更何况,长此以往,学生之间拉开差距,徒然增加了自己教学的难度,自然也不利于学生互教互学。因此,有经验的教师都很关注教与学的"两个到位"。

要做到"两个到位",就要注意让学生记得住,而且背得出,用得上。有些题型比较复杂,你可以分解成几点,让学生记住。可是分解成几点好呢? 我的做法很简单,以有利于学生记忆为标准。人类的记忆常数是七,那么我再简单些,把七分成两份,那就是三或四。这样,哪怕记忆力很不行的学生也能记住答题要点的三项或者四项,除非他不肯记,那是别的原因,要另当别论。

有一次我到某学校听课,这位年轻教师对自己的课非常自信。原来她把我讲的对某种题型的答题要点作了细化,居然有 24 点。评课时我说了一句:"这 24 点学生能记住、背得出来吗?"她马上知道自己错在哪儿了。教师应该想办法让学生轻松地记住,这是教师的责任。

总之,"两个到位"实际上是"两个实在",即教得实在,学得实在。所谓教得实在,就是让学生能懂、能解题、能举一反三,就是让学生学得实在。然而,"到位"的未必都实在,而实在的必都"到位"。因为"教得到位"未必一定考,而"教得实在"却往往由考的分数来检验。当然我想,"教得到位"也不会怕考,而且常常会考得很好,从长远来看,学生因为学得好,也就更有发展潜力,更能可持续发展!

要做到"两个到位",往往要我们离功利远些,实在些。虽然"两个到位"好像并不会给教师带来什么荣誉,然而"桃李不言,下自成蹊",日子久了,教师自然会有荣誉的,虽然教师那时已经看淡了。

四、"两个到位"与个性、风格的形成

我们千万不要以为教师教学个性与独立的风格跟"两个到位"是对立的。其实,教师教学个性与风格的形成是离不开"两个到位"的。前面我谈到一位教师,虽然她课上得不错,知识面也比较广,可以称得上是有教学个性与风格的教师,但是如果教不好学生,这样的教学个性与风格又有什么意义?

我接触过不同风格的作品。我发现大凡豪放大气的作品,能教好的教师也大多是有点豪放气质的。同样,教一些委婉细腻的作品,那几乎是女教师的专利了,她们一般教得细致也婉约。这几乎成为规律。有一次,我到某学校去,结果发现这所学校的语文教研组没有男教师。这种情况在这几年也见到过,不足为怪。我下意识地想,以后要让学生欣赏到阳刚美的教学也许就难了!

这一次我听的课是辛弃疾的词——《破阵子·为陈同甫赋壮词以寄之》。上课的教师是位年轻女教师。

这位女教师长得很秀气,说话慢声细气的。我想,她怎么能上好这篇课文?但结果真是出乎我的意料。她先是读了一遍,然后结合背景分析。她竟然把"沙场秋点兵"的场面描写分析得有声有色,有动有静,并将"了却君王天下事,赢得生前身后名"演绎得慷慨激昂,讲解"可怜白发生!"时更是令人百感交集……她当然也让男同学来念,她自己也念,作示范……课堂氛围与课文的意境是融合的,词的豪放意境能够比较充分地表现出来。我在想,她是怎样比较理想地完成了教学目标的呢?她用自己婉约的特质来衬托出作品的豪放意境!

　　我突然想到,这就是这位女教师的教学个性与风格! 她能上好婉约风格的作品,也能上好豪放风格的作品,她能够让学生进入作品中体会作者的情感,在"两个到位"中,使自己的教学个性与风格得到发挥并凝铸!

　　在这之后,我也主动听过男教师上婉约派作品的课。我发现男教师上好婉约派作品要比女教师上好豪放派作品更容易一些。

　　教师的教学个性与风格自然不仅仅体现在能否教好不同风格的作品上,最重要的还是体现在教学目标的达成度上。换句话说,就是在"两个到位"上。怎样才能让学生记住会用,怎样才能教得举重若轻? 怎样才能让每位学生都能弄懂最难的知识点? 有的教师的教学个性与风格表现在基础知识的教学上,有的表现在分析鉴赏上,有的表现在逻辑推理上,有的在表达上见长等。如果不在"两个到位"上见分晓,就无所谓教学个性与风格了。

06　语文成绩提高功劳归于谁

　　许多人常常说,学生语文成绩好,是因为教师或者学生的语文水平高,或者是教师和学生各自的努力。我们不必考证哪一种说法对。就说语文水平,当然指的是民族的语文水平,包括民族的语言水平。语言水平与民族的文化发展以及经济发展等都有关系。一个民族5岁的孩子所掌握的语言能力和言语水平,往往比研究与学习该民族语言多年的其他民族专家还要好。什么道理?因为5岁孩子的言语中有着民族文化的内在结构,而且非常深刻,这种内在结构实为民族的集体潜意识。这是那些研究与学习这个民族语言多年的其他民族专家怎么也不可能具有的。

　　语言学家索绪尔的这个说法是具有深刻含义的。当然语文并不能完全等同于语言,但是如果你领会了索绪尔的见解,你会很自然地推出语文成绩提高最大的功劳应归于谁,应归于辉煌灿烂的民族文化!

一、功劳往往归于第一位教师

　　民族文化的渗透力是极强的,它几乎无处不在,或强大到惊人的地步,或精细到无微不至的地步。5岁孩子的语言能力有多强?他甚至不能理解这些专家的专业语言或者略显深奥的普通言语,但他在语言的民族心理内在结构的把握上,在民族文化的根基上,虽然浅些,但也比那些专家要完整和深刻得多。

　　一般而言,孩子的第一位教师是其母亲。当然父亲的影响也不容忽视,一般说来,母亲懂得多,孩子也会在潜移默化中懂得很多;母亲的话说得标准,孩子的言语也会比较标准。母亲待人的亲、近、疏、怨,语气的轻、重、缓、急,都在深刻地影响着孩子的发展。

　　难怪新加坡的国父李光耀会如此优待他们国家的妇女。为什么他们国家的妇女能够免费上夜校?是为了提高民族的整体文化水平。

　　当过教师的几乎都知道,要纠正孩子在用词、用语上的错误,不知要花费多少时间、多少功夫!有的学生似乎天然就懂,说的几乎都是对的,教师几乎不费口舌。有的学生哪怕教师天天拼命地教,拼命地纠正,也收效甚微。

进而到作文,有的学生似乎天然会写,因为流畅的语气跟理解的顺畅有关。有的学生把写作文视如畏途,因为不理解,不知道用什么语气,不知道怎样才顺畅,直到高中,还有学生写不成篇,让教师急得不知怎么办才好。

孩子的第一位教师往往很注意学习的氛围。记得在我很小的时候,只要我拿起书看,母亲就什么事情都不让我做,仿佛做什么事情都会影响我学习似的。我当过中学教师,在家访时,看到一位学生在屋外做作业,屋内却是麻将牌哗啦哗啦的声音。我为这位学生难过。孩子很懂事,她告诉我,是妈妈让她到屋外的,还给她一张桌子。我没有说什么,只是点点头。后来我在家长会上对大家讲:"不管家里条件怎样,起码得给孩子一张桌子、一盏灯……要给孩子创造安静的学习环境。"

我很理解"孟母三迁"的故事。抛开孟母对邻居看得起或看不起的世界观问题,我只觉得孟母能为孩子选择比较理想的教育环境这一点是对的。那些糟糕的邻居真的会让你的孩子言语水平变得很糟糕。我甚至对学生们说:"不要把你听到的舅舅、叔叔在喝酒时说的话写进作文里……"其实离开了理性思考,环境对人总有糟糕的一面。

二、学生的语文水平往往取决于教师

有一次我发现有一个字——"圆",不管怎么订正,学生总是写错,把它写成"园"。是什么原因呢?经过了解,原来是因为有位数学教师一直是这么写的。你让学生订正了,这位教师还是那样写。学生觉得反正老师可以这样写,我也能够这样写。所以,语文教师的教学效果免不了受其他教师的影响,有负面的,也有正面的。

当然,学生的语文水平最多的是受语文教师影响的。教师给予的积极、正面的影响是占主要地位的,但是也有负面的影响,而教师常常自己还不知道。我曾听过一位语文教师的课。我发现他虽然讲课精神抖擞,可是句子老是说得不完整,不是少主语,就是少谓语,甚至只用几个词来表达意思。我在遗憾之余,突然想到,他的学生会不会受他的影响?于是,我检查了这位教师所教班级学生的作文本,一本一本仔细地看。果然,学生的病句还不少。当然有的教师改正过,但更多的错没改出来。于是,我只能跟校长反映情况,之后这位教师一直当图书管理员。他语言表述上的错误是自己的问题,还是他母亲的?我没有调查,不能确定。

我们学习语文,根本上是为交际用的,不管是口头的还是书面的。如果不能做到流畅地交流,那么学语文有什么用呢?每天在病句中生活,而且对此还不自知,甚至本来知道的也变成错的了,这真是要不得!

学生在各科学习中必然跟教师或同学交流。这种交流是流畅的还是不流畅的,是长还是短,本质上已经进入了语文的语用范畴。交流中会有情感上的沟通,有个性的交流,这样的能力能离开语文吗?尤其在研究性学习之后,总要写些东西交给教师,这些也许不是语文作业,但写作能力如何,要不要语文教师评判呢?常常还是需要。

有一次语文高考,考到"让步复句"的内容。我知道很少有教师会教学生"让步复句"的,所以很担心学生答不出来。结果我查了一下,居然学生很少错。原因何在?原来学生用了英语中"让步从句"的知识来解这道语文题。看来,语文考试也离不开其他学科教师的教学,尽管我很为语文教师脸红。

我没有贬低语文教师的意思,我只是想告诉语文教师,一味地把学生语文成绩提高的功劳归功于自己,那是非常可笑的事情。语文学习和其他学科的学习是互相促进、互相影响的。学生在学各科知识时,在他们交流时,甚至在解题时运用了语言,都会让学生的语文能力有了实质性的提高。他们学其他学科越用功,语言的使用也就越频繁,这样他们的语文能力也就越强,其实这本来也是语文教师的教学目的之一。

学生在学校往往把教师作为楷模,并且有意无意地向教师学习。语文教师教的东西,正是各科教师都在使用的中介。学生某门学科学得好与不好,跟语文言语交际的有效性直接相关。所以,学生的语文成绩再好,语文教师也不能将全部功劳归功于自己。要切记:这是所有学科教师的功劳!当然,语文教师也有份。

三、学生语文成绩提高要靠自己、靠社会

学习毕竟是一种个体行为。要分析事物发展的原因,离不开主观原因分析。事实上,有些学生的语文能力真的不是教师教出来的,而是由于自己喜欢学习或者阅读了大量书籍,甚至机会的垂青等,总之,是靠自己的努力奋斗出来的。

　　但不管怎样,作为语文教师,哪怕功劳不算在自己头上,也要尽自己的一分责任。

　　即使有些学生靠自己的努力,语文成绩很好,语文教师也不能袖手旁观。出于职责,教师仍然要做到明确不同学生的特点,采取相应的帮辅措施。有的学生喜欢语文或者语言类学科,有的学生喜欢其他学科。不管学生的特点怎样,他们都有一个共同点,那就是希望自己有个光明的未来。对此,语文教师有责任让每个学生的语文基础成绩能稳固,有提高。语文教师不能偏心,必须尽可能让每个学生都有深造的机会。有的学生如果想成为作家或语言专家,主要得靠自己的努力与社会的培养,教师根据自己的条件,也可以作些指导。

　　语文能力的提高归根结底靠自己,靠社会。教师不过是个中介罢了。

　　学生要客观地认识自己。语文成绩提高,首先要归功于自己的母亲、家庭,其次要归功于自己的伙伴,再次要归功于教过自己的语文教师还有各科教师,但归根到底,要归功于社会,归功于文化。

　　当然,语文成绩的提高又是离不开语文教师的。语文教师常常是代表民族来要求学生的,常常是文化的一种象征!

　　当人们把学生没有学好语文的责任一股脑儿推给语文教师的时候,语文教师没有必要为自己辩解,想想语文教师的责任,想想人们的期待就可以了。

　　灿烂的中华文化孕育了我们,让我们成才,我们应该思考如何让我们的文化传承久远,发扬光大,否则就是有违我们的责任!

07　走近家常课研究

　　我听课,喜欢听家常课。我常常想:校长希望有怎样的教师? 学校需要怎样的教师? 毫无疑问,要好教师、优秀的教师。那么好教师、优秀的教师起码的标准是什么? 答案很简单,就是能够上好家常课的教师。因为,只有这样,学校的教育教学质量才能得到保证,家长、社会才会认可学校的教育。从一般意义上说,家常课就是教师平常所上的课。这个词能够存在的前提,在于把它跟公开课区别开来。其实,公开课的首要特征是有许多教师来听课;其次是多多少少有示范的性质,因此免不了要作很充分的事先准备,甚至有人指导,或者试上几次。当然公开课有它存在的必要,有其积极意义。不过,那些像演出似的,经过彩排的假的课事实上是不能称作公开课的。然而,公开课往往是非常态的教学,用以研究是合适的,用以评价教师的水平或者学生的水平,就必须参考其他因素,否则难免失之偏颇。

　　杰出的教师能够做到堂堂家常课都可以作为供人观摩的公开课。在他或她那里,这两个概念没有多少差别。这是一种理想境界,也许有人拼搏一辈子也无法达到。对一般教师而言,上公开课毕竟是偶尔为之的事,而家常课却是几乎天天要上的课。然而,我们常常听到,某某老师公开课上得出众,可是所教班级的学生成绩却不怎么样;或者相反。虽然我们说,单纯用学生的成绩来衡量教师的水平或所上的课的水平是很不恰当的,但是,我们完全可以据此说,教学质量是与家常课的质量是直接相关的。所以,我们研究一下家常课也就十分必要了。

一、家常课的基本特征

　　有人称家常课为随堂课。在一般情况下,两者几乎没有什么差别,如果细细分辨,仍然能够发现它们的不同。随堂课是对听课教师而言的,他们一般不对上课的教师事先有什么要求,甚至会随意地走进某教室听课。听课教师是能够听到上课教师的家常课的,当然有时也未必,如果上课教师因此而紧张失态,或者即兴更换教学内容或方式等。而家常课通常是对上课教师而言的。平常上的一堂课可以称为"家常课",家常课还可以理解为集合名词,是指这一同样类型的课。

一般说来,家常课有如下特征。

1. 相对的封闭性

家常课作为一种教学活动,是在教师与学生群体之间围绕教学内容进行的教与学的交往沟通活动。一般说来,一位教师会在一学期乃至数年跟相对固定的学生群体相处。也就是说,就这门学科而言,学生在规定的时间内只跟这位教师接触。从封闭的角度而言,我们往往只能从投入与产出中作出评价。然而好在这种封闭只是相对的,如果我们留心的话,还是能够了解内在的过程的。然而它毕竟是封闭的,教师在学生心目中无疑是绝对的权威。如果教师对自己的某些不完善的地方有自觉意识的话,他或她可以在课上或早或晚加以补足或补救,这是成熟的教师通常采用的策略。这是实际生成的具有推广意义的鲜活经验,但常常不能为外界所发现。相反,有一些教师对此就表现出明显的盲目性,特别是在传统教育模式的影响下,他们会把一些错误的东西误作正确的,有意无意地教给学生。他们通常会按自己对课程改革的理解来上课,而其实并不符合新课程改革的理念。因此,家常课中存在的典型经验或问题具有明显的隐蔽性。

2. 内容的多元性

家常课上负载的因素是多元的。教学内容、教学形式、练习与考测、与其他学科的边缘结合、德智体美劳五育、课内与课外等,都会交叉交融,或显或隐地在家常课上显现。教师上课从本质上说,没有单纯意义上的学科。就本学科而言已经是多元的了,更何况在现在这样的信息社会中与其他学科的交叉交融等。正是这些多元因素成就了课的完整的、有机的构成,让课堂赢得教育教学"主渠道"的称誉。这么多内容全靠教师组合安排,其优化程度又与教师本人素养的高低直接相关。因此,教学内容的随意性往往成为司空见惯的事了。急功近利的教师为了考试有好分数,常常随意削删规定的教学内容,不教或者马马虎虎地教;对要考测的内容则加班加码。优秀的教师既强调教学的实效性,又看重教学的长效性,他们对教学内容能够主动地优化组合。然而,教学的长效性在短期内往往是无法充分体现的。如果我们不深入了解家常课是很难发现两者的本质差别的。

3. 目标的确定性

对一位任课教师而言,年段、学期、单元,甚至每堂课的教学内容与教学目标都可以是确定的。有时虽然一堂课的目标显得很随意,但是,从整体上看目标还是确定的。优秀教师能够在既不降低局部要求又能够贴近学生实际的基础上设计教学目标,在效果生成的基础上实现教学目标。不过在具体的处理中,目标的确定性也会被处理变形成为表面的东西。因为在目前仍然不得不用分数来衡量教学质量的情况下,目标的确定性在有些教师的处理中往往衍化为考试的分值。这样就掩盖了目标如何实现的过程本质。如果我们不能有效地控制实际的教学过程,就在事实上认同了这样的目标衍化,长此以往,素质教育也将不复存在。同时,课程改革还强调了教学内容的拓展,如果拓展不当也往往会导致教学目标的失控,甚至产生学科特征缺失的情况。这是很让人担忧的事。

4. 效果的渐进性

家常课的教学效果是渐进的,它有一个长期积淀的过程。一堂课上得好或不好,还是容易评定的。但是,这样的评价还不能等同于对一位教师数年如一日的家常课的评价。有的教师虽然拿不出一堂让人耳目一新的课,可是他或她的教学质量倒是很高的,因为教得实在,一点一点地积累,功夫就在日积月累上。反之,有的教师上的课可以让人叹为观止,可实际的教学效果总显得不尽如人意。我们强调效果的渐进性,正是为了强调"教得实在"与"学得实在"。虽然课上得让人耳目一新,并不就一定不实在,不过,这两个"实在"的确是教学有实效、有长效的保证。可以这样说,教学效果的渐进性必须在家常课中得到体现,要实效、要长效,就要能够有效地控制家常课的质量,除此以外的其他工作常常只是城上跑马,总有隔靴搔痒之感。

5. 状态的黑箱型

前面已经说到家常课往往处于某种黑箱状态。虽然我们教师所上的课绝大多数是家常课,但是我们对家常课往往熟视无睹。我们对许多在家常课中产生的经验往往知之不多,知之不详,往往认为这都是正常的小事儿,没有去关心,或者不屑一顾。我们往往用效果如何来替代对家常课的评价,而通常意义上的效果往往是不全面的,甚至是短视的,这样当然就不知道该如何有效、具体地指导家常课。我们又常常用对某位教师所上的公开课的认识来替代对这位教师家常课的评价,殊不知两者的生成环境和条件有着太多的差别。对教师而言也是如此。所以,对怎样上好家常课陷于某种盲目之中,处在某种随心所欲的状态之中的现象,教师也就见怪不怪了。

我们中国人历来对黑箱状态的东西习以为常,也许就是因为这一点,所以不那么愿意主动地研究如何使黑箱状态的现象变得白箱化。其实"黑箱"当然未必不好,但是,不了解"白箱"总不能算是好的状态。所以,有人提出了灰箱理论,即对内在所存在的状况应该有一个相对清楚的了解。我们对家常课的研究也应该持这种态度。

二、家常课研究与对策

上述关于家常课特征的阐述,似乎负面论述多了一些。其实了解了这些特征之后完全可以对症下药,使它的正面效应能够比较充分地发挥。我们必须把家常课作为一个系统来研究,关注它的各相关因素,关注这些因素之间的优化组合。如,家常课既然存在封闭性,那么只要我们能够对理想的家常课的所有因素加以控制,不就能够有效地提高教学的实际效果吗? 不就能够让这个所谓的封闭范围具有更充分的教与学的自由吗? 既然家常课具有多元的特征,那么这些诸因素在怎样的要求下会有怎样的效果? 可以对优秀教师的典型课例作解剖,也可以进行单项研究,甚至可以在面上作教学的试验。既然家常课存在目标确定性的特征,那么,可以研究影响目标确定的因素以及更有效地确保目标确定的措施。既然家常课存在效果的渐进性,那么我们可否研究一下这种渐进的轨迹以及如何使用以此制成的量表来测试效果的达成度? 既然家常课往往存在状态的黑箱型,那么在基本上不打破黑箱的情况下,能否研究家常课可以把握的因素的白箱状态,或者用耗散结构理论研究它的惰性规律以及激活策略?

研究家常课的一般对策可以是:

第一,将我们对教学研究的重心降低,或者说以对家常课的研究为基础,来开展其他的相应研究。既然家常课是实际存在的最普遍的课,既然家常课是实际存在的且实际生成的教学现实,那么我们没有理由不予以充分的重视。这种说法并不否定以前我们在教学方面的研究和成果,而是让这些研究和成果能够在更坚实的土壤上获得营养,获得支撑。

第二，将我们对教学常规的研究延伸到对家常课共性的研究。教师所上的课不可能是纯粹自然状态下的。加强教学常规研究与家常课研究两者的目的并没有根本上的区别。理性的教学常规研究必须有丰富的感性材料，这方面家常课本来就有着不可替代的优势，这样的研究成果才会有理想的价值。

第三，在家常课和公开课之间搭设桥梁，使家常课朝着加强实效性与长效性的轨道上运行。虽然家常课和公开课之间本来就没有不可逾越的鸿沟，但事实上也存在这样的现状，即有些公开课上得好的教师实际的教学效果并不理想。公开课有推广与示范的意图，如果两者结合，公开课对家常课的影响就会更积极有效。

第四，加强对教学精细化和细节化的研究，走出黑箱，找出某些共性规律加以推广，以提高家常课的质量。教学过程中师生互动注重即时的实际生成是新教育教学理念所推崇的，在教与学之间寻找有效连接点使教学有实效，这往往是我们研究中的一个弱点。有不少教学效果是要依靠学生自己慢慢感悟才得以体现的，不可否认，有的学生实际上缺少这样的感悟。教学的精细化和细节化与其说是一种规范，还不如说是一种理念。它实际上存在于教师的成功经验中，更大量存在于教师的家常课中。它的主要表现形式是各种各样的中介，主要范畴是思维理解，而且具有某种程式化的倾向，便于学生操作。

第五，研究家常课中教师个性素养所能够起到的作用以及存在的状态，并且把它纳入教师专业化的范畴加以研究。教师的人格精神对教学、对学生健全人格形成的影响，在家常课中达到极致。甚至家庭与社会的影响也不能不经过教师人格精神的过滤。这种影响是客观存在的，也是很难量化的。如果我们把家常课放在一个相对大的时段来加以研究，那么其投入与产出的比较就会很有研究价值。

第六，研究家常课中所存在的教师与学生的教与学的自由空间形式与构成。家常课应该说具有较大的自由度，但是不同的教师对此的控制与实际状况是不同的。有的教师的教学效果即使很好，但其本人以及学生的自由空间并不大，甚至很小。这样学生的发展潜力将是有限的，其实只是为了眼前的分数或升学而牺牲了学生的未来发展。然而，有的教师的课堂自由度太大，以至于到了"放羊"的地步，而且常常被冠以"自主学习"或"自动学习"的美称，这也令人担忧。这种家常课的现状往往不怎么被人重视。如果我们能够对此做些定性或定量的研究,那么推广以后对提高家常课的教学质量一定会起到很大的作用。

第七,研究完善的教学效果的生成与构成,研究现实的教学效果与理想的课程改革或素质教育的教学效果之间的关系。事实上,教学效果有显性的和隐性的两种。显性教学效果的构成也许比较清楚,但是,对其生成过程,我们往往并不十分了解。研究显性教学效果的生成过程,对于提升教学效果是能够起到极好的作用的。对隐性教学效果的研究往往不是一个学科所能胜任的,如果对此能够组织力量加以研究,那么我们的课程改革与素质教育研究就会真正落到实处。

第八,研究备课组、教研组以及学校教学管理对家常课的有效影响。不可否认的是,教师的家常课往往处在各自为政的局面中。没有什么比备课组、教研组对家常课的影响更直接的了。因此,加强备课组、教研组建设从来都是学校教学管理的重头戏。可惜的是,我所接触的好多学校对此的管理往往流于形式,没有实实在在地抓。更何况这种影响也往往处在黑箱之中。

第九,研究教师继续教育对家常课的有效渗透与积极影响。家常课并不是一个完全封闭的系统。影响家常课的因素有很多,除了上述提到的外,教师继续教育也是一个重要方面。如果说学校的备课组、教研组以及学校教学管理等的影响是直接的,那么教师继续教育的影响则是间接的了。这种间接的距离感本来就是一种影响力,它可以更理性、更系统、更全面,可以超越或避免因为直接而带来的可能的负面销蚀力。如果我们能够在教师继续教育层面加强对家常课的积极影响,那就有望有效提高家常课的教学质量。

第十,发现家常课上得好的典型,应树立榜样。事实上,学校各科教师中都有家常课上得好的教师,有的已经很有名气,但更多的可能未被发现。通过蹲点发现典型并加以总结与研究,通过榜样的身教言教以及对研究成果的宣传推广,一定能够让家常课有很大的提升。每所学校都有这样的典型,都应该发现并且予以重视。这样,名师的培养与各种大赛的选拔等,就成为培养教师的两个途径,可以使我们的师资质量得到更实在的提高。

三、家常课——教师施展才华的舞台,学生发展的沃土

司空见惯的家常课其实是实施教育教学的最基本的阵地,这种认识只不过

是一种教育的回归罢了。也许是因为家常课最为普遍，人们总得选其典型做研究，渐渐地，竟然忘记了根——家常课。优秀教师教学的根在家常课，教师是在家常课上成长起来的。如果他们离开家常课很长时间，就会觉得不自在，渐渐地就会像离开土壤的树一样慢慢枯萎。人们常常误把公开课等同于家常课，殊不知美轮美奂的公开课其实被许多条条框框束缚着，它的自由度是有限的。相反，家常课有更多的教育自由，家常课的设计者才是在课堂这个舞台上纵横驰骋的真正主人。我们不妨换一个层面来探索这个问题。我们总是说学生应该成为课堂的真正主人，殊不知这种理想状态的实现，正是教师在家常课上精心耕耘的结果。家常课事实上是教师施展才华的舞台，也应该成为学生发展的沃土！

心理学中有个拱道效应，说的是：在一个定向的拱道里，有一群人从一端进入拱道，只要其中有几个先进分子，即使其他人不是先进分子，从拱道另一端出来的人也会成为先进分子。我们常常把这个效应用于集体氛围的建设，一个有文化积淀的集体能够培养出无数个品质优秀的人才。在学校中又何尝不是如此呢？有的学校其实没有多少堪称一流的教师，然而只要有好的氛围、好的传统，其教育教学质量总是能够保证的。我们也可以把家常课看作一个拱道，在这个拱道中有许多因素未必是很优秀的，甚至从某方面说，有许多课并不是完全符合要求的，但是，只要教师能够自觉地在拱道中起到定向的引领作用，教学整体质量很高，我们就完全可以说这样的家常课是高质量的。当然，评价家常课与评价公开课的要求和标准也是不同的。我常常发现，有的教师没有非凡的气质，通常水平也极有限，然而，他们真心实意地热爱学生，热爱教育事业，他们虚心谨慎，所教学生的质量也会很高。你可以说他们的公开课水平不高，但你能说他们的家常课就没有水准吗？我们的教育事业需要处处能够拿得出手的一流教师，但我们更需要千千万万家常课上得好的"看家"教师。教育教学舞台是向每位教师敞开的，在这样的舞台上应该"不拘一格降人才"。

我们既然想有实效地提高教育教学质量，就应该有实效地让我们的教师上好家常课。因此，加强家常课的研究应该是每一位教育工作者责无旁贷的事。

家常课应该是每位教师的"看家课"，是办好学校，确保教育教学质量的"看家课"！

【作者附言】

　　这篇论文最早发表在 2007 年第 4 期的《教育探索》上。论文研究的对象是家常课，统指各学科的家常课，看起来似乎与语文教学关系不是很密切。然而，我们完全可以把论文所说的家常课看作语文的家常课。我认为，能够上好语文家常课的教师，才是真正优秀的语文教师。

08 达成度与课的生成和流畅

我曾经和上海市教研室的语文教研员步根海到一所学校听课。上课的教师是位年轻人，所上课的课型介于家常课与公开课之间。这位教师非常流畅地处理课堂情况，课堂组织得很有方略，普通话也很标准，声音响亮。然而在课上到一半时，有位学生问了个问题："老师，什么叫场面描写？"这位教师没有迟疑，马上作了讲解，尽管这个问题跟课堂教学内容已经有点脱节。这位学生接着问："那么，场面描写不是就等于景物描写吗？"本来似乎难堪已经过去，没想到学生还有这么一问。这位教师有点尴尬，毕竟有人听课。他也许想了想，摇了摇头。接着就把课的教学目标换了，跟学生一起把自然景物描写、社会环境描写、场面描写三者的关系搞清楚，而且出了一些题，让学生练习，一直到下课铃响起。

我在想，有上海语文教师的"八百万禁军教头"之称的步根海会怎么评课呢？大家渐渐静下来之后，他说："首先，我对刚才这位教师在课堂上的处理感到满意……"他的说法引起了大家注意，"嗡嗡"地议论了一阵儿。"我知道这位教师是借班上课。在上课中断的情况下，面对学生急需解决的问题，而且这个问题如果不解决会影响后面教学内容的时候，他毅然放弃了原来的教学目标，去解决当前问题。学生当前存在的问题，必须要解决，这是在课堂中生成的问题，而且是解决这个问题的最好时机，因为有需要，所以就学得有效……"我听了不由得点头，赞同他的观点。这才是十分自然的"生成"。

一、教学目标的达成往往是预设的结果

教师在上课之前，应该精心备课。这个备课的过程通常是预设的结果。备课是教师根据教学内容的进度作的一种安排，是根据既定的具体教学内容、班级学生的实际情况以及可能的生成情况而对教学目标作的一种预设。在实际的授课过程中，有些预设可以被运用，因为是科学的、客观的；有些预设因为条件不存在，或者发生了变化，甚至是错的，这时教师就应该根据课堂生成的原则授课。生硬地按预设上课，教师只能演"独角戏"，这样的课是不可能是成功的。总之，预设必须有，否则就没有教学目标具体施行的依据；然而，预设必须以实

际的课堂生成为原则，使之更加符合客观规律。

预设、备课的最高原则就是，让学生适时地学到东西，学会运用。适时的学习才是教学最需要的最有效率的时机，这种时机甚至很难捕捉，它常常稍纵即逝，可遇而不可求。课堂实际的生成过程一定是客观存在的教学现实，如果生成的方向是错的，那么课堂生成的内容自然是有违教学目标的；如果生成的方向符合学生的学习现状，有利于学生的成长，那么就是正确的，并且说明不管是教师的预设、备课，还是教学目标的设置，都是正确的。生成是客观的，捕捉适时的学生学习生成时机，并成功地教会学生，这才是课堂的生成原则。对那些善于捕捉适时的、有利于学生课堂生成机会的教师而言，这也成为他们教学艺术的最高境界之一。

然而，这样的生成是因人而异的，不可能有完全相同的生成模式。不过，还是有不少共同点的，这也是班级授课制能够被采用的一个原因。在可以控制的条件下，学生群体的生成也几乎有相同的规律。如果有相当数量的学生不理解所学内容，那么原来的生成路径就中断了，连接的唯一办法就是从头再来，从不懂的地方开始，形成新的生成路径。

这样，教学目标虽然变了，但是更贴近学生的实际情况，新的教学目标已在形成之中。这堂课当然是不流畅、不完整的，但是，从宏观的层面考虑，以后的许多课也许就完整了，而且能够教得快一些，赶上被拖下的进度。有时，这样的过程还会产生意想不到的效果，比如，影响一个学期的教学，甚至以后上课的教学目标都能够完整。这样，原来意义上的课的中断，也是在可以原谅的范围内，甚至应该得到肯定。

二、生成原则的判定要从长计议

这位年轻教师的课，事先有过预设，也备了课。因为换班上课，教师对学生所掌握的知识点未必很了解，导致上课不得不中断，影响了生成的连续性。上海市教育学会中学语文教学专业委员会曾经有个不成文的规定：公开课在备课阶段必须尽可能思考课上可能出现的 200 个问题，否则不能上课。这样的做法在实践上肯定是有道理的。然而，这位年轻教师被学生问倒，从而影响了原来预设的教学内容、教学目标的实现，这是始料不及的。就算在备课时的确思考过 200 个问题，也可能没有想到会出现这种状况。

我很佩服这位年轻教师能开这样的课,我尤其佩服他能够当众,而且是在有听课专家在场的情况下,中断了原来预设的教学内容,临时改变思路,以让学生弄懂、学会景物描写的三种情况,直到上课结束。他难道不怕弄砸了课? 也许他已经考虑过结果。他为什么有勇气这样上课呢?

我曾经对一位年轻教师说过,要爱惜上公开课的机会。你既然答应开课,就必须成功。因为一旦失败,至少在三年内,人家想不到你,甚至看低你。哪怕以后翻了身,在他人眼中,你的教学水平最多是差强人意的,甚至没法从根本上改变别人已经形成的对你的负面印象,你自己可能也会变得自馁,自暴自弃。

我也许言重了,不过我是在强调公开课对开课者的重要性,没有安慰的成分。

其实,是否符合教学的生成原则,必须从长计议。教师上课本来就不是靠一堂课定终身的。教学的生成原则当然重要。如果在一节课里让大家有所触动,这自然是一堂成功的公开课。如果你同意这个观点,那么这位年轻教师已经在一节课中让大家知道教学的生成原则应该怎样掌控,这堂课是否能够说是成功的?

我知道步根海这样评课有奖掖年轻老师的意思。他的说法我是赞同的。但是要说这堂课是成功的,也有失客观。因为从课本身来讲,它是不完整的,甚至是不和谐的,虽然他作了新的解释。另外,为什么预设的跟实际上课相差那么多? 虽然预设的可以跟实际有些差距,可是总不能差别大到这个地步! 这样的课也要肯定的话,那么预设还有什么意义? 不过,课也有流畅的一面。原来的教学目标没有达成,因为中途换了,但是新的教学目标达成度却很高,因为学生懂得了什么叫场面描写,什么叫自然景物描写、社会环境描写,而且课上当场就有检测。

我在本文开头已经说了这堂课介于公开课和家常课之间,完全用公开课的标准来衡量是不合适的。同样,也不能完全用家常课的标准来衡量。从长计议,通常是家常课对教学生成的要求,对公开课未必适用,因为公开课有示范性,一节或几节课的生成应该有一个较固定的度的限制,否则就有失公平。

三、生成原则和流畅原则是并行不悖的

在课堂教学中,生成是上好课的基本原则,但是,上课的流畅也必不可少,

跟生成原则并行不悖。

先说说生成吧。课堂的即时生成总是鲜活的，从形式来看，至少有两种。一种是预设的情况几乎跟教师对教材、学生和自身了解的情况一致。在教师的引导下，学生产生了学习的需求，并在深入学习的过程中产生了疑问，在与教师的交流中，顺利解决问题。另一种是预设的情况跟课堂即实时情况不同，为了抓住学生积极生成的学习需求，提高教学效率，教师临时改变预设安排，对教学目标作了适应性的改变，最终及时完成教学任务。简单地说，就是预设与生成一致的生成，以及预设与生成不一致的生成。

再说说流畅。现在我们对一场球赛、一部电影、一篇文章、一次演讲……几乎都会用流畅与否来评价。评价一堂课可以用流畅作为一种原则吗？当然可以。因为流畅，所以一切皆在掌控之中；因为流畅，所以对意外的或意料中的情况都能举重若轻；因为流畅，所以预设会有许多预案，能够自然应付……难怪许多人在听课之后会用流畅与否来评价。

生成原则主要是针对学生而言。在教学中，学生十分自然地产生疑问，教师要解决这些问题。流畅原则主要是指整堂课的起伏、转折的顺畅性。上课只要流畅，生成也在其中了。

学生在听课中，提出的问题会不会刚好影响课堂教学的流畅性？只要不是实现教学目标必需的环节，教师完全可以以"你的问题，我们课后再探讨，行不行……"来处理，以保证课堂教学的流畅性。

艺术中有"隔"与"不隔"的说法。一般而言，对艺术来说，"隔"是艺术处理的大忌。如果能够巧妙地设置"隔"，使过程能够回到现实中来，引起大家的关注，那这样的"隔"也成了"不隔"，作品的艺术追求也就得以实现。我希望本文开头的那位年轻教师是主动设计这样的"隔"的，如果这样的主动使原先教学目标得以更加完整，那么课的达成度就高，课在本质上就显得非常和谐，这位年轻教师也就是真正的授课高手了。

在关注课堂的生成原则与流畅原则的同时，教师必须关注所拟教学目标达成度的高与低。对语文而言，同一篇文章几乎在不同年级都能上，只是教学目标会有很大的区别。光关注生成和流畅，忘记基础知识水平的高低与目标的深浅，教学目标的达成度必然会很低，这是我们必须注意的一个关键点。

09　语文教师的职责与教学媒介的作用

现在许多年轻教师都很善于使用电脑，他们制作的课件或使用的白板，常常令专业人员也自叹不如。有一次，我听一位年轻女教师的课，说实话，课上得很流畅，很好。课后我评课，当然主要是肯定。然后，我突然说："在这堂课上，我没有看到你写粉笔字。是不是因为你觉得自己的字写得不好，所以就不写了？"小姑娘脸红了，点点头。

一、语文教师是所有媒介的总成

语文教师常用的媒介有哪些？黑板、粉笔、小黑板、幻灯片、课件、录音机等。有条件的地方不用黑板用白板，写字用有色水笔，等等。

用粉笔在黑板上写字，语文教师的板书应该写得很漂亮，小学、初中教师的板书要工整些，高中教师的板书可以有些草字，但是要规范……不过我看到过认不出来的板书，笔顺不对的板书，还有自创的草书……有时我会指出问题，有时因为见得多了，就摇摇头，懒得讲了。

在黑板上留下的整堂课的板书，应该是有自己风格的图形结构，是能够团起来的方形结构或圆形结构，也可以称为"闭环结构"。这样，学生根据教师的板书能够很方便地复习教师讲过的内容。不过，我看到的常常是杂乱的结构，不成体系，这怎么帮助学生复习呢？还要不要求学生记笔记呢？我甚至看到有的教师每讲一句话，都会在黑板上写一个所谓的重点字，然后在讲其他内容时又把原来写的字擦了，再写另外一个字……须知，在黑板上写的字，应该尽可能留在黑板上，留在黑板上的应该是完整的，有思维痕迹的，可以再现的阅读体验……

我在听课时也听过教师放课文录音，只要时间来得及，只要声音不要太高太尖，只要不是读得太慢或太快，听听录音又何妨……但如果因此花了半节课，那么教师的作用在哪里呢？我也看过课文的背景录像，真的很精彩！学生显然很受感染，但是怎样让学生的情绪能够顺畅地进入你的语文教学呢？

语文教师是不能不用教学媒介的。一堂语文课，教师如果不在黑板上写些什么,不开口说些什么,那这还是语文课吗?

用好这些媒介的作用是什么?让你把课上得好,把语文的魅力演绎出来,让学生能够比较充分地感知到阅读的滋味!

过去师范学校的学生要练粉笔字,笔顺不能错,字要写得好;要练普通话,要说得尽可能标准,至少要流畅。现在师范学校要求学生会计算机,会制作课件……总之,都是要求这些未来的教师能够顺当地用好各种媒介。

从"三位一体"的原则说,教师是学生与教材之间的中介。教学的最终作用是在受众与教材之间"牵线指挥",当学生能够自动学习时,受众与教材已经建立关系,此时教师就可以退出了。教师的存在本来就是使两者之间的交流顺畅些,信息的传播正确些,而教师在教学中使用所有媒介,都是为了使这样的交流变得积极有效。从这个角度而言,语文教师是所有教学媒介的总成。其实,教师可以说是一种教学中介。

二、语文教师是特殊的媒介、文化的使者

曾经有一段时间,有些地方评价语文课上得好不好,是以教师用没用电脑,用得好不好来衡量的。语文教师自然应该学会用电脑,这对现代语文教学质量的提高是有用的,但是把它作为评课的唯一标准,就失之偏颇了。语文教师可不是一种媒介的代表,起码应该成为所有媒介的总成。

语文教师虽然是所有媒介的总成,但是一种特殊的媒介,其发挥的作用不可小觑。在社会或者学生心目中,语文教师是文化的使者,为人的使者。学生要写字,要说话,要思考,要写文章,教师是楷模。学生要交流,要待人接物,要成长,教师也是楷模。学生不懂的会问语文教师,哪怕教师没有答案,学生仍然崇敬教师。

从一门学科而言,教师是媒介的总成。从文化这门大学科而言,教师不仅是媒介而且是使者!

我在想,如果语文教师没有想到自己只是一种媒介,就有可能太过分强调自己对学生的贡献,太夸大自己的作用。如果说在过去的年代,语文教师认为自己有这样的作用还可以理解,那么在如今教学媒介越来越多、越来越新的条件下,有这样的认识就太可怕了。语文教师必须安于当好一个媒介,使用好所有媒介,真正地让学生品味到语文的滋味,这才是实实在在的,令人敬佩的!

语文教师不仅应该有这样的认识,更应该把自己看作学生终身学习的楷模。因为语文的外延几乎跟生活相当,语文教师在生活中既然是文化的使者,就要为传承中华优秀文化而尽到责任。

我曾经跟一位校长交流过,他始终坚持:如果教师不是现代的人,就不能教出现代的一流学生。他十分重视为教师谋福利。他曾答应教师,尽学校所能,让每位教师能乘一次飞机,住一夜五星级宾馆,出一次国,去一次最热点的旅游景点……因为,由于种种原因,有些教师也许一辈子也没有机会有类似的待遇。这位校长的想法很简单:一位眼界未开的教师是无法教出眼界开阔的学生的……我觉得,从语文教师的角度来看,他的看法更显得正确。因为语文教师是中华文化传承当仁不让的使者。这位校长的愿望肯定是能够实现的。但是,当一位眼界开阔的语文教师,光靠走南闯北还是远远不够的。语文教师要多一些思考才是。现实有时是很奇怪的,它会一股劲儿地称赞教师是光荣的园丁,有时又会把存在的问题一股劲儿地推给教育,推给教师,特别是推给语文教师。当然,现实又是十分公正的,它要求教师必须是一个对社会、对未来负责的人!

三、语文教师的职责与媒介的作用

刚才,我从媒介、使者以及师德方面,谈到了语文教师的职责。现在我想换一个角度来谈几乎是同一个问题的问题。语文教师究竟是什么?根据中国人整体思维的模式:首先,我是一个中国人;其次,我是生长在现代社会的中国人;再次,我是一位为人师表的教师;最后,我是一位教语文的教师。按整体思维的角度,先是中国人,再是社会人,再是师德,最后是语文教师的职责——这是很流畅的,容易被人接受。那么语文教师的第一个特征是什么?是爱国的人;第二个特征是什么?是社会的人,一个具有崇高社会责任感的人。第三个和第四个特征才是教师、语文教师。把这些特征落实到一个人的身上,落在一位语文教师身上,就叠加在一起了。

在学生面前,语文老师就是这样的人。学生不仅习惯,而且喜欢把语文教师往大处看——文化的使者。语文教师应该把自己往小处看——不过是一个媒介总成。这就是一个存在的现实!

本文开头的那位年轻女教师,她的问题在哪里呢?首先,她没有意识到自己应该是语文教学媒介的总成,至少应该把粉笔字练得好一些。其次,她没有意识到自己是中华文化的使者,有着传承优秀文化的神圣使命与职责,在该起到示范作用的时候,不仅退却,而且消失。

语文教师的职责是代表我们民族,代表社会的。语文教师作用的起始,就是当好一种媒介,当好媒介的总成。两者的核心就是当好文化传承的使者!

所以,语文教师面对的职责必须是具体的,所做的事也许真的是很渺小的,但闪烁着伟大的长远的光!

10　课堂的节奏与容量

有时候听课，觉得教师上课慢吞吞的，一节课没给学生传授多少东西；有时候听到上课的教师好像没讲清楚，一晃一节课就过去了。上面涉及课堂的两个方面，即课堂的节奏与容量。课堂的节奏与容量，归根结底是以达成度为标准的。

一、课堂节奏的轻重缓急

对已经教过或者复习过的内容，课堂的节奏处理可以快一些，反之就要慢一些，并且逐步加快。速度快慢的标准就是达成度了。如果一个班平时最差的学生也能掌握某个知识点，那么上课的节奏就可以快些；如果不能掌握，就必须放慢节奏，再仔细点，等所有学生都掌握了，达成度可控了，再往下讲。

对没有教过的内容，课堂节奏就要放慢一些。要把每一个环节都说清楚，先尝试让学习较好的学生练练，得到反馈，教师再作补充，最后让平时成绩较差的学生练练，互相指点一下。然后学生再作反馈，教师作小结。这样，过程较长。即使这样，还不能放心。下一堂课，再让不同程度的学生来练练。如果都行，那就基本上可以放心了。但是，过些时候，要再抽查一下，这些反复是必需的。从心理学上说，短时记忆有一定的常量，美国心理学家米勒经过研究指出，短时记忆的信息容量为7±2个组块。智商一般的同学，7±2个组块就能记住了，特殊的除外。基本巩固后，某个知识点在不同场合突然涉及，学生在开始时可能很生疏，一旦想起，就忘不了了，可以达到长久记忆的效果。

节奏上，如果操作流畅，快些也没关系。课的节奏也与课的达成度有关，一般要根据班级中操作能力最差学生的表现来定。如果他不行，别人再熟练，达成度也不算高，节奏怎么能快呢？一位常年在一流中学教书的教师，如果调到普通中学，或再差一些的学校，那他的教学节奏就得改变，否则怎么行？你去听课也是一样的，有时会责怪教师上得太快了，怎么没听懂就过去了？或者怎么同一环节花了那么多的工夫？此时你必须想想达成度，想想班级所处的层次，不要贸然下结论。

有人说，上课的节奏快些好。其实未必。以整堂课为例，既然是一个整体，节奏就要有轻重缓急。在学生酝酿情感，投入课文学习之初，节奏要舒缓些。重点内容处理时也应该慢些。有些内容是在复习，是学生已经熟悉的，当然可以轻轻带过，快些也行，只求连贯就可以。在欣赏课文时，可以轻松些，只要学生注意力集中就行。

公开课的节奏一定要注意轻重缓急，要尽量让大多数听课教师能够接受。研究性公开课可以对内容多重视一些，但有经验的教师仍然会重视节奏，这是本能使然。

家常课的节奏可以自由一些，但达成度仍然是检验课的重要标准。有的学校因为名声在外，几乎天天有外校教师听课，所以家常课也成了公开课。这样无疑对教师的要求更高，他或她的课几乎都是公开课。我本来想，这些学校的教师会很有意见，然而相反的是，他们居然很欢迎同行去听课。因为无形之中，他们自身及其课的质量都在提高。因为每天都有人听课，哪怕不知道听课的是什么单位，是哪些人，教师本能地总要更加认真一点作准备才是。时间长了，也就习惯了。几年以后，跟原来的大学同学相比，他们的业务能力也真上了一个或几个台阶。如此看来，教师是有潜力的。

二、课堂容量的多少与深浅

一堂课的时间是个常量，同样的时间里，课堂容量的大小、内容的深浅也会有所不同。另外，容量的衡量标准也会有变化。从教学目标来说，一堂课也许是一个容量，对同一教学内容的不同处理又会变成不同的环节。我们也可以以每一环节作为容量的标准，从这一个环节到那一个环节，也就成为容量的过渡。对较深的内容，我们用较多的环节处理，那也能说课堂的容量很丰富。课上得好与不好，可以用容量来衡量，但并不是容量越大越好，不过，容量很小的课肯定是不够好的。如果课的容量大，而且课堂节奏有轻重缓急，显得非常和谐，这样的课肯定是好课。在这样的课中，容量已经与节奏构成关系，而且与达成度构成关系。

课堂上不同内容之间的切换，有自己的规律。要么是这个内容与那个内容之间存在一定的相似关系或类比关系，当然包括对比关系；要么是这个内容与那个内容之间有内在的先后关系，一个环节完成了进入下一个环节。没有关系的内容之间的切换,构成一个"隔",两者之间没有关系,除非是有艺术思考,否则就是对课的完整性的一种破坏。

一般说来,这样的内容切换得越多,课堂的容量就越大。然而必须有一个相对的限制,其因素就是完整、和谐和流畅。如果用写作上的术语来说,就是有起、承、转、合,学生接受得了,达成度高;听课的教师也接受得了,觉得是一种享受。

课堂的容量处理重在完整。有感性,也有理性;有师生互动、生生互动,也有体验的磨合;有此岸的展现,也有通达彼岸的思考;有浅层的美感,也有深层的美的咂摸与探索。

课堂的容量处理重在和谐、流畅。有自然的线状进展,也有轻重缓急的过程;有等待、召唤,也有启发、顿悟;有文字的流淌,也有思维的撞击。

当然,这些都是交融在一起的,甚至无法一一找出,完全佐证的。

一般说来,毕业班教学的容量较大,因为有的环节学生已经很熟悉。一般认为,起始班教学的容量不应该很大。其实,起始班教学也应该存在对容量的思考,因为语文总有许多非线状的东西,如果能让学生从起始班开始就能在有较大容量的课堂上学习,他们的进步肯定会顺当得多。

相对而言,初二与高二的教学内容要少一些。这样的安排,其实是很有害的。初二与高二阶段,视野拓展任务很重很重。有的教师对此不是很重视,觉得可有可无,这是不对的。学生进阅览室,从教学上看,教师仿佛轻松了。但是阅读指导课你总应该上的。那么,这种课的教学目标呢?如何处理容量的问题?看似轻松的课其实更难对付,历来如此。

三、相辅相成的容量与节奏

我进教室听课常常有人作陪,通常是学校的领导。人们通常认为,自己识了几个中国字,别的可能不是很懂,但是听听语文课大概能行吧。这样的看法也许是有道理的。

我曾经到香港的中学听课,我的确只能听懂几句广东话,不是也在听课吗?我的评课也还蛮有些水平。想想我是怎么听课的?光凭似懂非懂的粤语听力水平是不够的,我看得出、感觉得了课的容量与节奏,也就是说,我常常是从感觉到的课的容量与节奏来评课的。从这个环节到那个环节,有几上几下,有几个回合,我听得出来。环节与环节的转换之间,学生是怎么过来的? 教师是怎么处理的? 整个课堂教学的氛围是怎样的? 教师上课流畅吗? 师生互动参与度如何? 学生掌握了吗? 我也能听得出来。如同瑞士人制作军刀,有 240 个环节,我知道每一个环节都能解决一个问题,但是是什么问题,我说不清楚。如果看到这位瑞士人能够流畅地制成一把军刀,大家试过后都连声说好,那么我就知道他一定是个行家!

可以说,只要对课的容量以及处理、节奏的轻重缓急有所感觉,还有对达成度的敏感把握,是大致上能够听课,并且听得出一些道道的。

我听过一堂关于欧·亨利《最后的常春藤叶》的阅读课。课前已经有预习。教师先让一位学生简要说说这篇小说的内容。然后点名请一位学生说说文中的人物贝尔曼的性格。这位学生简单地回答了后,教师问他有什么依据,他也一一回答了。突然教师又问:"塑造人物性格的方法有哪些?"学生正确地回答了。教师又翻开课本,读了一段景物描写的片断,问:"这个片段跟贝尔曼有什么关系?"这位学生开始支支吾吾了。教师又说:"我为什么问你这个问题?"学生想了想,恍然大悟:"对对! 上次老师问过我这个问题,我没答出来……""现在你能回答吗?""我能——景物描写可以渲染氛围,它不能直接塑造人物性格,但是可以通过渲染氛围烘托人物性格……"教师又问大家:"小说的题目是'最后的常春藤叶'。这个常春藤叶是真的还是假的?"学生频频举手,课堂显得很热闹。教师又问:"既然这样,有一个贝尔曼就可以了,为什么还要有苏艾、琼珊呢?"最后教师又提出一个问题:"谁能说说这篇小说不够的地方?"教室里一下子变得很安静,只听见教师慢慢踱步的声音。终于有人举起了手,教师示意,学生开口:"文中贝尔曼是位不成功的艺术家,这最后的常春藤叶是他的杰作。我觉得贝尔曼一定是个成功的艺术家,否则不会想去画这片树叶的。这里,写贝尔曼不成功,是作者一个败笔……"教师马上说:"你的发现真有道理,可是作者为什么要这样写呢,写'酒气扑人的贝尔曼'?"……

我觉得这堂阅读课是很成功的。课堂的容量适中,环节叠起,节奏变化多;有师生互动,班级学生几乎都参与了;有复习有检查,既跟学生存在的问题贴近,又有深入的思考,并且始终围绕这篇小说,而教师似乎不满足于此。

动态的过程常常能够吸引观众或者听众,而本质的东西往往隐藏在静态之中。容量与节奏是教学的动态表现,而教学中必须有知识点和能力的地位,舍此就不必谈容量与节奏了。

在高科技时代,上课的节奏与容量常常是可以量化的,而且还能再现。这当然有利于学生的自学与检测,也有利于教师对自己的检测。与其把成功的可能全放在学生身上,不如把成功的筹码握在自己手中。

最后,我还是觉得有必要作一番交代。我在本文中强调的课堂的节奏与容量是相对的。在生活中,我常常听到有的人讲话很快,有的人讲话很慢。讲得快的人,改正得也快,讲得慢的人,比较沉稳,这是本性使然,与我所说的节奏还是有所不同的。在听课中,我常常发现有些讲话比较慢的教师,他的课堂节奏处理却是很流畅的,容量也是蛮大的。而说话比较快的教师,也有比较乱的,甚至重复、多余的。

课堂教学是门艺术,马虎不得。

11 教师的成长与自我保护意识

教师首先是社会人,然后才是自然人。新教师从大学到中小学任教,也必然会经历这样的过程。虽然我们往往把学校看作"象牙塔",然而其实新教师感受到的自己首先是一个具体的社会人。新教师到学校,领导常常会指定专门的教师来带教。遇到好的老教师,他或她会把自己的经验交给你,有的甚至把说不明白的但在实践中是对的道理也教给你。然而遇到不那么好的老教师,比如遇到善嫉妒的教师,常常不肯把自己成功的经验教给你,甚至会让你吃点亏……对于这些情况,往往学校是不会对新教师说的,应该怎么办? 我认为有必要在这里好好地对新教师讲一讲。

一、认真学好老教师的先进经验,尽快合格

有这样的说法,看来是有一定道理的。有人认为,教育的最大浪费是一年又一年的老教师退休。这些老教师经过那么多年的教育教学磨炼,不说有多成功,但肯定是很有经验的。好不容易能够比较顺畅地教学生了,结果就退休了。新教师也是这样的,好不容易能比较自由地教了,结果到了年纪,也退休了……教育教学总有些经验性的东西,难道就这样无谓地循环浪费吗?

校长应该珍惜老教师的经验。有些校长一有空就去听课,用先进的教育教学理论来解释和提炼老教师的经验。他让专门人员跟随老教师进行摄影和录像。新教师入校,他就让大家看优秀老教师的录像,听他们的经验,然后要求新教师先依样画葫芦地教,学得越像越好,目标是一年后达到合格教师的水平。说老实话,有些教师确实是一辈子都不合格的,却可以带教新教师,这不是误人子弟嘛! 在这一年中,新教师如果能够向那么多已经被肯定的优秀老教师学,这要省下多少工夫,少走多少弯路。学那些被提炼过的先进经验,即使是书上有的,曾经读到过的,也是最鲜活的。学那些优秀教师严谨细致的操作,可以反复看,反复揣摩,有的课可能教师一辈子也没机会看到……通过这样的培训,新教师的提高自然是指日可待。

本来要花几年甚至一辈子才能合格,现在只要你肯努力,一年就能合格,几

乎一年就走了他人一辈子的路程。新教师在大学毕竟学了不少先进的知识和理论，如果能够结合自己在教学中的实践，落实并有所创新，教学就不仅是别人的东西，也有自己的个性。如果由此走上了语文教学的个性化发展道路，那么成为一名优秀教师的目标很快就能够实现。

看老教师的录像，学老教师上课的经验，要始终积极地体验。刚开始时按样子学，甚至可以不明白什么道理。以后习惯了，不仅会同样处理，而且也能想通道理。如果一定要想通才去做，那不知什么时候你才能学会。哪怕不明白道理也要做，这就更要有自己的体验，因为通过体验你才能最终想通道理。这也是整体思维为什么在中国人这里那么有用的好例子。

从合格到优秀，虽然只是一词之差，可是这条路不是一两年就能够走完的。我想，首先应该有这样的要求，即有自己的专长，有理论有实践。其次把它看成可遇而不可求的事情，因为真正优秀的教师，哪怕没有显赫的名声，也可以过得很实在。

二、与人为善与自我保护

作为一名社会人，少不了跟人打交道，与人为善是最基本的。从生存而言，大家都不容易。经历过风雨、挫折，有的人会很快成长，有的人难免会有些负面的东西。因此，对他人要多点谅解，多点友善。尽可能把一些矛盾作为误会对待，可能的话，应该坚持"以和为贵"的原则。

我在当新教师的时候，吃过两次亏。刚入职时，有位老教师把他教的一个班让给我了。我兴冲冲地上任了。第一次语文测验之后，我盯着学生的成绩在想如何教得好些。教导主任跟我谈话，意思是测验成绩不好没关系，但要虚心向老教师学云云。我觉得莫名其妙，只能点头。过了不久我才知道，那位老教师在我接班之前先作了一次测验，打分打得很松。在我测验之后，他把自己的成绩单给了教导处，告了我的状，并说明是我教得不好，之前他教得很好，有成绩单为证，而且还说我在老教师面前不虚心，不向他请教，等等。

新教师受到这样的欺侮，常常是无处可说的，只能自己吞下。那时我就是这样的处境。

我难过了好久，慢慢地也不去在意，反正日久见人心。过了半年，我教的学生成绩大家都知道是不错的，真相不辩自明。有次这位教师找我，原来他教的夜课有篇文言文要我帮忙翻译一下,并出练习。那时是没有教参的。我马上动手,帮他过了一关。我觉得没有必要为是非争个明白,人应该有气量。

学校搞了一个活动,校长说:"小陆,你给报社写份稿子吧!"他还要求我写好后给教研组长看看。我很快写好交给了组长。过了好一会儿,老组长才给我。他用红笔把我写的改成记叙文,几乎是重写。写新闻稿有它的基本样式,跟记叙文完全不同。新闻稿必须马上寄出,否则影响时效。我只能重新写了,根据校长的要求再给组长。没想到他对我大发雷霆,说我认识报社编辑就了不起了……我只能无语走开。我本不认识某报的编辑,至于发表与否我也不管了。后来的确发表了,采用的是我写的稿子。老组长那时把两篇稿子都寄出了。对此,我不作解释,有什么必要呢?

生活中误会总会有的,教师群体中也会有误会,甚至是矛盾。千万不要相信所谓的"文人相轻",以为这是必然的道理。作为社会的一分子,语文教师应该有一定的教养,千万不要像长舌妇那样喋喋不休。肚量应该大些才是,肚量一大,什么东西容不下呢?脑子要思考更多更深的问题,没时间花在家长里短之中。与人为善是做人的基本准则,但自我保护意识也是应该有的,毕竟我们生活在现代社会,让自己免受伤害,好好地生存下去,还是必要的。

如果周围有人获得晋升,你应该高兴才是。为什么要嫉妒呢?你应该想想,有人上去才可能把人一个一个带上去。再想想,大家窝在一起,没有流动,怎么见世面?不过,我看到太多的是一群人一直窝在一起;看到太多的是别人有机会上去,就有人会说他的许多坏话;等等。

生活中有人把教师的地位看得很低,也有人把教师的地位看得很高。语文教师应该把自己看得高些才是。

三、备课组、教研组与文化积淀

有些东西因为我们平时不很在意,于是不知道它具有的价值,就像水和空气那样。语文教师的价值往往在假期旅游时才会凸显出来。当看到古建筑上的古文,许多人会想到问问语文教师。这个时候,语文教师简直成为中华文化的使者,受人尊敬。

有一次,我在教育学院和几个学校的教研组长开会,正准备结束的时候,有个美国教育代表团来了。有人向我打听情况之后,顺便问起我刚才在开什么会。我说是几个学校的教研组会议。这位美国人居然听不懂，我作了很多解释，他才恍然大悟说美国学校是没有教研组的。于是，他问了我许多跟教研组有关的问题。我曾经到香港的中学听课，有位教师的语文课课件做得很好。我说，这样的课件如果给同年级的教师使用，一定会发挥更大的作用。我的话刚说完，这位教师急忙把自己的课件收了，说这是她的知识产权，不容他人占有。我只能笑笑，因为香港的学校是没有教研组的。

我们内地几乎所有的语文教师对备课组、教研组堪称耳熟能详，可是也有些人从来没有听过。我在想，我们内地的教师几乎都能享受到备课组、教研组的恩惠，为什么有人偏偏对此不是很在意呢？

我到许多学校听过课，我知道许多学校的备课组、教研组建设是存在一些问题的。备课组似乎除了统一教学进度，就很少有其他的事。教研组似乎除了听一些公开课、家常课，并作一些评价，也没什么事了。其实我们得益于备课组、教研组的有很多，如某某教师课上得怎么样，新的教育教学理念应该怎么理解，新的教材应该怎么处理，等等。事实上，语文教师得益于备课组、教研组，最大的就是语文的文化氛围，须知，这是语文教学的真正积淀，也成为学校的文化积淀，甚至是学校的品牌。

我曾问过一位校长："你到这所学校以来，最大的感触是什么？"他沉思了一会儿，说："这个学校有声望呀！哪家不想让他家的子弟进来读书。""那么，声望来自哪里？""当然是文化积淀。"校长很自信地说。

他说得很有道理。有底气的校长，历来把增强学校的文化积淀作为重要工作来抓。有眼光的语文备课组长、教研组长，也应该狠抓组内的文化积淀。学校很重视文化建设，对学校的顶层设计有了比较自觉的认识。语文的备课组、教研组也是一样的。

我认为语文备课组、教研组的文化建设，应该从每个人的提高着手。我认为每位语文教师都要积累七八节课教案，能随时开公开课。这些教案教师要时常修改，并且在备课组、教研组备案。这样，组长就能成竹在胸，有底气。备课组还要对教学的进度有所规定，在集体备课时，可由一人负责，其他人提出意见。备课组应该有教学研究课，也可算是一种公开课，课后大家一起研究讨论。教研组要有专题研究，每学期应该有两次，针对存在的热点问题，提出解决办法；也可以在此基础上开公开课以作研究；对每年级的情况要有小结。

　　备课组、教研组办得好不好,就看能不能做到下面这一点:至少能够让新教师根据已有资料,上出基本能代表本校水平的课来……

　　这样的情况如果坚持数年,学生的语文考试成绩自然会提高,慢慢地,学校语文备课组和教研组就会名声大起,而且一旦成为现实,形成传统,要变差也不可能。

　　在这样的学校工作,在这样的教研组指导下教学,教师个人的成长也会快得多,顺畅得多。

第二辑

语文教学的知识与技巧

我曾经听某位校长说："教师在大学学到的那些知识已经足够教学生了,关键是怎么教学生……"我对这种说法是很有看法的。教师要"活到老,学到老",仅仅靠在大学里学到的知识,怎么能教好学生? 除了教育学、心理学的知识要学好外,社会发展中产生的新知识不知有多少! 语文教师不学怎么行?

人们常说,语文知识像海洋一样。这话也许是对的。作为语文教师,你应该想方设法教会学生读懂知识、整理知识。学生觉得难的,你要让学生觉得并不难;学生觉得无法记住的,你要变着法子让学生记住……

我用"苹果效应"来告诉教师间接注意法对命题的作用或上课时提问题的最佳角度;我尝试用一些现代的"白箱"办法来教授意象、物象、意境等中国传统文化知识,改变那些"只可意会,不可言传"的说法;写作手法、艺术手法应该如何区分或者归纳方面的论述太多,而且太零碎,我花了些工夫作了归纳;对许多语文的题型一一作了分解与概括;我对主要文体阅读的教学方法与技巧都作了归纳介绍和教学示范……

我对文言文的教学作了精心分析，对理论与具体的记与背都作了近乎手把手的介绍。我把自己一生教语文的全部经验与心血都贡献了出来，只希望能够对大家有所帮助。

我听过许多课，发现了一些出现频率较高的错误。对此我一直以"不登大雅之堂"视之，也无法花太多的时间纠正。这里我斗胆指出一些语文教师常犯的错误，希望"有则改之，无则加勉"（见《论语集注》）。

我介绍了我教语文的"五个一点"的经验，其实是告诉大家上好公开课的一般评课标准和必须注意的技巧，也许能够给有需要的教师一些帮助。

我现在是一位退休的语文教师，但仍然在教一些同行如何教好语文。然而，我此时最想说的是，当好语文教师归根到底必须做一个好人，人品是永远第一位的。师德是"人德"。面对莘莘学子，教师最大的希望是什么？是希望把他们培养成顶天立地的人！教师有崇高的"人德"，才有崇高的师德，才能培养出无数顶天立地、具有崇高道德的人！

01　《丰碑》的召唤

微型小说的定义固然在于它的篇幅短,字数少,然而更在于它的精致剔透及其丰富内涵。从某种角度说,它几乎可以与长篇小说相匹敌。把《丰碑》选入语文课本固然是着眼于它的思想内容和教育意义,然而我们也正好可借其培养和提高学生的小说欣赏素养。

一、氛围与象征

读完《丰碑》,我们脑海中留下的最深印象就是作者精心营造的氛围:云中山在冰天雪地之中,一支长长的红军队伍顶着迷蒙的飞雪艰难地前进。在队伍过处有一座"晶莹的碑"——那是一位冻僵了的红军老战士,他神情镇定、自然,与云中山化为一体……

我们完全可以从典型环境的角度来分析和理解这个氛围。可是如果不能让学生感受到作者精心营造的氛围所体现的宏大精神内涵,感受到作者着力追求的一种精神气氛,那么我们就会与艺术失之交臂。《丰碑》的情节并不复杂,作者营造的氛围显然已经超越了情节,它释放的精神能量非常高而强烈。红军爬雪山与雪山的环境险恶,两者的冲撞多么激烈!氛围的铺垫却如此宁静!宁静的"晶莹的碑"、宁静的云中山、无声的雪花、连同伫立的红军,正是这种宁静才积贮着无穷无尽的力量。"如果胜利不属于这样的队伍,还会属于谁呢?"

这个精心营造的氛围也是对英雄崇敬的情感抒发。"前面的队伍忽然放慢了行军的速度,有许多人围在一起……"将军向牺牲者"敬了一个庄严的军礼"。在这个氛围中,不仅是将军,也不仅是战士在向"丰碑"敬礼,这种集体的心理朝拜更包容了壮丽的外化仪式:"雪更大了,风更狂了",弥天的雪雾之中,高高的云中山,连同丰碑边上的"光秃秃的树干",还应该包括无数不由自主被《丰碑》吸引住的读者。这种氛围体现的心理吸附,把与之相关的一切都包容下来了,而氛围的艺术魅力也正是这样体现了出来。

作者营造的氛围是战无不胜的红军力量的象征,它不能简单又具体地指出风象征什么,雪象征什么,云中山象征什么,整个氛围却是宏大精神力量的象征。如果说小说开头这样交代:"严寒把云中山冻成了一个大冰坨,狂风像狼似的嗥叫着,要征服这支装备很差的队伍",这里运用了隐喻,那么在氛围的营造下,"雪更大了,风更狂了",便是氛围的一部分了,已经被吸附于氛围中了。如果从文学上看,将军是一个主要人物,他的思索,他的震怒,他的敬礼使全文贯穿一气,可是一旦氛围营造成功,他只是崇敬仪式中的一个部分,而仪式感的中心,就是这位牺牲了的红军战士。

　　一般说来,在篇幅较长的小说中,氛围象征不过是一个部件而已,它片段性地指向深意和哲理。然而,在微型小说中,氛围象征的部件作用就不能不扩大了。《丰碑》中的氛围象征几乎等同于本体象征。《丰碑》的氛围营造了一个实在的世界,与整体的世界对应。它虽然执着地用形象和现象来表现,可是在这个世界上,任何困难在有毅力、有先进思想的人面前,怎能不被克服呢? 从这个意义上说,牺牲者难道不就是胜利者吗? 我们可以把这篇小说仅仅放在红军长征时代来认识,可是在小说的本体象征中,可以解释任何时代的英雄业绩。因此,我们可以这样说,《丰碑》比过去选入教材的反映红军生活的许多作品要精湛深邃得多。

二、"空白"的填补

　　小说最忌写得太满太实,微型小说尤其如此。可是如果小说设置的"空白"过多,读者无法填补,那么就无法看懂,阅读的兴趣也减退。《丰碑》中作者精心设置的"空白"不少,可是又绝非不能填补,和一些现代派小说相比,它的传统色彩要重得多。如果以此作为学生跨越填补"空白"的桥梁,从而进一步把握小说阅读的门径,那无疑是十分理想的。

　　《丰碑》中关于军需处长的描写与交代实在很少很少,可是学生读后不由自主受到震颤。正是这种震颤,说明学生已具有填补"空白"的能力。军需处长到底是怎样一个人呢? 我们只能用课文中仅有的一些描写来填补"空白"。他衣服单薄、破旧,"像树叶,像箔片",为什么他没有御寒衣物? 我们无论从客观叙事角度,还是将军的主观叙事角度都会发现这个"空白"。"叫军需处长来!"将军震怒了,可是"没有人回答他,也没有人走开"。正是这位军需处长把可以发的御寒之物全发给战士了,自己却……是什么使军需处长这样做的? 又是一个"空白"。我们可以从"塑像"的"镇定、自然"的神情,理解他的襟怀。他对从事的事业是那么执着和热爱；他对自己没有御寒之物，甚至连火柴也没有一根，觉得理所当然；他不会没想到他将面对死神，可是他愿意当这样的牺牲者！哪怕自己牺牲也不能让战士们挨冻。他是这支先锋队伍中爬雪山牺牲的第一人，以后在恶劣的环境和残酷的战斗中，还将会有更多的人牺牲。他们都是为着别人活着而牺牲的，这支队伍就是凭这种信念而取得胜利的！

这位军需处长在牺牲之前做了什么事？这个"空白"也是不难填补的。他是怎样为筹集军需物资而殚精竭虑，他又是怎样忍受严寒的折磨……他就是军需处长，一位永远活在人民心中的英雄，哪怕他没有姓名。我们现在的幸福生活不就是许许多多留下姓名的以及无数没有留下姓名的英雄用生命和鲜血换来的吗？

我们还能找到一些"空白"。将军见到冻僵的老战士为什么震怒得"像一头发怒的豹子，样子十分可怕"呢？这支长长的红军队伍尽管装备很差，但是人人都有了必备的御寒之物，而这一点不就是军需处长作出的努力吗？为什么当将军发怒时"没有人回答他，也没有人走开"？是啊！这些战士怎么能忘记军需处长的平易近人以及对战士的悉心关心呢？

微型小说的"空白"一般比较容易找到，如果我们能帮助学生给以填补与解释，那么作品的意境、主题等都能很顺当地把握。

三、意蕴与主题

意蕴是艺术作品的能源，它借着形象、结构和语汇，借着各种形式渐次发挥。阅读《丰碑》如果只满足于找到主题，那对高中生而言未免要求低了些，我们可以说这篇小说的主题是：通过军需处长把御寒衣物让给战士而甘愿牺牲自己的事迹，表达了红军战士为革命不怕牺牲、勇往直前的品质，揭示了红军战无不胜的精神。然而一经这样阐述，小说的神韵也许就变得索然无味了。

发掘小说的意蕴需要艺术眼光。当将军与战士们簇拥在冻僵了的老战士面前，牺牲者与红军群体，死与活，牺牲的悲壮与崇敬的肃穆，以及热血沸腾的情感冲激与严酷的自然，动与静，未来与现实等，意蕴正在这组场景中升腾。

这里体现了丰富的人生况味与人生哲理。生离死别的悲恸，使人感受到同志情谊的深厚；为真理的奋不顾身，又唱出一支人生的赞歌。意蕴又通过自然而发挥出来。一方面是严酷的自然条件，风狂雪猛寒彻肌骨，一位战士被夺走了生命；一方面是人在与自然战斗，而且终将战胜自然。一方面是自然与人的统一，云中山也成了"丰碑"的一个象征；一方面是人与自然的统一，牺牲者与云中山化为一体，变成了一座"晶莹的碑"。意蕴又借助历史载体阐发出来。历史证明了红军是不可战胜的，小说又使老战士冻僵这件事蒙上了历史的金光。历史在宣称："如果胜利不属于这样的队伍，还会属于谁呢？"意蕴又通过对民族的深层心理的发掘闪现着灵光。"臣虽死之日，犹生之年也"（《三国志·吴书·吴主五子传》），以及陶渊明的"死去何所道，托体同山阿"（《拟挽歌辞三首》），作者精心构思岂不与我们民族对生死的深层心理相谐和吗？难道不正是这一点跟广大读者的心灵相沟通吗？作者在意蕴的发掘中还有新的发现，在中华民族杰出的代表——中国共产党的领导下，纵然征途中有千难万险，纵然道路曲折有人牺牲，可是胜利一定会属于我们！这就是中国人民集体深层心理的一个重要组成部分。

离开对意蕴的寻求，主题就会苍白无力，小说也因此遭受不公正的对待，艺术也同样会受到亵渎。

语文教师应该具有艺术的慧眼，应该思索如何在学生的心中点燃艺术的熊熊火焰！

【作者附语】

这是我 1992 年 8 月发表在《语文学习》上的一篇文章。

从大学毕业的语文教师，应该学过一些比较新的教育理念、心理学专著或语言学理论，如接受美学、语用学、结构主义语言学、巴赫金的对话理论等。这些是新教师的优势，应该在语文教学中有所运用，使之真正成为属于自己教学个性的组成部分。

接受美学中有"召唤结构""填补空白""氛围象征"等理念，我觉得可以用到我们的教学中去，于是联系我所教的课文《丰碑》，写下了这篇论文。

02　做文章与教书育人

若要说对我语文教学生涯影响最大的一句话是什么,那么可以说是语文教学前辈方仁工先生所说的:"上好一堂课就像写好一篇文章一样。"做文章无论从广义和狭义上讲都是不容易的,题材、内容、主题、语言、增删、提炼……,还有文章不嫌千遍改,等等。其实把做文章与上课相类比非常贴切。当然上课与做文章毕竟是两回事,这容我暂且不谈。从我的教学实践中,我深深感到方仁工先生这句话的分量,我一直在做文章,而且一直在做如何上好课这篇文章。

一、"起承转合"与上课的结构

"文似看山不喜平",所以做文章要讲究"起承转合"。上好一堂课也十分讲究"起承转合"。

上课伊始,就得为上课的内容确定一个合适的氛围或基调。有时要轻松,有时要肃穆,不管怎样,开头总要能吸引学生,哪怕平平的开头,如果符合需要,也要让学生的注意力集中才是。难怪有不少教师爱在上课的开头做文章,有以讲故事开头的,有以唱一首歌开头的,有以说一个笑话开头的……有的开头出其不意,让人惊愕,然后乘势而下;有的开头绚烂华美,然后顺势而上;有的先抑后扬;有的先扬后抑……这些对上课起始阶段的处理办法都挺不错,但是必须与课题或者内容的整体吻合,否则就同做文章一样有作秀之嫌了。好课的开头,也和做文章一样,如果有个头尾呼应,或"课"末点题,画龙点睛,或戛然而止,余音袅袅,留个思维的余地,那真是赏心悦目的事情!

我上课总在"承"的阶段就把本课的教学重点基本完成,当然是有层次地渐进的,因为做文章是不能语无伦次的。有人说做文章同下围棋一样,讲究"金边、银角、草肚皮",那么在"承"的阶段,安排的内容要特别丰富才是,有时甚至可以有些繁杂,务必让学生有较多的材料,以帮助他们在比较中有所感悟。

在这样的基础上,我才进入"转"的阶段,这时我是为了检验一下教学效果。复述形式的问答是没有多大意义的,换个角度,甚至换个材料让学生思考,才能检验出真实的效果。这当然得与这堂课的教学目标一致,否则就有些哗众取宠了。比如教高二语文教材（S版）的课文《听泉》，课文中"鸟"是被贬的，"泉"是被褒扬的。在"转"的阶段，我要学生采用相同的物象，不过要贬"泉"褒"鸟"，但是必须在叙述与描写中阐明同样的哲理——要有明确的人生目标，要常常自觉地反思自己，只有舍弃自我，才能看见真实。学生开始大吃一惊，接着动了动脑子，很快地达到了我的要求。他们开始明白，原来只要掌握运用象征手法的某些规律，托物言志很容易。我又让学生学学王国维的名句——"一切景语皆情语"，要学生比较两者的异同等。这样，这堂课的教学目标也就比较顺当地完成了。当然，如果觉得不甚理想，就应该及时作些修补。我想，在上课中，处理好"转"这个阶段是很关键的，课上得成功与否，往往取决于这个阶段是否设计合理得当。教师上课的匠心独具也往往在这里展现出来。这也同做文章处理"转"一样，写小说是如此，写杂文也是如此。

"合"可以看作一堂课的结尾。可以教师自己作结，也可以由学生作结，有时以练习的办法作结也可以。如还是上述《听泉》这堂课的"合"，可以让学生用其他物象作写作对象表述同样哲理。或者用课文中的物象"鸟"和"泉"表述其他哲理等。但不管怎样，务必把"承"与"转"中的要点体现出来，最好能够对课的开头也有所照应。许多教师在课的开头安排学生"两分钟讲话"，学生讲话的内容五花八门，很难在"合"的阶段把它融进全课中。我真羡慕有的教师真有"好舵手能使八面风"的本领，把学生任意所说的开头融进结尾，而且能不露痕迹，我以为这是上课的高境界！

这样，上的课与做的文章一样，做到了完整和谐。用做文章的结构处理来类比上课的设计，从本质上而言是不矛盾的，甚至可以说，只是表述形式不同而已。课的"作者"既是教师，也包括学生，重要的是教师如何把握课的节奏与渐次进程。

当然文章的程式不应该固定不变，每堂好课也不应该程式相同。听水平高超的教师上课，如同欣赏苏轼的词，看似潇洒不羁，其实却句句到位。"大略如行云流水，初无定质，但常行于所当行，常止于不可不止。"于是恍然大悟，原来一堂好课本来就是一篇好文章！

二、好课的"作者"是教师，更是学生

联邦德国的姚斯在20世纪60年代提出了"接受美学"的理念。他认为，作

品的最后完成者不是作者而是读者。可以这样理解,作品的完成全过程离不开作者与读者,是读者的阅读参与和审美结果才真正使作品完成。读者对作品有一个"期待视野",作者要能了解读者的"期待视野",并且在创作中设计相应的"空白",让各种不同层次的读者能够阅读并且"填补空白",才能让读者的"期待视野"得到满足。读者是以自己的经验来"填补空白"的。"一千个读者就会有一千个哈姆雷特",就是这个道理。正因为有读者的阅读参与,才能使文章生色。

　　把接受美学的理念用到语文教学,用到课堂,是时代的需求,是教育观念更新的需求。从这个角度而言,一堂课的主人应该是教师和学生,甚至可以说是学生和教师,因为教师上课本来就应该让学生有所得,特别是让学生在语用能力上有所提高。这样的观念是符合"以学生发展为本"的精神的。

　　教师不能只根据教学内容甚至仅仅根据教参来备课。心中没有学生是不能备出好课、上出好课的。在教学重点与学生的"期待视野"之间设计合适的"空白"是备课的关键。即使用同样一份教案到不同的班级上课,也必须在"空白"上作调整,否则就会出现学生不能适应而带来的负面效果。经验丰富的教师已经了解了不同层次学生的不同"期待视野",因此他们在备课时已经本能地把学生作为主角考虑进教学之中。也正因为这样,在具体的语境中,他们会胸有成竹地根据情况进行微调。有的教师在备课时,把上课时学生可能出现的问题、可能提出的问题都尽可能地考虑进去,这就是对学生的不同"期待视野"作细致解剖,就是在设计教学重点与学生"期待视野"之间的"空白"。

　　然而,就像优秀的作家与他们的优秀作品会起到提升读者审美境界的作用一样,优秀的教师也不会仅仅满足于一般意义上的"空白"设置,让学生用他们的经验来任意填补。优秀的教师可以在设置一般意义上的"空白"流程的基础上突出自己的"期待视野"。也就是说,不仅设置让学生跳一跳就能摘下的"果子",而且要设置把学生举起来让他们摘下那些看起来似乎摘不下的"果子"。这样虽超越了学生的"期待视野",但是能够提高学生的"期待视野"。事实上,这样做是可以的,因为一味地顺应学生,从本质上而言,是低估了学生的潜力。

　　课堂教学重在互动,师生互动理所应当,学生与学生互动才是更重要的事。从某种角度上说,学生可以替代教师的某些功能。当教师能够顺当地营造理想的课堂氛围时,教师完全可以让学生发挥一般意义上的教师功能。所谓让学生在活动中自己发现游戏规则并且总结出来，就是这个意思。不过，教师要十分注意在教学活动中让学生群体中时时有"尖子"冒出。在任何一个活动中，如果没有几个能够走在前面的"领头羊"，活动的深度与广度总不会很理想；反之，就会顺畅得多。另外，教师又必须用更多的精力关注课堂上的每一个学生，因为即使只有一个学生"漏网"，也是教师的失责。必要时，教师应该对活动有所干涉，务必让每个学生都能掌握教学要点。热热闹闹反而最容易忽视教学目标的切实落实。

做文章讲究"让主题越隐蔽越好"。教师上课时如果能够让自己隐蔽起来，让学生走上讲台，或者成为课堂的主角，这该有多好啊！教师甚至可以把教学目标也隐蔽起来，让学生自己发现并且总结出某些"道道"，符合我们预设的教学目标，这会是多么高的教学境界啊！

但是，理想的教学境界常常是可遇而不可求的。常常不是因为教师的水平不够，而是不得不受现存的教育体制的约束。常常是正在兴之所至的时候，忽然想到分数，想到升学率，于是不得不自己"整顿衣裳起敛容"，走上讲台正儿八经地讲起应考的内容。至少在目前的情况下，教师常常有这样的无奈。这也许是可以理解的，但是教师不能忘了语文教学只有改革才会有生机与活力。

三、工夫在诗外

我十分欣赏陆游的诗句："汝果要学诗，工夫在诗外。"要做好文章，工夫在文章之外；要上好课，也是工夫在课堂之外。上好一堂课不过是 40 分钟的事情，然而，在台下所付出的工夫，远不是若干个 40 分钟所能相比的。可以毫不夸张地说，不少教师终其一生在做这个工夫。"台上一分钟，台下十年功"，说的是演戏。当教师的要比较自如地上好课，花的工夫何止十年！

上好课的"工夫"在课堂之外，指的是什么？

首先，是指要有扎实的语文基础。语文这门学科也是与时俱进的，许多新知识、新理念和新方法教师过去没有学过，只能靠自我不断"充电"。小说中有"圆型人物"与"扁型人物"的概念，我们学过吗？没有。无人物、无情节的小说算小说吗？我们没有学过这方面的内容。我们接触过接受美学、建构主义理论吗？没有，除非自学。

其次，是指语言应用能力。如我喜欢创作，写过一些小说、散文、杂文，我也写过影视剧本等。过去我没有想到我会教语文,可我还是当了语文教师。我发现自己在写作上所花的工夫对我上好语文课有着直接的影响,正如我以前在农场干活、在车队当驾驶员的经历对我做文章有着直接的影响一样。比如我在处理教材时,常常可以把教参放在一边,揣摩作者的写作意图,结合自己的体验理解,就能上一堂算得上不错的课。同样,写作也使我在指导学生写作方面有了独到的"本钱"。我会用"陌生化"的理论指导学生在作文中有意地加上一些别人一下子不是很明白或者特别新鲜的词语或材料;我用"置换"理论,要求学生把可能写得不太确切的句子换成肯定正确的句子等。我很关心哲学的变化,这使我指导学生参加辩论赛,也常常能够获取佳绩。

再次,是指人格和思想修养的自我锤炼。我觉得光用师德来规范教师,特别是语文教师的思想修养,其实是很不够的。除非我们可以这样理解:师德是人的道德修养的最高境界。我仍然要强调与时俱进的观点,因为我们不可能很轻松地达到这个境界。于是我在语文课上,很坦然地对学生只想"做一个普普通通的人"的说法不以为然,因为他们应该成为时代的英雄;我也对学生说的所谓的"朴素观"提出异议——他们有权得到世界上最好的东西,但必须凭自己的实力,采用合法的手段得到!我们是教师,然而在课堂上,我们也是教学的载体,我们自己的人格尊严也在影响着语文课的质量。在教学实践中,教师与学生在作交流,有时是"同质同构"间的相互影响,互臻完善,有时是"异质同构"间的再造。如果学生在人格等方面有很大的缺陷,那么我们就应该让学生从我们身上学一些,在自己身上再造相仿的结构。同样,我们在与年轻的学生畅怀谈心时,如果能够把自己放在比较低的位置,同样能向学生学到不少东西,感受到时代的新气息。有一次,我的一位学生在课上说到《格调》一书,我感到很新鲜,但又不是很理解。课后我向他请教,他就把书借给了我。回家把书读完,我不仅知道了那位美国作者所写的《格调》,而且懂得了什么是"另类"的含义。这样,我和年轻人的距离就近多了。

最后,语文教师讲究"文道统一",在"文"这个载体上,必须有一个活生生的载体——教师,使"道"能够更形象更生动,从而更具感召力。在这方面,一代代的名师前辈是我们的楷模,我们只能尽自己的力量做得更好些。

"工夫"毕竟离不开操练,上述四方面虽然分开阐述,但是在实际上,总是一个整体,而且表现为一个漫长的修炼过程。人们常说:"文如其人。"我们也可以说"'课'如其人"。再好的事业都不会一蹴而就。我们的一切都在修炼，一生总在不知足中对自己的学问和道德进行反思，在追求和否定中前进。

现在，再回到本文的开头。有人说好的作品是"改"出来的，可是尽管这样，作品一旦发表，仍然会让作者本人时时感到遗憾，让读者也感到遗憾。上课就更是这样的"遗憾的艺术"了，只是上课要改也得下次。这比做文章要好些，又比做文章要差些。好在于课能一直改下去，只要你愿意改；差在于你不能像作者那样从从容容改个爽快，说声"定稿！"

如果说文章是作者人格的外化形式，那么课就是教师人格本质的外化！

【作者附语】

我曾是 2004 年 11 期《语文教学通讯》的封面人物，同期发表此文。考虑到文章可能对大家有些帮助，特录于此。

03　苹果效应与语文教学

苹果效应是心理学上的一个著名现象,是以故事的形式出现的,就像一个整体象征。苹果效应对教师,特别是对语文教师有很深刻的启示。有位教师告诉我:"你一定要给大家讲讲间接注意法,间接注意法对当好一名现代语文教师太重要了……"在我看来,苹果效应就等同于间接注意法,反之也一样。如果说语文教学在近三十多年来有很大改观,那么简直可以说,必须归功于间接注意法等的流行。

一、苹果效应

有一位农夫,他有一个懒到极点的儿子,不管他叫儿子干什么活,只要活有点难度,儿子就坚决不干,断然拒绝。

有一天农夫要出门,他给儿子交代了一项工作,说:"这个活儿并不难,你肯定会答应的。"他指着屋里的两堆苹果说,"你只要把苹果按大小分开就行。明天我去市场卖了就有钱了,家里正要用钱"。懒惰的儿子听了,看看这两堆苹果,想了想,觉得很容易,于是就答应了。农夫喜洋洋地出了门。

懒惰的儿子决定干活了。他先拿起一个苹果,这个苹果到底算是大还是小?他想了想,定了一个标准,于是后面分苹果的过程就很顺利了。突然,他抓起一个大苹果,发现有很大一块烂斑。把它归到苹果堆里,他觉得不太合适,因为苹果一个有烂块,很快就会影响到其他苹果,甚至会让其他苹果也全烂掉。于是,他把这个有烂块的大苹果专门搁在一边。他又开始拣苹果了。拣了几个以后,他忽然停下了。他在想,既然这个有烂块的大苹果搁在了一边,那么其他有烂斑的大苹果呢,不是也应该挑出来搁在一边吗?否则时间长了,也会烂一片的。想到这儿,他马上把大苹果那堆重新一个一个检查了一遍,此时他很高兴,幸亏大苹果的这一堆还不多,要是很多的话,他会花上好长时间。随后,他把另一堆小苹果也细细地检查了一遍。这样之后,他才开始原先的分大小苹果的工作。不久,他的工作就干完了。

晚上,农夫回家,他一看,屋里有三堆苹果,有一堆是烂的。他高兴极了,对儿子说："谁说你很懒，今天的工作不是干得很好嘛！"他把那堆挑好的小苹果倒到那堆大苹果里。屋里只剩下两堆苹果，其中有一堆是烂苹果。这时候儿子急了，"爸爸，你不是说要我把大小苹果分开吗？如今我分完了，你又把大小苹果合在一起。我一天的活不是白干了？"农夫笑着说："你怎么会白干呢？本来我就想要你把烂苹果挑出来。如果这样，你会好好干吗？我想，你会把面上的烂苹果挑走，里面的苹果烂还是没烂，你就不会去检查……"儿子低头不语了。

故事到此就结束了。请想想农夫说的话。他为什么这样做呢？为什么只让儿子挑出烂的苹果的话，儿子会偷懒呢？

二、苹果效应与间接注意法

苹果效应，也可以称间接注意法。如果把农夫要儿子挑苹果看成给儿子出的一道题目，他又是如何检测的？看到有三堆，说明儿子解题解对了，如果两堆或其他，那么儿子就答错了。虽然农夫用的是间接测试，但是很有效果。问题的关键是农夫是怎样命题的。

农夫的直接目的是让儿子把烂苹果挑出来。"知子莫若父"，如果这样要求，这位懒惰的儿子是不会认真去做的，不会一个个地挑。农夫必须换个角度命题，于是要儿子把大小苹果分开。这个题目看起来是很容易的，儿子能不能接受？农夫相信儿子能接受。农夫根据自己的经验，从间接的角度，给儿子出了一个能接受的题目。

儿子接到的题目，也可以说，儿子的直接题目，是把大小苹果分开。他是这样做的。不过，他间接地发现除了苹果的大与小，还有个苹果烂与不烂的问题。正是这个间接注意，让他比较顺当地完成了任务，也达到了农夫的直接目的。而儿子把苹果分出大或小的直接目的，就悄悄隐去了。

在苹果效应中，直接目的一个是真的，一个是假的。农夫与儿子都用了间接注意法，前者是命题，后者是解题。这两个都是真的。语文教师的教学就包括前者"命题"与后者"解题"。

应该说，在以前的很长一段时间里，语文教师是习惯用直接注意法的。一篇课文教完了，如果要测验，那么直接命题：说说某某课文的中心思想，某某课文的写作手法是什么，某某课文是什么文体，这个文体的特点是什么……学生也直接答题，只要把平时背下来的东西写出来，就完成了。至于学生懂还是不懂,语文教师无法考查。

经过教育教学改革,这种直接注意法的题目越来越少了。死记硬背往往是应付用直接注意法命的题,用间接注意法命的题,只会死记硬背的学生很难答得上来。死记硬背往往跟把课文拆得支离破碎地教的模式相适应。从某种角度说,能不能用间接注意法,成为课程改革前后的一个分水岭。

怎么运用间接注意法命题呢? 很重要的一点就是用没有教过的课文作为考查文本。如果学生对其他文本也能分析出写作对象、主旨和写作手法,而且操作过程本质上与教师教过的课文一样,那么教师的间接注意法用得是对的。如果用其他文本来考查,学生也能理解文章的内容,也能概括文章的主旨,甚至用教师教过的思考方法辩证地分析文章的主旨,那么教师用的间接注意法是对的。

现在,如果你再看看试卷,你会发现题目是怎么想出来的吗? 几乎都是用间接注意法命题的,你已经对此习惯了,甚至不敏感了。

学生又是怎么答题的? 他们可能是直接注意文本的,但是这种直接的关注,本质上是教师在间接地考查自己讲解和分析课文的能力。所以有悟性的学生,常常能在不知如何是好的情况下,想到教师教课文时特别专注的内容,受到启发,也能比较正确地答题。其实从本质上讲,这样的学生也是接受了教师用间接注意法对自己的考查。

语文教师要学学怎样命题,不能因为害怕而总是用别人命制的试题。我这里绝对不是挑拨,因为老是用别人的试题,很容易失去自信,甚至连阅卷也会迷信他人。我当教师之初,是没有教参的,上毕业班的课,发了练习卷就必须自己解题,否则怎么上课? 如果做错了,不是误人子弟吗! 我连续几年都做卷子,给几个同年级的教师作参考。应该说,这几年我获益匪浅,别的不说,至少我掌握了某种主动权。

当然考试与教学毕竟是两条路。要学会用间接注意法命题,首先要熟悉题型。要找出某个阶段流行的题型,并根据不同的题型尝试命题。其次,命题时也要想到教学要求与学生的现状,更重要的是,必须想想社会对你所教的学生的要求,或关注社会的热点问题。请注意,我说的已经包括四点,除了"三位一体"(题型、教学要求、学生的现状)外,还有"社会"。再次,要有适当的难度系数,没有区分度是不行的,区分度太大也不行,不利于挑选学生。命题水平的高低，不在于出的题目难度如何，不在于显示自己这个语文教师的水平，而在于能否更好地、适切地选拔学生。语文界或者教育界总的说来是在不断进步，而且成绩是今非昔比的。然而，常常会出现一些矛盾的说法，比如采不采用选择题，作文题目用材料还是命题，等等。如果是用于探索，这些变化是可以理解的。但是，对同一年龄学生的要求总应该有一些比较科学和客观的标准，这些标准往往应该不受年代的局限，而且相对比较固定。让教师、学生过分手足无措总不是好事情。

三、苹果效应与语文教学

在语文教学的操作过程中，语文教师也是能够用到苹果效应的，也是能使教学生色的。为了在考查中用间接注意法命题来了解学生学得怎么样，教师就必须在教学过程中把推出结论的过程说得透彻点、清楚点，甚至可以有必要的重复。其实这是一个理性的过程，一个抽象的过程。有人说，语文总是有一些知识性的东西，不背不用，时间长了学生就会忘记。其实，规律既然是大家总结出来的，就有个抽象的过程。只有抽象才能继承，背一些规则是不能与死记硬背联系在一起的。记住这些规则必须有适当的反复巩固的时间或机会。这些对成绩好的学生尚且有必要，对成绩差一些的学生来讲更有必要。

在语文教学备课或者预设的阶段，语文教师更有可能用到苹果效应。备课与预设的依据之一就是学生的情况。语文教师在命题中，自然会想到如何使学生能够顺当地答题和解题。如果想到自己教过的学生解答不了这些题目，那么反过来，语文教师就会注意在备课时关注重点和难点。语文教师会在预设中自觉地思考学生可能存在的问题，甚至在授课时有意识地让生成向学生存在的问题倾斜，如把题目变小点，难度变小点。

语文教师甚至会有意识地增加一些内容，很可能这些也会被有些教师的命题考到。为了更好地尽职尽责，语文教师甚至会不在意任教时学生应该掌握的基础，用间接注意法加以检测。这方面毕业班语文教师更有体会。系统的练习必须成为语文教师有的放矢的一个重要途径。

有的预设甚至超越课文所要教的范围，常常又呼唤语文教师自己去找些资料，既为充实自我，又为对学生的检测作必要的预设与准备。

在知识储备上功夫基本到家的时候，语文教师必须在学生思维的深度上下功夫，既然同一篇文章不同的年级都可以教，那么要教得深些扎实些，也应该有充分的预设，标准是能否让学生掌握。言语或语言是思想的载体，语文学习自然也应该成为思维训练的载体。同一载体负载的不同深度的思想含义，以及不同载体负载的不同思想含义，能否让学生体味出来。这更是间接注意法施展的舞台。

语言学中的"所指"，通常指语言载体所存载的所有信息，这些信息有深有浅，有熟悉的也有不熟悉的；而"能指"通常指这些语言载体以及手法等。可以说，语文教师的职责几乎是教会学生如何运用"能指"。可是，对"能指"的掌握，只有在大量对"所指"内容的品味中才能真正学会。间接注意法是在加强对"所指"内容深浅的体味中，渐渐地掌握"能指"的最好的方法。

语文教师要让学生能够通过语文材料所负载的信息，来不断提高自己的语言运用能力。如果语文教师自己的语言运用能力远远低于学生，那怎么能当好他们的语文老师呢？

一味沉浸在语文教学之中的语文教师，不见得是很出色的教师。若要检验，那也应该用一用间接注意法了。语文教师必须自觉地提升自我，至少应该像思想家一样关心和思考社会问题。有数据显示，高三语文教师阅读的信息量，是高三学生的1/17。这样的调查数据应该是十几年前做的。不过，我看这几年来，这一数据的差别变化不大。语文教师可能过分地沉浸在教学中，可能更愿意自我牺牲，也许忽视了自身的学习与成长。而我认为，语文教师至少应该自己生活快乐，不断阅读和学习！从这个角度来衡量，这是不是一种间接注意法，是不是也应该对语文教师用一下？

04 从《窗口》的理解到主旨的探索

在 20 世纪 90 年代初,某地发了一本语文补充教材给各校,其中有篇澳大利亚作者泰格特写的短篇小说《窗口》,编者还评述了这篇文章的主旨。这篇小说的内容梗概是这样的:

澳大利亚某家医院的一个病房转来了两个"二战"时的伤兵,一个的病床在窗边,另一个的在门边。门边的伤兵看到的只是走廊与来往的人,他很羡慕在窗边的伤兵,他想在窗边能够看到外面的景致,看到人们鲜活的生活。空闲时他们聊家常,慢慢地,好像什么都聊完了。于是,在门边的伤兵就要另一个伤兵看窗外,把看到的说给他听。他们的伤都很重,都不能走下床。在窗边的伤兵挣扎着拉开窗帘,于是把看到的内容一一具体地告诉对方:外面有个花园,有大人小孩在走,小孩在打球,有个妇女在一边饶有趣味地看着……这天夜里,在门边的那位伤兵辗转难眠,窗外的景致吸引着他。第二天很早,他就催在窗边的伤兵看窗外的景致,给他讲。每次,窗边的伤兵都艰难地满足了他的好奇。这样过了几天,门边的伤兵听完了另一位的讲述,开始思考。他突然想:"为什么我在门边,他在窗边? 为什么……"这个想法越来越折磨着他,他忍不住就想:"为什么他在窗边,我在门边?"

一天夜里,在窗边的那个伤兵突然被病魔折磨得受不了了,他又无法按床头上联系护士的铃,他只能请门边的那位伤兵帮他按铃向护士求救。可是,在门边的那位伤员仍然在想:"为什么他的病床在窗边,而我的在门边?"并没有帮忙按铃叫护士。

护士终于来了,窗边的这位伤兵去世了。在门边的伤兵终于开了口:"我能把床搬到窗边吗?"护士同意了,把他的床挪到了窗边。护士走了。这位伤员挣扎着起来,拉开了窗帘,他大吃一惊:窗外原来是一堵墙!

这是一篇小说,请说说它的主旨? 编者有如下的讲述:……揭示了资本主义社会人与人之间尔虞我诈的关系……

如果这个结论主要是以在门边的伤兵的态度与行为为依据而作出的,那么我用反证法:如果以在窗边的伤兵的态度与行为为依据,是不是能够得出相反的结论呢？窗边的这位伤兵多好！他面对空荡荡的墙，每天都能拉开窗帘，编出一套故事，只是为了让他的病友能够减轻一点痛苦。他有多善！他编的故事是符合生活的，符合他心中追求的，可见他的心有多美！他把真情献给病友，不管自己多么痛苦，更凸显了他心中的真！……把这样的理解作为文章主旨行不行？也是不行的。因为不能涵盖全文，而且以偏概全。

我们可以从题目思考。《窗口》，窗口的里外都是活生生的生活。窗里的二位来自战场，他们是否都是为了窗外的人们和平自在的生活而战的呢？窗边的那位伤兵是这样的，他甚至也为让门边的那位伤兵减轻痛苦而战！请问：窗里的两位的沟通存在吗？真正进行灵魂沟通了吗？请问：窗口里外的沟通存在吗？不存在，然而的确存在着。这样的沟通必须一直进行下去。

我们还可以从"战"字出发。他们都是从战场上回来，那么"二战"结束了吗？战争结束了吗？事实上，真正的战争没有结束，它始终存在于我们的脑中，始终进行着。

我们从"病"字出发。他们两人都有病，一个逝世了，却精神永存，一个活着，但是活得卑微。

我们甚至可以从门边床上伤兵的嫉妒出发，深入思考：原来嫉妒是万恶之源……

那么我们到底应该怎样确定主旨呢？我们肯定这个肯定那个，让学生怎么办呢？我们以能够涵盖全文为原则，终究应该给学生一个比较标准的答案。虽然理解可以有深有浅，但是明显错的必须纠正。

这篇文章的主旨应该是这样的：通过对同一个病房在窗边与在门边的两位伤兵，对待生死以及生活的不同态度与行为的比较，歌颂了为减轻他人痛苦而甘愿自己作出牺牲的精神，批判了自私自利、以邻为壑的错误心态，揭示了虽然战争已经结束，但真正的战争依然在人们头脑中进行着的现实。

我们讲了分析文章的主旨通常要涵盖全文，以及涵盖全体写作对象的原则，其实还应该有一个追求正能量的原则。一般而言，给学生的课文或考试的文章，基本上是以表现正能量为主的，但有时候也未必。在生活中，我们和学生读到的文章难道都是表现正能量吗？一旦学生遇到不是正能量主旨的文章，该怎么办？有的学生分析时硬要往正能量的主旨上靠，这显然是错的，教师必须加以引导，并且把这作为自己责无旁贷的大事。

有一次,语文考试的一题是一篇外国小说,题目为《父爱无价》。小说梗概是这样的:

有位很成功的古董商,他接收了儿子朋友送来的儿子的肖像画,他的儿子在旅游时不幸去世了。这位老人越来越感到他收藏的古董不管怎么值钱,都比不上儿子来得珍贵。在去世前,他举办了一场拍卖会。

拍卖的那天,拍卖师先拿出了古董商儿子的肖像画。拍卖大厅静静地,只有拍卖师在一遍一遍地叫。有位老人为了让拍卖会能够顺利地进行下去,于是拿出一美元拍卖这幅画。随即,拍卖师拿出了古董商的遗嘱,认真地念:"……谁能够拍下我儿子的肖像画,并且好好地珍视它,我就把我多年来收藏的全部古董都送给他……"这位老人得到了意外之财,喜出望外,拍卖大厅的人瞠目结舌。

请问:这篇小说的主旨是什么? 当然是"父爱无价"。其实这从小说的标题就能看出来。那么这样的主旨符合正能量的标准吗? 在当下社会中,难道无价的只是父爱? 亲人的爱? 小说的主旨必须体现社会的本质,我们把当下真实的社会与文章的描述相比较,那么社会的本质以及文章的主旨也就清楚了。

拍卖大厅里面人们的价值标准是什么? 钱。

拍卖大厅外面人们的价值标准是什么? 钱,还有精神。

古董商的价值标准是什么? 像他那样爱他儿子的精神。古董商的目的达到了吗? 没有,因为买下这幅肖像画的老人也不是为了爱古董商的儿子而买这幅画的。所以,这篇文章的作者告诉我们:"只有亲人的爱是无价的。"是这样吗? 如果作者是这样想这样构思小说的,那么我们会感到很遗憾。因为这个世上亲人的爱是无价的,不是亲人胜似亲人的爱是存在的,也是无价的。会不会作者是采用反讽的手法呢? 要是这样,作者就值得我们钦佩了,他是有感于有些人对价值认识的浅薄而写了这篇小说的……不管怎么说,遇到这样的文章,我们必须从体现正能量的角度,把主旨说清楚。

在听课之后,我跟同行常常非常感慨,我们常常想,如果上课的教师能够把主旨想得深刻些,那么课会好些。把所上课文的主旨思考得深刻些,有时真难,有时又真不难。说它难,是因为有太多的教师只习惯于根据教参上课,迷信教参,似乎教参上写的主旨总是对的;说它不难,是因为只要教师肯下一点功夫,也不难把主旨思考得深一些。

　　有一年,我们派教师到成都去上课,参加的是语文教学大赛,上的课文是巴金的《小狗包弟》。上海的选手对《小狗包弟》的主旨思考得比较深刻,她最后得了一等奖。我们不仅要引导分析"人不如狗"的主旨及其背后的深刻含义,还要思考作者在讲真话和对自己的批评。

　　看来,把文章的主旨思考得深一些,是对语文教师的起码要求,当然也是对有志于提高阅读能力的学生最起码的要求。我们常常说:"纲举目张。"一般而言,我们对文章主旨的理解深刻了,与主旨有关的几乎所有因素都可以为教学所用,上课就变得自由得多。

　　把主旨表达清楚还有个规律,就是根据文章的文体来决定语言组织形式。记叙文通常用"通过……歌颂……批判……揭示……"的形式,议论文通常用总论点表述,说明文则交代说明中心。

05　意境、意象及其他

现在，在中学语文的教学中常常会用到"意境"这个概念，想来有 20 多年吧。我知道以前的中学语文界是不谈什么意境的。意境是中国文学中常用的，然而，就像中国的许多概念，常常是只可意会不可言传一样，要用简单的几句话把意境说清楚也真是难事。我有个同学花了 30 多万字写了一本谈意境的专著，我看了后也不知道该怎么概括才好。我想尝试用西方美学的理论来解释意境，这样也许能够简单易懂一些。

在西方美学中，对美的表述成千上万，然而关于美的形态的表述，东西方大体上是一致的，也比较简单。西方美学通常把美的形态分为四种：优美、壮美、喜剧美、悲剧美。

先说说优美。优美又称秀丽美、阴柔美。美的这种形态几乎是人见人爱的，也就是说，几乎所有的人见到或听到这种美的姿态的，都觉得很美。一首轻松的背景音乐、一幅春天的风景画、一首山水小诗、一朵鲜艳的小花……人们都觉得很美，哪怕五大三粗的大汉见到听到，也会不约而同地说："真美！"执着于优美形态的人常常具有静态思维，说得绝对一点，就是与快节奏的现代生活格格不入。比如上班等车，车来了，如果后面有人往前挤，他或她总要谦让，结果其他人挤到前面了，他或她最终上不了车。不过，优美这种形态又是美的形态中最基本的。回归自然，趋向文明是它的必然归宿。

再说说壮美。壮美又称雄奇美、崇高美、阳刚美。这是第二种美的形态。这种美的形态通常有一个令人惊诧或紧张的过程，在经过艰巨的征服过程之后，给人一种赏心悦目的感觉。从竹排摔下水是惊心动魄的，重新爬上竹排当然是高兴的；登上顶楼往下望，人与车变得那么小，感到害怕，但人与天变得那样近，又令人愉快……崇高美是壮美的一种，它通常在小与大的比较中令人惊愕地表现出来。你登上华山之巅会有两种似乎截然不同的感受：一种是自豪，华山那么高，然而在我的脚下；一种是自卑，一百年后华山依然如此，而我呢，卑微得连骨灰在哪里也不知道。壮美通常与动态思维相连，执着这种形态的人通常与现代生活结合得很自然。然而，如果处理不好，会趋于野蛮。

　　下面必须说说执着于优美或壮美的优与劣。执着于优美的人通常显得高雅，然而什么都慢，跟不上现代生活的节奏。你可以执着于优美，但必须能够欣赏壮美。你可以欣赏轻松的唯美剧，也应当能够欣赏惊心动魄的战争剧，因为这也是美，是壮美。反之，执着于壮美的人充满动感，但也要学习欣赏优美，那种把优美称为靡靡之音或小家子气的做法是错误的，甚至会影响你顺当地回归自然，趋向文明。

　　第三种美的形态是喜剧美，它通常诙谐、幽默，甚至充满哲理。它也是人见人爱的，年轻人几乎每天沉浸在幽默之中，谁没听过笑话或讲过笑话，谁整天没有笑容？年轻人常常会笑出声，甚至没有什么理由。有人说中国人缺少幽默，这没道理。生活哪怕再沉重，中国人也不会缺少笑。不过不能把喜剧美等同于笑，喜剧美的笑总是有哲理存在的，没有哲理的笑是生物性的，如同挠痒痒产生的笑。相声与滑稽都是曲艺，一般而言，相声的哲理性强些，滑稽的哲理性弱些，不过也不尽然。电影《今天我休息》是一部喜剧，表现的哲理是什么？人民信任片警。在本应休息的日子，一位片警自觉与不自觉地为人民做了不少好事，然而也闹了不少笑话。

　　美的第四种形态称为悲剧美，它与悲伤、悲痛欲绝的美感相关。它跟壮美很像，但它是必须沉浸于悲恸之中，然后才能获得美感享受的。西方人往往把这种美的形态称为美的最高形式，这是很有道理的。

　　上面我们介绍的前三种美的形态，可以称为生活美、艺术美，而第四种美的形态——悲剧美，只能称为艺术美，理由很简单，因为生活中的悲剧当然是令人悲伤的，但只有通过艺术才能表现，才能让人们体验到悲剧中的艺术美。关汉卿的《窦娥冤》是部悲剧，生活中"窦娥"的不幸不能称为艺术，然而作品中的"窦娥"让观众感奋思索，"窦娥"的骂天骂地骂鬼神的反抗精神，充满哲理，让人思考。

　　这四种美的形态，跟我们学到的意境，几乎是一一对应的。我们用美的形态来理解意境，应该说是一种好的借鉴方法。在实践中我也试过，学生们几乎都能很快地学会这个知识，并且在运用时也不会出错。

　　讲了意境，就要讲讲意象。在意象之前是物象。某一事物是什么样子，把它描绘清楚，即这个事物的物象。但是，人们往往又赋予物象以某种意义，而且还比较固定，这样就出现了意象。竹叶、竹枝、竹竿、竹根……这些都是竹的物象。在中国的知识分子看来,几乎是约定俗成的。竹叶四季常青,是指生命力强,品格清高,不人云亦云,体现人的孤傲。竹节中空则体现人的谦虚,有气节……这样,生命力强、清高、孤傲、谦虚、有气节……就成了竹的意象。苏东坡就说过:"宁可食无肉,不可居无竹。"

物与意象的关系大致是这样的:

青松、鸿雁、骏马——大志

鹧鸪、杜鹃——思归

落日、夕阳——思归

《关山月》《阳关三叠》——思归

长亭、柳——送别

易水、坝桥——壮别

松、竹、梅——岁寒三友

松、竹、梅、菊、兰——坚贞、孤傲、清高

猿鸣、寒蝉、寒鸦——凄愁

水流、落花——时光易逝、青春难再、无情、水性杨花

桃花、香草、莲——君子

槿花、樱花——人生无常

柳——挽留、生命力强

树、草——忧愁

月、霜——团圆

杏坛——教育、学校

橘——孝顺

鹿——俸禄、快乐、福禄、政权

梧桐——君子所栖、知己、知音

弦歌——太平

干戈——战争

玉帛——和平

星——恨

鸿雁——书信

鱼——书信;同"裕",富裕;自由;同"誉",沽名钓誉

　　上面这些只是一般的物象与意象之间的关系，也只是粗略地作介绍，仅供参考，在理解、品味时不能绝对化处理。

　　物象与意象是有很多的。从理论上说，有多少物象，就有多少意象，但是实际上也没那么多。通常我们说的意象已经包括物象。常常有学生会问："意象怎么就成了物象？"

　　严格地说，意象包括在意境的范围之中。意象是抽象的，意境也是抽象的。用意境来分析意象，那么意象的意境就有四种不同的美的形态了。它们可以形成或组成许多词，而且很难穷尽，我只能大概举例。

　　体现"优美"形态的词：

　　恬静、宁静、幽静、平静、静谧、静和、闲适、自在、自得、悠闲、明净、明媚、淳和、淳美、纯朴、纯真、天真、和谐、幽美、恬淡、愉悦、繁华、富庶、旖旎、澄明、澄净、徜徉、暖和、和煦、光明，等等。

　　体现"壮美"形态的词：

　　雄浑、雄阔、开阔、壮阔、辽阔、壮美、壮实、壮健、高远、高亢、苍茫、磅礴、雄奇、紧张、惊怕、惊怵、敞亮、忐忑、堂正、磊落，等等。

　　体现"喜剧美"形态的词：

　　幽默、诙谐、风趣、调侃、揶揄，等等。

　　体现"悲剧美"形态的词：

　　彷徨、苍茫、苍凉、空寂、寂寞、冷寂、暗淡、萧条、索寞、荒凉、悲愁、悲苦、悲惨、凄苦、凄凉、凄愁、惆怅、悲悯、悲怆，等等。

　　根据美的四种形态，很容易区分上述词语。虽然不能穷尽，但是能够根据需要再造这些词。可惜的是，美的形态的第三种"喜剧美"，真的很难想出其他的词，其实"揶揄"也有讽刺的意思，只能勉强放在这里。

　　有时，对某篇文章，要求你说说它所体现的意境时，可以根据其所属美的形态来选择合适的词加以说明。不过，有那么多的词，选哪一个好？从意境讲，总有一些朦胧的部分，我们很难选一个跟标准答案一模一样的，而选其他的，有可能被判错。那怎么办？我想，选同一个美的形态中的两个词为好，当然，这两个词与答案应该是很近的。因为有两个，逼着教师去想是不是对，这样考生的答案就容易对，不过如果写三个或更多就不相宜了。

　　顺便说说，意境，有时与意象相通，甚至跟氛围、情绪、主旨也相通。但是也不绝对,如果有的题目问到体现怎样的氛围,或者表达什么情绪、主旨,那么先确定相关的意境,并组成合适的句子来回答,往往也是合适的。

例如:

〔双调〕

折桂令·九日

[元] 张可久

对青山强整乌纱,归雁横秋,倦客思家。

翠袖殷勤,金杯错落,玉手琵琶。

人老去西风白发,蝶愁来明日黄花。

回首天涯,一抹斜阳,数点寒鸦。

如果有这样的问题:作品末尾三句表达的情感颇具特色,请结合全曲作简要赏析。

可以这样回答:"回首天涯"给人茫然之感,"一抹斜阳"渲染了思归与落寞之慨,"数点寒鸦"又表现出官场生活的凄凉及对其的厌倦。这末尾三句,通过眼前之景表现作者此时的凄凉之情。

这样的分析,用的是意象与意境的知识,其实也表现出对全曲主旨的把握。

对中国的古诗词曲,我们可以从意象与意境的角度去了解,本质上也是对作品的审美欣赏。同样,我们也可以用这些来对现代作品包括外国作品作分析或鉴赏。我们还可以进一步考虑把这些知识用到写作中去。我想一定是能够写出好的作品的。

06　从"杨柳岸，晓风残月"说起

宋代词人柳永有首词很脍炙人口。

雨　霖　铃

［宋］柳　永

寒蝉凄切，对长亭晚，骤雨初歇。

都门帐饮无绪，留恋处，兰舟催发。

执手相看泪眼，竟无语凝噎。

念去去，千里烟波，暮霭沉沉楚天阔。

多情自古伤离别，更那堪，冷落清秋节！

今宵酒醒何处？杨柳岸，晓风残月。

此去经年，应是良辰好景虚设。

便纵有千种风情，更与何人说？

我们尽可能用意境、意象来赏析这首词。

凄切的"寒蝉"已经点明了氛围，更何况在傍晚时分。古人送别通常是"长亭更短亭"。等了一天，好不容易"骤雨初歇"。雨下得真够大的，更烘托了分别时看似轻松实则不舍的氛围。在都门帐饮酒，这里用的是以乐衬哀的手法，离别本来哀伤，能有什么好的心绪？

离这对恋人分别的时间越来越近，于是更感到时光可贵，正在这个时候，船家催促着："开船啰！"（"兰舟"是船家的借代。）在这一刹那，两人突然紧紧拉住对方的手，想说什么却说不出什么，结果双方都没说话，只是凝噎着看着对方。想一想这样的场景：离别之后，船很快消失在烟波中，什么也看不到，只能看到沉沉的越来越暗的雾霭，在楚地的江面上，开阔又迷茫一片。

"自古以来，多情人最伤心的是离别，更何况在这本应团圆却分外凄清冷落的中秋节呢！今天夜深酒醒的时候，我又在哪里呢？只看见杨柳连着杨柳的长长堤岸，如同悲愁连着悲愁，一直通向很远很远的远方。一夜无眠，清醒后在清晨的微风中，看着天边半轮月亮，想象着她满月时分的模样，那该是我和你团圆的时候吧。从这而去一年又一年，不管什么好日子，对我而言，也如同徒然有了美好的时光、美好的景致，离开了你，哪怕风情成千成万般好，我又能跟谁倾诉呢，依旧是我孤影一个！"

别的词语暂且不管，仅就意象而言，作品中就有好多。"寒蝉""长亭""骤雨""凝噎""烟波""暮霭""冷落""凄清""杨柳岸""晓风""残月"……更有以乐衬哀，用美景衬哀情，等等。

用意象来理解中国文学作品常常有独到的意味。从意境上说，上片的悲伤欲绝，下片的凄清、哀怨，构成整首词的凄婉、相思，给人以艺术享受，令人扼腕赞叹。

我们再用意象来欣赏一个作品吧。

〔越调〕　　　　　　　小桃红·杂咏

[元] 盍西村

杏花开后不曾晴，败尽游人兴。

红雪飞来满芳径，问春莺，春莺无语风方定。

小蛮有情，夜凉人静，唱彻醉翁亭。

在杏花开放的时候，连续几天的阴雨，一心寻春的盍西村无法出门。待到天晴，他怀着好心情，特地去赏杏花，却只见杏花飘落的场景，游兴"败尽"。只看到：红色的杏花，如雪花一般纷纷扬扬地从杏树枝上飘落下来，一片又一片，铺满了眼前的路。这条通往远方的路上满是杏花花瓣，路通向何方？春天到哪里去了？盍西村面对眼前如此凄美的杏花雨，愣住了，他迈不开步。怎么忍心踩着红色的杏花朝前走？对美的渴望，对春的盼望，对远方的企盼，让他在欣赏美景之余，不由感到迷茫、惆怅……他只能喃喃自语，像是在向枝头啁啾的黄莺，这一切是为了什么？黄莺只是无语，蓦地向远处飞去。此时风也静了，刚才动静相间的画面变得岑寂一片，眼前只有一条铺满落花的路，在夕阳余晖的映照下，闪着殷红的光。此情此景，让人感受到一种凄婉的美，不舍的美，哀愁的美……

青春易逝，时光不再。沉浸在这种哀愁之中的盍西村心有不甘。他仍然寻觅着、寻觅着，到了夜里，仍在寻觅。

忽然，一阵温婉、激越的歌声传来，是歌女小蛮在唱歌。盍西村循声而去。在当年因欧阳修的《醉翁亭记》而得名的醉翁亭中，小蛮唱了一曲又一曲，一直唱到深夜。盍西村听得如痴如醉，白天留下的遗憾此时已经释怀。春天在哪里？不就在小蛮的歌声中吗？充满深情、生机。何必因未能赏到杏花盛开而悲伤？眼前的生活本来就充满生机，本来就是美的。何必为时间的流逝而莫名悲伤？眼前的生活本来就是值得追求、欣赏和投入的。都说"醉翁之意不在酒，在乎山水之间也"，那么盍西村是为山水之美而醉的吗？是，又不尽然。杏花雨令人心醉，而现实生活更令人心醉。杏花雨固然给人以迟暮之感，然而一个对迟暮之景都有着缠绵悱恻情感的人，面对充满生机的现实生活时，又怎么会对其不报以更动人的爱呢？

对于盍西村的这首曲，运用意象和意境能够使我们深刻地品味与理解"小蛮有情"。"杏花"充满生机，给人以昂奋之感。"落花"，给人以青春易逝，时光不再之感，更何况铺满败花的小径呢？作者在这样的惆怅中自然要找"杏花"，可是怎么找得到呢？所以作品的前两句给人以青春易逝的迟暮之感。然而紧接着，"小蛮"出场了，她的歌声无疑是积极的，在前后两相比较中，更突出了人生充满希望，人生不能落寞的主旨。这个前后的两相比较，表现的是什么？是意境，而比较之后就表现出了主旨。看来，意境与主旨也是有关系的了。

前面我们以古词古曲为例，那新诗呢？也是这样的吗？我的结论是差不多。我们都学过徐志摩的《再别康桥》。请你想一想，"作别西天的云彩"一句中，"西天的云彩"是个意象，指的是什么？"那河畔的金柳"，"金柳"又是指什么？"青荇"呢？为什么"我甘心做一条水草！""彩虹似的梦"又是指什么？为什么要"满载一船星辉"，为什么要在夜里"向青草更青处漫溯"？这些理解清楚了，也就基本上读懂了《再别康桥》。

新诗是这样，散文也是这样。我们也读过朱自清的《荷塘月色》，其中有一段是这样的：

荷塘的四面，远远近近，高高低低都是树，而杨柳最多。这些树将一片荷塘重重围住；只在小路一旁，漏着几段空隙，像是特为月光留下的。树色一例是阴阴的，乍看像一团烟雾；但杨柳的丰姿，便在烟雾里也辨得出。树梢上隐隐约约的是一带远山，只有些大意罢了。树缝里也漏着一两点路灯光，没精打采的，是渴睡人的眼。这时候最热闹的，要数树上的蝉声与水里的蛙声；但热闹是它们的，我什么也没有。

你把树的意象理解成"忧愁"，这样就全懂了作者的意图。忧愁围绕着作者，甚至还有莫可名状的忧愁。哪怕"杨柳"有"风姿"，也是"阴阴"的，还有"烟雾"。而"树缝"中漏出的"灯光""人的眼睛""热闹"也"是它们的"。作者想要摆脱忧愁，似乎已经摆脱了，但仍然摆脱不了，在看似喜悦的情绪之中，终究染上了淡淡的哀愁。

在以前的文人作品中，有明显传统意象的作品有很多。如朱自清的《背影》中"橘子"这个意象就起到很明显的作用。当父亲穿过铁道爬上月台，为儿子送来橘子，"橘子"代表的是父亲对儿子的深深爱意。

在冰心的《小橘灯》中，女儿提着小橘灯为革命者送情报，"橘灯"成为女儿继承父亲革命志向的象征，本来传统的"孝顺"意象又增加了新的要素。从《小橘灯》的意象的理解中，我们可以发现意象有时跟主旨挨得很近。

我们也能从《药》的意象品味中，咂摸出鲁迅寻找"疗救中国革命的药"的主旨。我们可以在对莫泊桑的《项链》的意象咂摸中，理解该文的主旨：小资产阶级的虚荣心就像锁链一样锁在人们的脖子上。

有的意象较传统，也较固定，有的意象就比较自由，甚至是临时的组合。我们理解外国作品时常常要想到并且用到。

高中的语文课文中有一篇波兰作家写的散文《草莓》。

草莓的意象是什么？在中国的作品中好像没有见到过草莓这个意象表达。然而通过对作品的品味，我们渐渐地咂摸出了草莓的意象表达：生活中的生机、青春活力。这样，我们就理解了为什么四月的草莓让人欣喜，为什么六月也有草莓，这似乎更令人欣喜。年轻人有生机当然让人高兴，可贵的是老年人也有生机，哪怕晚了些，也更让人珍视！

我们有些人很爱写文章，特别是散文，可是不爱在意象上多花功夫，所以容易写得很平。为什么不多用用传统的意象呢？至少这是一种方法，而且是一种成功的方法。

人们常常很喜欢晏殊在《寓意》中的诗句："梨花院落溶溶月，柳絮池塘淡淡风。"写的是什么意境？"溶溶月"是对团圆的讴歌，洁白的梨花沐浴在白色的月光下，是孤独还是喜悦？淡淡的思绪如柳絮一样飘着，落在池塘的水面上，清风吹来，在水面上荡漾……是喜悦还是孤独？其实也可以把这两句诗理解成名词性短语并置手法。6个名词，构成6个画面，6个名词有特定的意境，把这些意境叠加起来理解，就能很顺畅地理解这句诗了。古诗的滋味是这样的，现代诗也应该有这样的滋味，让人咂摸不已。

07　写作手法、艺术手法与表现特色

　　语文阅读常常会考写作手法、艺术手法、表现特色等。一般说来,写作手法在语文考试的现代文阅读第一大题中出现,这一大题通常考议论文、说明文,而艺术手法、表现手法、表现特色等在语文阅读考试的第二大题考记叙文时出现。不管怎么说,它们本质上是一致的,常常是说法不同,或者文体不同罢了。我们姑且暂时统称为写作手法。

　　写作手法的内容很多很杂,我们稍作整理如下。

一、从表达方式角度看写作手法

1. 叙述

　　叙述手法在各文体中都用得着,简单而言,就是把事情说清楚。叙述方式有六个要素,即时间、地点、人物、事件、原因、结果。前面四点是最重要的。这六点可以说是国际通用的,用英语来表述,可简称为"五 W 一 H"。有些教师把"经过"也放进去,这是不合适的。称得上是叙述手法的还有铺叙、倒叙、插叙、补叙。

　　铺叙手法:对同一个写作对象或经过,从不同的角度反复地加以叙述,得以突显。《过秦论》与《阿房宫赋》都用了铺叙手法。

　　倒叙手法:先叙结果,再按时间安排先后叙述。这个手法比较经济,用很简短的笔墨把事件交代清楚,而且往往能产生悬念,激发读者阅读兴趣。短篇小说常常用这个手法,如鲁迅的小说《祝福》。

　　插叙手法:中断原有叙述过程,插入一段或一部分内容,然后按原来的顺序叙述。通常,在原有叙述顺序中断的前后,作者会借助语言标志以示区别。插叙的作用是交代背景或突出主旨。孙犁在《荷花淀》的第二段就用了插叙。"要问白洋淀有多少苇地……"到"大家争着买:'好席子,白洋淀席!'"作者设计这段插叙就是要突出在日本侵略军到白洋淀之前,当地是太平的、富庶的;日本侵略军来了后一切都变了。这突出白洋淀的抗日战争是党领导的人民战争的主旨。

补叙手法:在文章的结尾,补上叙述六要素中没有用到的要素(一般是一个),使文章显得完整。例如,课文《荷花淀》的最后一段:"这一年秋季,她们学会了射击。冬天,打冰夹鱼的时候,她们一个个登在流星一样的冰船上,来回警戒。敌人围剿那百亩大苇塘的时候,她们配合子弟兵作战,出入在那芦苇似的海里。"这里补叙的是六要素中的结果,写的是水生嫂们,突出的是日本侵略军陷没在党领导的人民战争的汪洋大海里。

从理论上还应该有正叙手法,即按事件发生的顺序先后写。因为叙述本就有这个意思,所以省略了。

2. 描写

描写作为一种手法,指用极具形象性和表现力的语言对人物、事件、环境、景物及其形态、特征作具体描绘和刻画。描写与叙述常常结合起来使用,很难截然分开。描写手法的作用是使描述的对象生动传神。

第一,人物描写手法,其作用是塑造人物性格。

外貌、肖像、神态、情态描写手法。这四种描写手法本质上是一种,最担心的是有些学生把神态描写和情态描写归到动作描写中。这种手法的作用是塑造人物性格。

动作、行为、行动描写手法。这三种描写手法本质上也是一种,就怕学生因为没有接触过,理解有误,所以姑且录上。这种手法的作用也是塑造人物性格。

语言、对话描写手法。作用同上。

心理描写手法。这包括第一人称心理描写手法、第三人称心理描写手法。第一人称心理描写手法,又称"内心独白(手法)"。这种手法有第一人称的特征,真切、亲切、自然,因而给人一种与人物一起思考的感觉,作用也是塑造人物性格。同写作理论一样,没有第二人称的心理描写。第三人称心理描写手法思考的范围比较广,没有第一人称的局限,作用是塑造人物性格。

意识流手法。这一写作手法起源于 19 世纪末的英国。威廉·詹姆斯在《心理学原理》中说:"意识并不是片段的连接,而是不断流动的。用一条'河'或者一股'流水'的比喻来表达它是最自然的了。"这个手法通常使用内心独白手法,但打断了时间顺序。高中没有这个知识点,也不要求学生能写能用,姑且收录在这里。

第二,景物描写手法。人物描写与景物描写是描写类手法中最重要的手法。景物描写手法的作用是描写景物以渲染情、氛围、主旨。如果问与塑造人物性格有关的描写手法有几种，那么必须说是人物描写的前四种，景物描写不过是为塑造人物性格渲染氛围罢了。

景物描写分三种，即自然景物描写、社会环境描写，以及场面、场景、场境描写，它们构成三种手法。

自然景物描写手法。它有一个要素，即景，作用是渲染情。王国维说过"一切景语皆情语"，其实阅读时面对自然景物描写只需用美的四种形态来赏析，情的具体所指是很明确的。

社会环境描写手法。它有人、景两个要素，它的作用是渲染情与氛围。请注意，几乎所有题目通常提到的氛围都与社会环境描写下面的场面描写有关。

场面、场景、场境描写手法，这三种描写手法本质上是一种。它有人、事、景/境三个要素，作用是渲染氛围与主旨。有一年我看到一个题目，要学生写一则场面描写。我很紧张，因为我知道有些教师说不清楚场面描写。结果是虚惊一场，学生考得很好，这大概是学生自己理解或猜测的吧？反正是歪打正着。其实，教师还是应该教给学生比较完整的知识以培养其相应的能力。

第三，正面描写、侧面描写、反面描写手法。这三种描写手法是配合人物描写和景物描写而存在的。这三种描写手法的作用各不同。正面描写是直接对描写对象进行刻画，表现出作者对人物性格的赞赏或歌颂。侧面描写不直接描写写作对象，而是描写与写作对象有关的事物，或是通过其他人物的评价，从侧面对写作对象进行烘托和映衬，通常也与赞赏、歌颂有关。反面描写也是一种直接描写，刻画是为鞭挞、讽刺、批判等。这三种描写手法可以是人物描写也可以是景物描写，但以人物描写居多。

第四，白描与细描（素描）手法。白描与细描（素描）都是取自中国古代绘画的术语，写作中通常都会用到白描。其实细描（素描）在写作上的运用只是相对的，比白描细些就能称细描（素描）了。这样标准有也就等于没有了。至于白描，鲁迅先生说过，简单几笔勾勒就写出人物性格。白描如同中国画中的写意。举个例子："'咚咚！'有人敲门。进来一个人，粗眉毛大眼睛，对大家说了声：'还不快滚！'"这个例子就是典型的白描，有白描的语言描写，但是不全，只描写了眉毛与眼睛，别的什么也没有，但是人物的性格已经出来了。白描在阅读中通常都是人物描写，景物描写较少。

第五,细节描写手法。细节的种类很多,如肖像细节、动作细节、语言细节、心理细节,还有景物细节。不过,人们通常喜欢讨论人物描写中的动作细节。这样看来,细节描写手法的主要作用便是塑造人物性格。

以上对描写手法的五大类都作了介绍,其中,人物描写与景物描写最重要,其他的都是为人物描写、景物描写服务。如果绝对地说,其中,人物描写是最重要的。刚才谈到了"性格",这是一个文学术语。人物性格、人物特点、人物特色几乎是一个题型,作答的方法:文言文一般用四字组合形式来表达,现代文可以以此为基础组成句子来表达。例如,李广的性格:英勇善战、不善言谈、忠君爱国……欧·亨利《最后的常春藤叶》中贝尔曼的性格:平凡、普通的外观下深藏的热爱他人、富于同情心和有自我牺牲精神的美好心灵。

3. 抒情

抒情是表达方式之一,抒情手法的作用自然是抒发或激越或深沉或平静或缠绵的情感。抒情手法共有两种,即直接抒情与间接抒情手法。直接抒情,又称"直抒胸臆",就是直接把心中激越的情感抒发出来的手法。间接抒情,就是借人、事、景、物、理来抒发真情的手法。

我们都看过欧·亨利的小说《麦琪的礼物》,德拉卖掉了引以自豪的头发后买了送给丈夫杰姆的表链,她面对看着她头发发愣的杰姆。"'你不用找了。'德拉说。'我告诉你,已经卖了——卖了,没有了。今天是圣诞节前夜,亲爱的。好好地对待我,我剪掉头发为的是你呀。我的头发可能数得清,'她突然非常温柔地接下去说,'但是我对你的爱情谁也数不清。我把肉排烧上好吗?杰姆!'"殊不知杰姆卖掉了金表买了全套的发梳,正是为了送给德拉。

这里杰姆为德拉卖掉金表是借人物抒情,而德拉前面的话强调的是"不要找了,头发已经卖了",这是借事抒情。"……亲爱的。好好对待我,我剪掉头发为的是你呀"是直接抒情。德拉买的表链是借物抒情。而后面的,"头发数得清与我对你的爱情谁也数不清"是借理抒情。

在间接抒情中,借景抒情与借物抒情几乎是一样的。间接抒情要委婉些,内容也丰富些。一般而言,直接抒情如果用得过多,常常会令人生厌,但也不绝对,有的作品全用直接抒情,感情强烈。宋词中,豪放派的词直接抒情用得较多,而婉约派的词间接抒情用得较多,因此委婉些。

间接抒情中的人、事、景、物、理中,景与物可以归为一种,其作用与景物描写中的"一切景语皆情语"相仿，即寓情于景。借人抒情和借事抒情比较难分辨，要下些功夫。借理抒情其实就是借议论来抒情，也就是边议论边抒情，把它看成另外一种也可以。而如果既有直接抒情又有间接抒情，那么就如同情景交融了。

4. 议论

议论手法在议论文中最为常见，其作用是强调思维的过程和论证的过程，突出论点。议论文中的议论手法强调"论点、论据、论证"三要素，缺一不可。这样的证明才科学。记叙文、说明文中的议论手法，不必三要素齐全，有时甚至一个结论也可以，只要语句通顺。

5. 说明

说明文中自然用了说明手法，但这其实是运用了说明方法，其作用是准确、科学、形象地说明写作对象的特征。

说到说明手法，就必须把几种说明方法理一理。不过，说明手法是从大处说的，从小处说，就得说说说明方法。说明方法有这几种：打比方（就是用比喻来说明）、下定义（又称"下定义说明"）、作类比、列数据、划类别、举例子、用资料、作比较、作对比、列图表……上海的语文教学用到的通常就这十个。说明方法的作用集中起来说，就是科学、准确。记叙文中的说明手法，常常是介绍背景，交代说明对象的具体情况。议论文中的说明手法，常常用于说明论据，强调真实可靠，或是介绍对同一议题的几个观点。

从表达方式角度看写作手法还有几种表达方式叠加在一起的，如夹叙夹议（手法），其作用是前面的叙述为后面的议论提供材料，后面的议论使前面的叙述画龙点睛。又如叙述、抒情、议论三者交融（手法），其作用是前面的叙述与抒情为后面的议论作铺垫或提供依据，后面的议论又为前面的叙述和抒情画龙点睛。

二、从语言角度看写作手法

语言角度的范围相对较广，后面第三部分修辞角度，以及第四部分风格角度从广义上也可归属语言角度。

1. 语体

语体是语言角度的重要内容。语文的语体分两个方面：一是书面语，其语体特点是严谨、雅致;二是口语、俗语,其语体特点是通俗易懂,充满生活情趣。有时,书面语中用了不少口语或俗语,这时的语体特点就是雅俗共赏。

把语体作为写作手法是不太合适的,然而这样的题目很多。

2. 词语

从词本身来说,词性的确定能构成手法。

动词:精妙传神,使动作准确、形象。

形容词:精妙传神,使对象准确、形象,特征清晰具体。

数量词:精妙传神,具有概括性,常用虚指用法,夸张、自然。

颜色词:精妙传神,形象真切,富于情感色彩。

褒义词与贬义词:精妙传神,是非分明,肯定与否定语气强烈,情感色彩明显。

反义词:精妙传神,对比鲜明,有说服力。

否定词:精妙传神,是非分明,有说服力。

"精妙传神"几乎是上述手法的共同作用,当然也有体现个性的作用。

从词与词的关系来说,有大词小用/小词大用,庄词谐用/谐词庄用,褒词贬用/贬词褒用。例如,某君老喜欢像老师那样说话,他来了,于是大家眨着眼睛说:"班主任来了,说话要当心点呀!"长辈常常对小辈说:"小鬼! 你真不容易!""你这次改革,倒是越改越糟!"

第一个例句是大词小用,把某君故意说得大了点——班主任。第二个例句是谐词庄用,"小鬼"是谐词,也可说是贬词,这里却是对"小鬼"的赞赏,因此是谐词庄用,也是贬词褒用。第三个例句中,"改革"是褒义的,属褒词贬用。

这三组六项都是一种转换,而凡是有转换意义的手法,其作用都是幽默、诙谐。想想是不是?

对于名词性短语并置手法,其中的"短语"与本节标题中的"词语"并不统一,暂且就这样吧。先看以下一例。

元曲马致远的《[越调]天净沙·秋思》:"枯藤老树昏鸦,小桥流水人家,古道西风瘦马。夕阳西下,断肠人在天涯。"

这首曲中的短语有 9 个:枯藤、老树、昏鸦、小桥、流水、人家、古道、西风、瘦马。它们都是名词性短语,而且是 9 个不同的意象。它们的并置构成 9 幅画面,因此极具概括性。在苍凉的背景下勾勒出浪迹天涯的旅人漂泊不定的羁旅愁怀。这一充满动感的画面,以 9 个意象叠加来理解意境,让人感慨不已,把抽象的羁旅愁怀化成具体感人的画面,表现出强烈反差,以及旅人心怀希望而眼前所见只能失望的感受。这些画面的次序不能乱动,还是要按原来的次序,否则效果会如同电影中的蒙太奇。不信你把"枯藤老树昏鸦"与"小桥流水人家"的画面对换试试,意境几乎完全变了。

名词性短语并置手法的作用就在于,几个画面有高度概括性,意境的理解可用意象叠加来表现,并且可化抽象为具体。

3. 句式

这里的常用句式是长句、短句、整句、散句、整散相间,当然也能各自作为手法。注意,这里的句式不能作别的解释,不是基本句式,如陈述句、疑问句、祈使句、感叹句,也不是从逻辑变化而生的句式,如肯定句、否定句等。一般说来,考试时提到的句式通常就指这五个。

长句一般指字数较多的单句或复句构成,通常比较严谨,但用得多了就显得沉闷。

短句指字数较少的单句或复句。长句有时由许多短句构成,整个句子称为长句,具体的由逗号断开的几句(以逗号为标志)也称为"短句"。短句的作用有两种,前者或紧张或轻松,如"着火了!""放学了!",后者或动作连贯或舒缓。以动词为主组成的短句一个接一个,当然显得紧张,句子中有许多逗号表示停顿很多,自然显得舒缓。

整句是从句群角度来思考的,通常用几个整齐划一的句子来表述,以对偶、排比等居多,一般采用铺叙手法,满三项的也可称为"排比手法"。整句显得整齐有气势,富有节奏感。

散句中的句子或长或短,显得错综,灵动有变化。

整散相间,又可称"整散相间手法",即一个语段中,有几句是整句,有几句是散句。它的作用是句式整齐有气势,富有节奏感、音韵美,又灵动有变化。

三、从修辞角度看写作手法

修辞可以归为语言范畴,因此这个角度可看作语言角度的扩大部分。从语言角度对写作手法加以赏析,常常少不了修辞手法。

有些修辞格可直接转为写作手法,如对比、比喻、比拟(拟人、拟物、人格化)、夸张、排比、通感等,其作用同该修辞格的作用。有些修辞格虽不在考试范围内,但常常出现且考到,于是也相应出现了一些修辞手法。

顶针(顶真)修辞格就是上句末尾用的词,与下句开头用的词是相同的。它的作用是使句子连贯通顺,而且一个画面紧跟着下一个画面,具有概括性。例如,"风吹向大海,大海卷起波浪,波浪刮到岸边,岸边停着一只小船,小船上传来了哭声,哭的是一个小孩,小孩在他妈妈怀里……"。这个句子把那么多的画面概括起来,而且句子连贯通顺。

叠词常常是两个同样的词叠用,富有节奏感、音韵美。例如,"风呼呼地吹,水波哗啦啦地响,一个老人脚步颤颤巍巍……"。

双关指使用的一个词有两种不同的意思,一般不那么容易识别,一旦能够识别,意思便豁然开朗。双关一般有谐音双关和谐义双关两种。例如,"东边日出西边雨,道是无晴却有晴(情)",这里"晴"与"情"谐音,然而意思完全不同,显得委婉含蓄。又如,"在新疆烧开水,慢点开!"一句,这里没有同音,然而谐义。因为海拔高度不同,新疆烧开水很难到 100 度,水自然会"慢点开",而这里的"开"是"驾驶"的意思。双关的作用主要是委婉含蓄。

通感是在高中学到的知识。通感就是移觉,就是感觉器官打通。其中有借用比喻修辞格的,也有直接用移觉的。前者如"塘中的月色并不均匀;但光与影有着和谐的旋律,如梵婀玲上奏着的名曲"。"月色"是看的,而"梵婀玲上奏着的名曲"是听的,中间用了一个比喻"如梵婀玲上奏着的名曲"。后者如"威尼斯方场的建筑简洁而不噜苏"。"建筑"的排列是看的感受的,"简洁"与"噜苏"是听的感受的。又如,"这间房间真响亮!""响亮"是听觉的感受,在这个句中是"宽敞、明亮"的意思。

综合修辞手法的运用也是一种写作手法。其判别标准为:使用的修辞手法不少于三项,最好后面加省略号。其作用就是所有修辞手法的作用,即增加文章的感染力。

讽喻是文言文中的一个修辞手法,具有讽刺、谏喻的特点,作用是比较委婉、含蓄。

用事,又称用典,是文言文中的一种修辞手法,通常在议论中使用,起丰富内容、增强说服力的作用。

化用也是文言文中的一种修辞手法,它与用事手法很相像,不过有很大的不同。它化用诗句、典故，但是尽可能不留痕迹，目的也往往与原诗句、典故不同。它的要求比较复杂，有五点必须回答：原作的作者、原作原句、原作的目的、所用作品的原句、所用作品原句的目的。它的作用是丰富内容，不留痕迹，自然贴切。也就是说，哪怕你不知道化用的是什么诗句、典故，也能基本读懂。

重章叠韵也是文言文的一种修辞手法，常常在诗歌中采用。一般在诗歌中头尾处出现相同的诗句，或者在每一段或好几段有一部分相同的诗句，使读者沉浸在特定的氛围中，给人一种反复咏叹、富有节奏的感觉。

修辞有积极修辞与消极修辞两种。我们常见的修辞格，因为已经固化了，所以称为"消极修辞"。其他不那么固定的修辞手法应该有很多，这些我们称为"积极修辞"。第二人称手法就是如此。

写作中用第一人称、第三人称较多。第一人称手法给人以身临其境之感，让读者与作者一起悲伤、感奋、体验，显得亲切，但是有第一人称的局限。第三人称视野就宽多了，显得较客观自由。考试通常喜欢考第二人称，因为从本质上讲，所有文章只有第一人称与第三人称两种，即没有第二人称文章，也就是说，凡是用第二人称写的文章，本质上不是第一人称就是第三人称写的文章。因此，第二人称在修辞手法中有特殊的地位，也确定了其在写作手法上的重要作用。第二人称手法的作用是拉近与读者的心理距离，像对话一般亲切、自然。

四、从风格角度看写作手法

风格角度可以是独立的，也可以归为语言范畴。下述几种对文章风格的评价已几乎能概括所有文章：平实质朴、绚丽华美、峻洁刚强、直露率真、委婉含蓄、讽刺幽默、亦庄亦谐、雅俗共赏。

平实质朴和绚丽华美这两项指语言方面。峻洁刚强指观点有力坚决。直露率真和委婉含蓄是从态度上而言的。讽刺幽默和亦庄亦谐是从美的形态而言的，讽刺与幽默未必都用，可择一使用。雅俗共赏则一定是有明显的口语或俗语，因为"雅"通常指书面语，"俗"通常指口语和俗语，可使文字充满生活趣味。

五、从写作角度看写作手法

基础教育的写作应该从写作实践而非写作理论教起。从传统的写作角度看,写作手法有很多。其中,反衬手法居多,如动静、扬抑、乐哀、虚实、小大、远近、点面等。

关于动与静,手法有以动衬静、以声衬静、以静衬动、动物静写(化动为静)、静物动写(化静为动)、动静相间。判别动与静的手法时非常重要的是以"动"为主,还是以"静"为主。这方面错了,判定的手法也必然是错的。

关于扬与抑,手法有欲扬先抑、欲抑先扬。文章开头的内容与赞赏、歌颂的主旨相反,是批判的,称为"欲扬先抑";反之,文章开头的赞赏、歌颂与批判的主旨相反,称为"欲抑先扬"。

关于乐与哀,手法有以乐衬哀、以哀衬乐。这两种手法用这个例句是最合适的。"昔我往矣,杨柳依依。今我来思,雨雪霏霏。"过去我离开的时候,正是十分悲伤的时候,偏偏杨柳依依——以美景衬哀情。现在我回来了,心情高兴极了,偏偏雨雪霏霏——以哀景衬乐情。以乐衬哀常常用以美景衬哀情来表示。一般而言,以哀衬乐的情况出现得比较少。

关于虚与实,手法有以实写虚、以虚写实、化实为虚、化虚为实、寓虚于实、寓实于虚,虚实相间。"虚"指精神的,想象的;"实"指具体实在的。《月夜》中"香雾云鬟湿,清辉玉臂寒"一句是杜甫想象中妻子如何长久地望着月亮想念他的情景。这是"虚"的不存在的情况,但又是确实存在的实实在在的真情,这个手法便是以虚写实或寓实于虚手法。李商隐在《夜雨寄北》中写的"何当共剪西窗烛,却话巴山夜雨时",也是用自己想象中在家乡与妻子彻夜长谈,再来诉说当年巴山夜雨时的想法,诉说对妻子的思念之情。这里用的也是以虚写实或寓实于虚手法。既然知道了"虚"与"实"的含义,那么其他的几种也很容易理解了。

关于小与大,手法为以小见大。从小处切入,即从某些生活细节或断面切入,让读者能发现与思考宏观或更深刻的意义或主旨,这样的手法就是以小见大手法。例如,我们知道副食品市场的供应情况,就能知道老百姓生活的质量;从人与人接触的细节着手,就能感觉到人民素养的高低等。

关于远与近,手法有远近有致、由远及近有条不紊、由近及远层次清晰。这三者是"总—分"关系,远近有致手法包括由远及近、由近及远。这一手法很强调层次清晰。

关于点与面,手法有点面结合。这一手法一般用于议论文。论点出现后就要论证。只出现一个具体的论据不够,因为不能证明论点是对的,甚至这个论据有可能是伪造的,哪怕不是伪造,也属孤证难立。这个时候,如果出现一个面上的论据,点面结合,论证就完整了,论点也能被人接受。

关于各种感觉器官在写作上的运用,其表述就是运用各种感觉器官感受情景的手法。写作中为了使表述能让读者产生如同真实出现的感觉,运用听觉、嗅觉、视角甚至触觉等,从而使表述更加生动、形象。

关于平与奇,手法只有平中见奇一种。作者选择的角度或画面是很普通很平常的,但出人意料地让读者产生了很不寻常的感受,眼前出现很奇怪的出乎意料的意境。例如,我们常常说"秀才不出门,能知天下事"。秀才日常接触的文房四宝,他阅读过的书、碑文等,以及对外面气候变化的关切……这些都是平平常常的,却能让我们知晓他的关切和胸怀。

欧·亨利笔法是一种写作手法,也即"意料之外情理之中"。在高潮后面很快出现的结局居然出乎读者的意料,给人一种突兀的惊喜。读者不由思考梳理情节、过程,发现原来前面早有伏笔,原来这样的结果是合情合理的。因为"美国短篇小说之父"欧·亨利的小说几乎都用此方法,于是就称这种手法为"欧·亨利笔法"。甚至欧·亨利之前的作家用到"意料之外情理之中"的手法,也往往称用了欧·亨利笔法,如莫泊桑的《项链》。

虚拟手法是一种我们平时几乎不接触的手法。描写某个事物或人物时,虽然该事物或人物当下已经不存在,但极希望这个事物或人物现在是存在的,于是虚拟一种似是真实的场景,这虽是一种幻觉,但能够表现一种急迫的渴望与思念。例如,向往与李白相见,于是写"我见人就问:'你遇到李白吗?李白在哪里?'我上上下下地找……"

此外,我们还能接触一些术语及手法,如开门见山、卒章显志、伏笔、铺垫、悬念、蓄势,等等。这里我们只能简单作介绍。

开门见山手法指文章的开头马上出现主旨或主要人物,或者直接顺题而述,不拐弯抹角。

卒章显志手法就是在文章的结尾部分显示或突出主旨。

伏笔也可作为一种手法。在文章的前面某处提到一个人、一件事、一种东西或一个问题,暂不详说,只作一个交代,这就是伏笔。在文章后面适当的地方,再对前面交代的内容加以详说或点明,这是对伏笔的照应。这样一伏一应,可使文章内容完整,结构严谨,针线绵密,连贯通顺,更圆满地反映客观事物。

这一伏一应在广义上统称"伏笔",狭义的伏笔就是文章前面所提的内容。

铺垫也可作为一种手法。在情节性文章中,为突出主要人物或事物,而用另外的人物或事物作衬托。先写某人或某事物好,再写某人或某事物更好,或者相反。这样,前面的人或事物就成为铺垫。其效果是或步步升高,或步步降低,曲折跌宕,波澜起伏,给人更大的美感享受。

伏笔在考试中不常用到,铺垫则用得多些。有时,如果把伏笔误作为铺垫也无可厚非,但也应该注意才是。铺垫的后面通常是为主旨作铺垫,有时主旨可以不出现,但也是指为主旨作铺垫。

悬念也可作为一种手法。在文章的开头提出问题,设置疑团,以引起读者的关注,产生急于知道结果的念头。悬念手法重在发挥能吸引读者阅读兴趣的作用。悬念在考试中很少考到。因为同样归于文章前后的问题,有不少学生把悬念也归为铺垫。这也讲得过去,但是还是不要这样说为好。

蓄势也可作为一种手法。先直接写出一个一个发展的过程,到关键之处来一个大转折,掀起高潮,以出乎意料的方式结束。这个手法不常考,而且基本上可与结尾"意料之外情理之中"的欧·亨利笔法相同,也可用它来赏析。

六、从思维学角度看写作手法

1. 逻辑学

归纳法:综合若干具有内在联系的个别事例的共同特点,得出一般论点或结论的论证方法。

演绎法:以一般的观点为前提推出个别的论点或结论的论证方法。

类比法:把两类某些属性相同或相似的事例放在一起作比较,从而得出有关结论的方法。

逻辑推理共有归纳推理、演绎推理、类比推理三种。把这三种放在论证中,就成为三种论证方法。其实,这三种方法在其他文体中也常常见到,特别是类比。在高中,类比有着特殊的地位,不仅仅用于论证。记叙文中的类比就是类比手法,两种事物不是比喻也不是对比,而有着某种相似点,甚至类似物象与意象的关系,类似象征关系。有人说,不懂得类比就没读过高中。这是有一定道理的。

归纳就是由个别到一般的过程,演绎就是由一般到个别的过程。类比不同于比喻，一般而言，比喻是一种修辞，从绝对来说，比喻的两者总有某种隔阂和某种不妥当之处，而类比是符合逻辑的。在记叙类的文章中，类比手法常常同象征手法、托物言志有许多相似之处。

类比论证手法表达的内容常常会比字面内容要丰富些，因而显得含蓄、深刻。例如，"小泉执意要上靖国神社之'诚信'，如同东条英机之'诚信'，信奉屠杀与掠夺，让他国生灵涂炭。小泉的道貌岸然背后，布满阴森杀机，何'诚信'之有！"。这里的小泉与东条英机是类比，字面背后有这样的意思，即东条英机是战犯，那么小泉也是战犯，东条英机最后上了绞刑架，那么小泉也应当上绞刑架。不过，这样的字样是不能写出来的，它不是事实，但这样的论证显得深刻得多。

再说说概括手法，先举个例子。恩格斯的《在马克思墓前的讲话》有这样一句："现在他逝世了，在整个欧洲和美洲，从西伯利亚矿井到加利福尼亚，千百万革命战友无不对他表示尊敬、爱戴和悼念，而我敢大胆地说：他可能有过许多敌人，但未必有一个私敌。"这里的"从西伯利亚矿井到加利福尼亚"是一种概括手法。概括手法使用了逻辑中的概括或归纳，把部分概括为整体，如同修辞中的借代，部分代表整体。这个句子意思是"全世界无产阶级"。概括法现在很少提及，或是因为易与逻辑学中的"概括"相混淆。

比较包括对比与类比。比较的范围要大一些。比较手法就是把两个事物作比较，或对比或类比，从而得出某种结论。换言之，比较是对比与类比的上位概念。顺带一提，说明文中的说明方法之一——作比较，与比较有所不同，它常常出现在三个或三个以上事物的比较中。例如，"建筑的大小不一，大建筑与小建筑之比，如同西瓜跟芝麻"。此例中就出现了 4 个概念。

托物言志也称"托物言志手法"。在语文界，对托物言志到底用于议论还是记叙，有不同的认识。认为重在"言志"的，把它放在议论文中；认为重在"托物"的，把它放在记叙文中。也就是说，一事一议的文章到底属于议论还是记叙，说法不一。从物与志的关系来说，与象征手法相差不多。因此，谨慎考虑，还是不提它为好。

象征手法在初中出现过。象征不是修辞格，因此只能归于逻辑。物象抽象到意象的过程总要用到象征。不过，这种手法可以有替代，因而可以少说或不说。

2. 心理学

联想手法。联想就是由甲事物想到乙事物，再由乙事物想到丙事物，再由丙事物想到丁事物……这样一种思维形式。用文字将这种思维形式表述出来就成为联想手法。这种手法的特点是原点在不断变化，用在一个自然段中时，内容容易显得丰富，如果用在各段，就易显得散漫无当。

想象手法。想象的特点就是从一个原点出发，可从相同的角度从整体和部分出发联系许多点，也可从相似角度联系许多点，还可从象征角度联系许多点，又可从相反的角度联系许多点……这样的思维形式用文字表达出来就成为想象手法。想象手法往往又称为"发散思维模式"。因为不离原点，所以能成为全文结构的某种依据。

一般而言，在基础教育范围，有些教师常常将联想、想象这两种心理现象混为一谈。其实，它们是两个不同的概念。在具体使用的时候，往往把两者连在一起，并且统称为"联想、想象手法"。

写作手法、艺术手法、表现特色的内容，到这里基本具体介绍得很全了。在教学中，有的教师把意境、意象也作写作手法、艺术手法、表现特色处理。因此，如果把意境、意象角度的思考作为本文的第七部分，也是合适的。

08　对文章手法的整体赏析与评价

对同一篇文章的写作手法或艺术手法的赏析,往往可以从许多角度考虑,答案因而不尽相同。但只要回答得对,就是允许的,甚至是提倡的。对文章进行赏析评价或审美评价,其前提是整体阅读,如果从部分的角度作赏析,常常会贻笑大方,甚至是错的。培养文章赏析能力在语文阅读中很重要,可以看作未来语文教学的一种方向。

一、多种手法的赏析

〔双调〕　　　　　　　　　　水仙子·咏江南
　　　　　　　　　　　　　　［元］张养浩
　　　　　　　　　一江烟水照晴岚,
　　　　　　　　　两岸人家接画檐,
　　　　　　　　　芰荷丛一段秋光淡。
　　　　　　　　　看沙鸥舞再三,
　　　　　　　　　卷香风十里珠帘。
　　　　　　　　　画船儿天边至,
　　　　　　　　　酒旗儿风外飏,
　　　　　　　　　爱杀江南!

"一江""两岸""一段""再三""十里"可视为采用了数量词的运用手法,要解释它的概括作用以及数量词的虚化作用。"照""接""看""舞""卷""至""飏""爱"可视为采用了动词的运用手法,生动传神。前三句是静态的,后四句是动态的,整个曲以静为主,手法是以静衬动手法,笼统地说,是动静相间手法。

从抒情角度看,最后一句是直接抒情,"爱杀江南"的"杀"可作"煞"解。而前面各句都是间接抒情,具体的人、事、景、物、理,可作具体解释。整个曲可视为运用了综合的抒情手法。

除了第一句、第三句、第四句,整首曲全是写人物的。"人家"写居家的男女老少;"香风十里"写楼阁的富裕女人;"画船儿""酒旗儿"写行动中的人们,以男人为主。全曲整体上表现出江南的富庶和人们生活的惬意，令人向往。因此采用的是描写手法，自然景物描写、环境描写、场面描写，以及对人物描写的烘托，细腻传神。

"香风十里卷珠帘"表面上写的是景，实际则是写人，可以说是采用了以虚写实手法。这句写过着富裕生活的女人成千上万，她们用的化妆品也很多，连十里长街的风都是香的。

"画船儿""酒旗儿"表面上写的是物，实际则是写人。来集市的人们成群结队，来喝酒的人们坐满了酒楼，连酒旗也高高地招展着。因此我们说，这首曲用了以小见大手法，可以吗？

要表达赏析这首曲的艺术手法，不能随意地写，想到什么写什么。要先看看此题几分，想想有几个考点，写的答案大概多少字，这样的文章结构一般以"总—分"为好。分值多的要分条陈述，其中须有一条对整个作品的分析，并居于首位。当然它们也可以全是对整体的分析。答案不应全是关照部分内容的条目。

以这首曲艺术手法的赏析为例，它的答案可以这样构成：

A （1）综合抒情手法的运用（整体）；

　　（2）情景交融手法的运用（整体）；

　　（3）动静相间手法的运用（整体）。

B （1）综合抒情手法的运用（整体）；

　　（2）数量词的运用（部分）；

　　（3）以小见大手法的运用（部分）。

对文章手法的赏析无法离开对主旨的把握。有些细心的学生在前面的赏析中已经感受到主旨。这里必须有主旨，但也无需特别表现出来。我们知道手法总为突出主旨服务，离开了主旨，怎么分析手法呢？如这首曲的主旨：通过对江南的景物描写、人物描写，突出江南的富庶和人们生活的幸福，表达对江南的强烈的热爱之情。

二、鉴赏评价的构成

鉴赏评价是阅读能力的重要组成部分。人们写文章或读文章，总会以最高的鉴赏评价与审美评价为标准。以写文章为例，人们总要把自己觉得最合适的最美的内容或词句写进文章。甚至字也会尽可能写得好,其标准仍然是自己的鉴赏评价和审美评价。可以这样说,一篇文章往往能体现作者的最高鉴赏水平与审美水平。这也就是语文考试过去以作文得分为成绩的原因吧。因此,我们进行阅读与写作的训练,期待的实际是对文章的整体鉴赏评价与审美评价能力的提高,以及实际文字运用能力的提高。

野 草 赋

生在黄土高原,对于绿色,便有了一种发自内心的挚爱。每当春风一吹,苍黄苍黄的大地上,便绽出一星一点的绿来。那是一种极普通极普通的野草,给老百姓称之以"蒿""草"之类,正经的学名多半没有,即便有,因了它对于人类实用价值的可怜,也大半被遗忘了。

记得小时候读唐诗,每每读到"野火烧不尽,春风吹又生"的时候,便想起了山坡上那斑斑点点的绿来。但绝不是像南国那浓得化不开的绿,而是一种让你在长久的压抑之后心情豁然开朗的可贵的绿。每念及此,一种自豪、一种欣慰便油然而生。你想,那是缠天裹地的黄风撕扯不烂的种子所展示的辉煌的生命奇迹,那是鸟儿雀儿尖吻利喙下残存的种子焕发出的浩然大气。随心地,无意地,梁上、沟里,一棵一棵,一片一片,傲然面对浩茫的天空,无私无惧,无怨无悔。其实,大约也正是在这样荒凉的土地上,这一星一点的绿才分外显得可贵吧。倘若是碧水青山的江南,抑或松柏森森的北国,面对那烟雨浩渺的绿洲,苍茫无尽的林海,又有谁会留意这一星一点的青绿呢?

我想,人生一世、草木一秋的比附,未必恰当。你看那草,不起眼,不声张,自自在在,洒洒脱脱,遇到合适的季节,宜人的气候,便蓬蓬勃勃,盎然挺出;一旦秋风悲鸣,候鸟南迁,便遵循自然生命的召唤,默默归去。或被风霜,或经野火,一概坦然处之。不闻惜春之语,不见悲秋之叹,虽物种渺小,而品格甚高,胸怀甚大,又岂是一般人所比得上的?

世人之喜爱花鸟,大抵是因了它的娇美和乖巧,却掺入了过多的人为因素。那情理,那准则,那无法言说的生的困惑,无时无刻不在头脑之中缠绕,淋漓尽致地写尽了人类无法回归自然的无奈。而这病态的一切都不属于野草。它们无心,故不矫揉造作;它们低矮,故不自命清高。

无拘无束,潇潇洒洒,四季轮回。生生不息。

这就是野草的性格。

　　这篇文章是写野草吗？如果这样，这篇文章不就成了说明文了吗？统看全文，这篇文章当然不是写野草，而是通过对野草的描写，赞颂人的一种伟大精神。这是怎样一种手法？是比拟手法、类比手法吗？把人比作野草，把人跟野草相类比，这些分析都可以，因此说采用了比拟手法或类比手法都是对的，甚至可以说采用了人格化手法。那么文章赞颂了怎样的人的伟大精神？这个问题的答案看来是没有现成的，必须从结构入手加以研究。

　　第二段是"总—分"结构，第三段是"总—分—总"结构，第四段是"分—总"结构。第二段歌颂了人的无限生命力；第三段歌颂了人的"不起眼，不声张，自自在在，洒洒脱脱""物种渺小，而品格甚高，胸怀甚大"的精神；第四段歌颂了人的"不矫揉造作""不自命清高"的精神。把三段中对人的精神的歌颂叠加起来，即文章歌颂人民的无限生命力，虽往往不起眼不声张，但不矫揉造作，不自命清高，渺小中有着崇高的品格，宽大的胸怀。一般而言，这样的归纳似乎是文章的主旨，但是从整体说，这样的题型似乎还有所缺失，加上文章的现实针对性才完整。这篇文章的现实针对性还是比较容易找到的，如果从文字上找不到，那么只能作推测，因为所有文章都是为现实服务的。

　　这样这篇文章的主旨就是，通过对野草的描写，与人作类比，赋予野草以人的特征，采用人格化手法，歌颂了人的无限生命力，在任何艰难困苦中都能在渺小中显示出崇高的品格与宽大的胸怀，并批判了那种矫揉造作、自命清高的现象和做法。此处对这篇文章主旨的阐述还可以精简些。完整地说，此类记叙文的主旨通常由三部分构成：手法（或意境）、思想内容、现实针对性。

　　如果有人看了文章的最后一段，从文章的"总—分—总"结构出发，认为这才是文章的主旨，那么想一想：文章真的是写"野草的性格"吗？

　　我们进一步对文章手法作细细梳理：

　　这篇文章整体采用比拟手法，即人格化手法或类比手法，或采用了象征手法或托物言志手法。象征手法或托物言志手法我们不用，因为谁知道阅卷老师认为是对的还是错的，何必撞到枪口上呢？我们最好选人格化手法或类比手法，因为这跟初中相适宜，是初中常用的。如果我们把上述几种分条写上，作为文章的艺术手法，这样看似从整体出发，而本质上是一种同义反复，违反逻辑。

　　这篇文章采用了铺叙手法，从不同角度反复描绘野草，增强文章的气势。

　　这篇文章采用整散相间手法。整句如"它们无心，故不矫揉造作；它们低矮，故不自命清高"。散句则几乎全篇都是。句式整齐有气势，富有节奏感、音韵美，又灵动、有变化。

这篇文章采用综合的修辞手法，如采用引用（"野火烧不尽，春风吹又生"）；采用比较（"苍黄苍黄"与"浓得化不开的绿"，"物种渺小"与"胸怀甚大"）；采用叠词（"极普通极普通""斑斑点点"）……增强文章的感染力。

这篇文章采用第二人称手法，如第二段中"你想"的出现，拉近与读者的距离，让读者似乎与作者一起思考、观察、感慨，身临其境，分外真切。

……

对写作手法或艺术手法的整体赏析应该选哪几种呢？还是要记住：根据分值决定写几项，根据先整体再部分选写哪几种。

三、写作手法、艺术手法的精准确定

上一部分详尽介绍了写作手法、艺术手法。也许教师在课堂上分析课文时曾经介绍过它们，却常常没有总结。在具体确定文章的写作手法、艺术手法时，我们不可能清晰地回忆起那么多的内容，不可能那么精准地加以确定。因此，精准确定写作手法、艺术手法，首先要读懂、理顺上文，其次要采用相对简便的方法。

精准快速确定，一般要牢记八个词语：情景、动静、乐哀、扬抑、远近、小大、虚实、整散。其中，除了第一个"情景"是"情"和"景"两个语素构成的合成词，其余七个都是正反语素构成的词。

1. 情景

情与景有这些手法：情景交融、借景抒情、寓情于景（寄情于景）。

一般而言，寓情于景与寄情于景是一样的。从字面上看，采用这一手法的文章没有抒情的部分，只有景物描写，读者通过景体会情，至于是怎样的情，我们要作分析。寓情于景（寄情于景）的依据是王国维的"一切景语皆情语"。寓情于景（寄情于景）能使文章或诗文含而不露，含蓄悠长，深切动人。

情景交融是既有情语又有景语。情景交融能使景和情相互调和，水乳交融。

借景抒情有两个方面：既可像寓情于景那样只有景语，也可像情景交融那样既有景语也有情语。只要赏析时能既情意绵绵，又景物动人，使情与景浑然一体,就掌握了该艺术手法的关键。

2.动静

动与静的手法有:以静衬动、以动衬静、以声衬静,化动为静(动物静写)、化静为动(静物动写),动静相间。

3.乐哀

乐与哀的手法有:以乐衬哀(以美景写哀情)、以哀衬乐。

4.扬抑

扬与抑的手法有:欲扬先抑、欲抑先扬。

5.远近

远与近的手法有:由远及近、由近及远、远近有致。

6.小大

小与大的手法只有一个,即以小见大。

7.虚实

虚与实的手法有:以虚写实、以实写虚,化虚为实、化实为虚,寓虚于实、寓实于虚,虚实相间。

8.整散

整句与散句和谐地交织在一起是一种写作手法,即整散相间。整散相间手法是语文阅读中很重要的一种手法。

记住这8个词语就等于掌握了22种手法,如果作答时,答案不涉及这22种手法,则再从其他大类出发进行思考选择。这样作答要方便得多,快得多。

09 语文阅读中赏析题的处理

语文阅读中的赏析题,除了整体赏析评价,大部分都是对部分内容的赏析评价。尤其是在记叙文的考核中,这样的题目出现得更多,有的是针对文章中的一段,有的是针对文章中的一句等,分值叠加起来较高。前面,我们讨论了赏析评价能力在阅读中所占地位越来越高的趋势,与此相同,对文章部分内容的赏析评价的地位也越来越高。为便于分条清晰阐述,我们暂时将赏析题分为作用题与五析题(试析、赏析、鉴析、辨析、评析)稍作分析,重点讨论题型及其处理。

一、关于作用题

作用题的题型有表达作用、作用两种。

1. 表达作用

这个题型在考试中常常写成"作用",学生要思考这个"作用"是不是"表达作用"的意思。如果与写作手法或修辞手法有关,写的虽是"作用",实际却是"表达作用"。

"表达作用"的解题操作有两种。

第一种"表达作用"的解题操作同"表达效果"。

"表达效果"的答题要素:考查的原句部分采用的写作手法或修辞手法＋该写作手法或修辞手法的作用＋这个句子的内容及与主旨的关系＋作者表现的情感态度。

为了便于记忆,我们把上面的结构简化一下。

"表达效果"的答题要素:写作手法或修辞手法＋前者的作用＋趋向主旨的内容＋作者情感态度(四点法)。

"表达作用"的第二种解题操作如下。

"表达作用"的答题要素:考查的原句部分采用的写作手法或修辞手法＋该写作手法或修辞手法的作用＋这个句子的内容及与主旨的关系＋这个句子与这个段落或全文结构的关系。

这两种操作给我们的记忆带来了挑战,我们可以将二者合并,组成"五点法",同样用简略形式来表示。

"表达作用"的答题要素:写作手法或修辞手法＋前者的作用＋趋向主旨的内容＋作者情感态度＋结构关系(五点法)。

其实,"结构"就是这段或全文的前后关系。以后再遇到"表达作用"的题型,就可采用作用题的"五点法"作答。

2. 作用

经过审题,如果觉得不需要回答写作这个题型,或经辨别并不是考写作手法或修辞手法,那么这个题型就是单纯的作用题。

对于这类作用题,同样有三种操作途径。

第一种操作途径,"作用":内容＋结构。这是初中就已经掌握的题型。"内容"是所指部分趋向主旨的内容概括。"结构"是所指部分与全文或全段的结构关系。

第二种操作途径适用于要求回答的是所考部分采用什么写作手法,以及起到什么作用的题型。这类题型与"表达效果"的操作模式相像,只是"表达效果"的题域稍大一些。我们不妨将之概括为"知识点的作用"。

命题的意图本就是考查学生对某些知识点的熟悉程度并且能说出其作用,如概括的作用、描写的作用、人称的作用、长句的作用、类比的作用、论证方法的作用、虚实的作用、开头的作用、悬念的作用、照应的作用、线索的作用、起兴的作用、总分结构的作用、表格的作用……当然还包括这些概念的上位、下位概念及相关概念,如人物描写的作用、内心独白的作用、第二人称的作用,甚至名词性短语并置手法的作用等。"知识点的作用"包括语文的外延和内涵,其范围广而杂,须综合复习并夯实才能奏效。

答题的时候必须注意"从具体到概括"或"从概括到具体"两个方面。例如,考查人物描写及其作用,先要摘录原文中人物描写的具体例子,不少于三个,然后点明人物描写,再概括一下人物描写的作用。这是"从具体到概括"。有时要用"从概括到具体",这个过程也不能少。

第三种操作途径适用的题型,其"作用"没有赏析的意思,本质上属于写作对象的范畴,即考文章的内容。虽称为"作用题",但本质上与"作用"无关,而是文章中的内容有明显的或比较明显的"作用",作答时不过是梳理或概括某些信息罢了。例如,题干是"说说第 3、4、5 段人类苦难的作用"。解答时只要把第 3、4、5 段关于"人类苦难的作用"概括成几点即可。

二、关于五析题

五析题是一种不那么科学的归纳。"五析"通常指"试析""赏析""鉴析""辨析""评析(评价)"。它们的上位概念是"赏析",即对文章的鉴赏评价,但是分析解题的角度各不相同。鉴于前面对文章的整体赏析评价已经有所阐述,这里仅就文章的部分赏析评价作些介绍。

首先,解答这类题目要格外注意下列事项:(1)文字部分的结构尽可能采用"总—分"形式。不管怎样,"总—分"结构最自由,可长可短,而且往往是完整的,只要根据分值,抓住考点即可。(2)选角度要有依据,要抓特点、重点。关于答题角度,题干上往往有提示,遵循即可。一般而言,文章很有特点的角度必须抓住,知识点方面的重点也必须抓住。(3)观点要辩证,要较全面。这样的题目通常以文字题居多,答题的篇幅也较大,最忌讳的就是观点人云亦云。观点辩证就显得全面、完整、严密,一正一反。到底是肯定还是否定?能不能在肯定的基础上加以补充? 这是必须关注的,否则就成了诡辩。(4)要有血有肉,既有观点,又有具体论据。回答中要"有自己",同时必须有此文的具体论据,这样才能有血有肉。"有自己"指有自己独到的见解;"有此文的具体论据"指的是,仅有观点不够,既然是赏析文章,就要以文章中的材料为论据,这样观点才有说服力。

其次,现有的五析题虽是对文章的部分赏析,但须以把握文章的整体主旨为前提。

1. 试析

过 故 人 庄

［唐］孟浩然

故人具鸡黍,邀我至田家。

绿树村边合,青山郭外斜。

开轩面场圃,把酒话桑麻。

待到重阳日,还来就菊花。

题干:选一个角度,试析这首诗的第 3、4、5、6 句。

解题与分析：既然是"试"，就有"试一试"的意思，即对于这 4 句的赏析，答案不必统一，点到即可。我们可以说这 4 句是两组对偶，也可说这 4 句是场面描写，还可以说这 4 句中的动词"合""斜""开""面""把""话"选得好等，只要体现出作者对恬静田园生活的向往就可以。

2. 赏析

题干：请赏析《归园田居》。

解题与分析：赏析整首诗，就要较全面地欣赏。作者为什么要去找"故人"？为什么哪怕"故人"没"邀"，也要在重阳节到田园去"就菊花"？这个田园有什么吸引着作者？说明这些问题，然后再一一解析中间的四句，可以列出作品的各种手法，甚至可以把原诗句很美地翻译出来。当然写的文字数量和考点要与分值相当。

赏析题常见的一类是"表达效果"。这个题型前面已经介绍过，这里不再介绍。还有一类题型一般在考卷的第四部分，即对古诗词曲的鉴赏，我们到相关部分再作专门介绍。

3. 鉴析

"鉴析"是"鉴赏"和"赏析"的简称。之所以不称"鉴定"和"赏析"，旨在强调对诗句的欣赏，但其中确也包含"鉴定"的意思。

从时间上说，《归园田居》的第 1、2 句是写过去，第 7、8 句是写未来，这 4 句相对抽象，但是作了必要的交代。从空间上说，中间 4 句则是具象，第 3、4 句似乎是写迎接客人的可视可亲的环境，第 5、6 句写与老友相聚的朴实场景，这 4 句可以说勾勒出老友热切接待客人的宽广的物理空间与心理空间。

这首诗的诗眼是"就"。文言文中的"就"一般作动词处理。此处，"就"似乎可作"欣赏"来解，点明事件发生在夏季。这首诗的主旨是想欣赏菊花吗？还是欣赏重阳节敬重老人的风情？作者是想欣赏老朋友家乡浓厚的恬静宜人的田园风光，欣赏敬重老人的风气，真切地感受老朋友的深情厚谊。

这首诗中用了很多修辞手法，增添了诗歌的艺术感染力。"鸡黍""酒""桑麻"用了借代，第 3、4 句的环境描写和第 5、6 句的动作描写或细节描写用了对偶。全诗用"发花"韵，增加了诗句的音韵美与节奏感……

可见，"鉴析"的表述完全可以代替"试析"与"赏析"，它们之间不过稍有差别罢了。

4. 辨析

辨析重在"辨",即"辨别""鉴别"。如果说,前三种题型大同小异,"辨析"则与它们完全不同。"辨析"必须有两项,有的甚至有多项,哪怕是假设。"辨析"要讲明道理,好有好的理由,差有差的理由,要让人信服,其结构一般用"总—分"或"分—总"。注意,不能忘记结构中的"总",离开了"总",就没有归结。

题干:有人说,这首诗中的"斜",必须读成"xiá"。这样的说法有没有道理?请作辨析。

解题与分析:如果是肯定的回答,可以是这样的:古代中原读音中的"斜"读作"xiá",我们学古诗当然要以古人的读音为标准。其次,这是一首五言律诗,根据五言律诗押韵的规则,至少应该是第 2、4、6、8 句的最后一个词押相同的韵。这首诗押的是"发花"韵,因此第四句最后一个词"斜",应该念成"xiá"。

如果是否定的回答,可以是这样的:古代中原读音的"斜"确实读作"xiá",但我们是现代人,没有必要读古音。我们只要知道这首五言律诗是押"发花"韵就可以了,第四句末尾的"斜"读"xié"也是可以的。

根据题干的要求,本题是开放性的,肯定回答与否定回答都可以,只要言之有理,能自圆其说即可。

如前所述,这种辨析题中的两项,其中一项也可以是假设的。

题干:这首诗的最后一句是"还来就菊花",如果改成"看菊花"行不行? 请作辨析。

解题与分析:一般而言,这个题目的题域是否定的,答题时也要作比较辨析。参考答案:"看菊花"似乎也是可以的,然而"就菊花"的"就"用作动词,因而可以看作"看""嗅""摸"等多个动作。即使"看菊花"的"看"是俗称,也可能有其他动作的意思,但还是没有"就菊花"来得正确,因此用"就菊花"更合适。这个回答用了"分—总"式,改作"总—分"式亦可。

5. 评析

一般而言,评析题是对文本作多方面的赏析评论。

评析必须有对文本整体的构成要素的辩证分析。此处以对小说《父爱无价》作评析为例。

首先,要对小说的主旨作概括,然后对小说主旨方面的不足提出自己的见解。其次,对小说的主要艺术手法作概括。小说中的"儿子"没有出现过,只有一幅肖像画，也只一笔带过，没作详细的交代。小说中的"父亲"是文章的主要人物，但只在开头出现，未在后续场景中再次出现。但是，小说的人物性格非常突出。关于拍卖的细节，读者只要用自己的经验加以填补就能非常完整。

五析题到这里几乎介绍完毕。还有一个题型经常与辨析题一起出现。有时为了省事，人们常常将"评价"与"评析"相等同，但这其实并不妥当，这里有必要对"评价"作专门介绍。

6. 评价

"评析"与"评价"的意思几乎是一样的。在语义上，"评析"重在文本，后面的推测也往往以文本为主；"评价"以文本为中心，重在更高位的非文本方面的推测和判断，即对文章内容上的评价。因此，从某种角度而言，"评价"可以作为推断题。

题干：上海的许多老厂房在城市建筑改造中，或挪作他用，或保持老厂房的外貌而改动内部结构为新的工程所用。对此，你有什么评价？

解题与分析：对于这个题目，可以这样思考：肯定的一面是体现现代中国人历史意识与文化意识不断提高……体现上海的城市建设具有重视城市地表保护的意识……中国的其他地方也有许多老厂房，上海的做法为全国提供了榜样，具有推广意义与借鉴价值……。不足的一面是在上海的历史风貌地区可以这么做，但是新的工业基地往往在面积与设置上有更高的要求。因此，上海这样的城市建设有推广意义，但不能全部照搬。

省略号部分应以文本中的材料，以及文本外的材料填充，这叫"文内、文外结合"。说到有"肯定的一面"，也说到有"不足的一面"，是为强调这种题型的辩证要求。顺带一提，辩证法不能仅仅理解成肯定与否定，而要记住"只有辩证统一，没有辩证对立"。

这个题型很能考查学生的实际水平，如能否在较高的层面作深入思考，因此这样的题型常被称为"拓展性题型"。其实，眼尖的人已经发现，在我给出的答案中，有三个词非常明显，即意识、意义、价值。我们一般在这三个词的范围内思考，以建构"评价"。因此，建议考生事先作些准备，例如，意识——历史意识、文化意识、大局意识、发展意识等；意义——借鉴意义、深远意义、实践意义、现实意义等；价值——推广价值、精神价值、实用价值、长远价值等。如果能多作些准备，一定能熟练掌握这个题型。

10　语文阅读中选择题的处理

　　语文阅读中,选择题的处理往往令人手足无措。有的学生可以说常常做的是对的,然而要他说说道理,答得常常令人费解。有些学生答题很有思路,可是现实是几乎逢选择题必错。

　　上海大学入学考试曾采用的"千分题"其实是自主考试的一种形式。试卷有很多题目,看题打钩,在规定时间内看你能得多少分,因总分有一千,故而得名。有位学生得分很高。我看看题目中提到的书目,其中有一本叫《犯罪心理学》,我说:"这本书你也看过?"他回答:"怎么可能看过呢! 我能得分是看这些选择题有它的规律。"

　　原来,选择题多少是有些规律的,问题是你能发现吗?

　　在我指导的课里,我发现了一些规律。它们其实本来是很普通的知识,只是被有些人弄得玄乎罢了。其实,选择题很多是靠推断,但不管怎么说,善于推断是一种能力。现在有些地方几乎已取消选择题这种命题形式,理由是有些学生会胡乱猜答案,因此缺乏公正性。这个看法也许太武断了吧。其实,对于客观世界,人类确实处于某种无知状态,而善于用已经证明是正确的或用逻辑来判断未知规律的是与非,也不失为一种认识未知世界的能力。

一、选择题的解题思路

　　我准备分 22 点来讲选择题的解题思路,每一点尽可能说清道理或相关知识。先假定选择题要求的答案是正向的(有的选择题要求的答案是负向的,即题干的要求选出错的一项)。

　　1. 凡是写作对象与原文的写作对象不相称的义项都是错的

　　一般而言,每篇文章有不同的写作对象,因此以文章内容为依据组织文字的义项,其写作对象与原文的写作对象应一致,如果义项的写作对象与原文的写作对象不一致,则此项肯定是错的。

　　2. 凡是表达的意思与原文表达的主旨或文意不符的义项肯定都是错的

　　义项表达的不一定是文章的主旨或文意,但应与原文相对一致。如果二者明显不一致，那么此义项是错的。

3. 否定的义项，基本是错的，有特称的但是肯定与否定的义项则基本是对的

这一点是从逻辑的判断角度来思考的，很严密。"他是好人"与"他不是好人"两句中，"他是好人"是严密的。至于"他不是好人"，那么为什么不说"他是坏人"呢？上面的"他"是单称，整个句子是单称判断。"我们有些人身体是不好的"，这句是对的。因为"我们"就是"有些人"，就是特称，这句是特称判断。"自然界是人类和各种生物共同的生存之地"，这里"自然界"既是单称又是全称，全句既是单称判断又是全称判断。单称判断、特称判断、全称判断的知识是高考范围，必须彻底弄懂才是。这一条有些教师和学生是不清楚的，要花功夫弄懂。

4. 凡是用比喻的义项都是错的

从逻辑角度看，一切比喻本质上都是有问题的。例如，"白云像棉花"，两者只有轻与白是相同的，其他就不是了。

5. 凡是同义反复、同语反复的义项都是错的

同义反复，如"真人就是真正存在的人"，这样的解释贻笑大方。前项与后项的意义相同，如"真人就是真人"，显然是同语反复。顺便指出，这也是诡辩法之一。

6. 一个句子如分作左右两边，则左右两边必须相应相称，否则作为一个义项是错的

左边是上位概念，那么右边也应该是上位概念。右边如果是下位概念，则几项的总和与左边的范围、大小应在一个层面上。例如，"街树有梧桐、栾树、槐树、榆树等"，这句中左边是"街树"，右边是"梧桐、栾树、槐树、榆树等"。

前面 4 项，即"否定的义项都是错的，特称除外""用比喻的义项是错的""用同义反复、同语反复的义项是错的""左右两边必须相应相称"，本是"下定义"的规则，它们在选择题中也适用。

7. 意义绝对的义项一般都是错的

语句中出现"凡是""都""只有""只要""绝对""彻底""全部""所有""完全""最""更""极"等，要注意语义中的"绝对"意味，有些"绝对"是对的，除此之外，意义绝对的义项都是错的。有些概念可以是绝对的，如"生命是至上的""人类社会是必然向前发展的"，只要是大概念即集合名词都有可能是绝对的，而且是对的。

8. 归因不当的义项是错的

归因不当,即在有原因与结果的推理中,有时"大原因"对"小结果",有时"小原因"对"大结果",有时二者没有因果关系却使用因果复句的关联词。总之,归因不当是原因与结果不相称。

有些人在日常生活中常犯因果搭配不当的错误,因而在解答这样的选择题时会不由自主地犯错。例如,"因为天气不好,他走错了路",这句中二者的因果关系对不上,"天气不好"不是"走错路"的必然原因,至少应该是"因为天气不好,原来的路况变了样子,于是他辨别不清,走错了路",原因有客观部分,即"天气不好"与"路况变了样",主观部分则是"辨别不清",结果是"走错了路",这样一来,因果相对清楚。

有的学生很难迅速发现归因不当的错误,甚至感到迷茫。因为平时用惯了,改正要花功夫花时间。有这样问题的学生要为自己适当增加练习量才行,教师布置的作业还不一定够。要说有没有技巧? 如果把体现因果关系的关联词去掉,就容易发现问题了,学生在写作文时也应少用关联词才是。

9. 凡有意义对立的两项,其中必有一项是答案

过去曾经采用过多项选择题,选对加分,选错扣分。现在大都采用单项选择题,答案唯一,选对的加分,选错不扣分。既然只能选一项,那么意义对立的两项中肯定是一对一错。

10. 如果有多个义项的意思大致相同,那么这些义项都不是答案

这些义项的意思可能是同义反复的,可能是不同角度的,选了一个就得选其他的。因为是单选,所以这些义项都不是答案。

11. 同样有几个义项,它们的意思基本相同,但必须选一项,那么要选范围大的,不选范围小的

这也很容易理解,范围大的义项应能涵盖几个范围小的义项。

12. 违背对等原则的义项都是错的

在同一范围内,各概念的范畴在同一层次上。用符号来表示,即 A、B、C、D/a、b、c、d。大写字母 A、B、C、D 之间是对等的;小写字母 a、b、c、d 之间也是对等的。大写字母 A、B、C、D 与小写字母 a、b、c、d,前者是上位概念,后者是下位概念。但是,大写字母 A、B、C、D 与小写字母 a、b、c、d 各自对等,即 A 与 a 对等,B 与 b 对等,C 与 c 对等,D 与 d 对等。

对等原则有前后、总分、范畴三种关系。前后对等指时间有前后,如在一个自然段中,前面用大写的 A、B、C、D,后面用小写的 a、b、c、d,则为前后对等。如前面用 A、B、C、D 一句,后面用 a、b、c、d 四句与前面的一句相对等,则为总分对等。这两个对等还比较容易理解,范畴对等就难了一些。简单地说,范畴对等就是上位概念与上位概念相对等。例如,与"文化功能"相对等的可以是"实用功能",但不能是"吃和用",不能是"食用功能",即只能是上位概念与上位概念相对等,上位概念与下位概念相对等是不可以的。这里,上位概念与下位概念的关系弄错了,逻辑上就一定错了。

用对等原则解的题型有很多,表格题就是一种。表格题很有特点,它的每项几乎都是名词性短语。表格的上下左右有许多项,有的有现有的内容,即名词性短语。有的是空格,需要考生填。这些要填的内容就是答案。根据对等原则,要看看表格的上下左右现有什么内容。表格题的解题思路就是上下对等原则的综合使用。上面填"唐朝",下面一般就不能填"南宋",最好是"宋朝"。因为根据对等原则,二者的范围应是对等的。左边填的内容是特点,那么右边的空格就应该填内容加上特点。如果表格的某个项目是个动词性短语,那么其横向各项就要作特殊处理。首先,要把空格理解成名词性短语。例如,动词性短语的格子之上的格子的内容是原因,那么这个动词性短语的理解就得加上原因变为名词性短语。左边的空格上面的内容是种类,那么这个空格就要填动词性短语加上种类。以此类推,完成表格。一般说来,有动词性短语的格子,其相关的几项都是用上名词的,只是这些名词很难概括,于是舍弃名词转用动词性短语。表格题还会用到时间度量以及曲线度量等因素,但在对等原则的使用上是一样的。

13. 如果义项中有一点是错的,那么整个义项都是错的

这个方法叫"证伪一点即是错"。"证伪"是很重要的思想方法。例如,对方讲了很多,但只要他说的内容中一个例子有错,那么可以说他说的是错的。

14. 如果义项的内容是宽泛的抽象的,则一般是对的

因为宽泛的抽象的内容包容的事物较丰富,即往往是上位概念,可以包容许多下位概念,所以一般说来,这类义项是对的。

15. 如果义项所用的句子从语法上看是错的,则义项是错的

简单地说,句子既然是病句,这个义项怎么可能会对呢?

16. 义项与原文原句相比有所不同,则义项是错的

原文原句相对而言是对的,既然考查的是这篇文章,那么义项与原文原句不一致自然是错的。

17. 义项的前后是矛盾的,则义项是错的

义项的前后应符合同一律,即在同一个思考层面就同一个问题发表观点。若义项的前后是矛盾的,这个义项就是错的。

18. 义项所用的句子为复句时,若复句的关联词用错,则义项是错的

用错关联词的复句本来就是病句,不可能对。

19. 凡是有对比、比较、反衬、类比的义项,都必须仔细研究答案的选择

许多教师或学生对上述四种手法的理解常常有错,因此必须仔细对待。相对而言,比较是上位概念,包容对比与类比。反衬的并列概念是正衬,其上位概念是衬托。

20. 与常见语文知识点不一致的义项是错的

有些教师或学生对语文知识点不太重视,他们的知识点往往不系统,也有不正确的。因此,只要义项的内容与自身掌握的正确的语文知识点不一致,就是错的。

21. 选择题的答题必须借用排除法,在排除后的范围内根据标准才能作出正确选择

排除法又称"排他法"。先把不可能的义项排除,才能在有正确答案的范围内作选择。排除得越彻底,选择也就越容易。

22. 有的义项的内容很难理解,往往是教师没有讲过的,甚至班里成绩很好的学生也不会做,那么这个义项往往是对的

这一点有许多学生很迷惑。其实,从命题角度思考,这很容易理解。考题面对的是学生,如果几乎所有学生都不会做,那么这样的考题还有什么意义?换句话说,如果在这一题上所有学生都得零分,那么这个命题老师的命题水平只能说太差了,哪怕他的学问很好。因此,义项的内容如果太难,甚至闻所未闻,那么极可能是对的。

上面 22 点选择题的解答思路偏于解题技巧,是我的一家之言,谨供参考。解题分析在很多地方使用了逻辑,而中学语文教学中本不该忽视逻辑知识的普及,特作补充。

二、谈谈标准化试题

标准化试题最早来自国外,曾于 20 世纪 90 年代在广州先作试验。标准化试题一般由 A、B、C、D 四项构成,以勾选方式作答,通常是单项选择题。当时,广州的语文试题除了作文,全用这种标准化的选择题。这种卷子阅卷相对容易,甚至用电脑就能操作。本想在全国推广,然而最终还是放弃了。这是因为标准化试题几乎把总分四等分。换言之,如果总分是 100 分,那么没开考就已把 25 分送给每一位考生。理论上 A、B、C、D 四项,每项得分的几率是相等的,即 25%,但实际上,B 和 C 项要多些,接近甚至超过 30%,而选 A 的一般不存在,除非很难,少有学生答对。举一个很绝对的例子,有位考生什么都不懂,但考标准化试题满分是 100分。他的答案几乎都是 B 或者 C,结果竟然得了 60 分,及格了。

标准化试题现在仍然存在,一般而言,一份试卷有一道标准化试题,因为它有存在的合理性。这种标准化试题的解答,可以参考上文选择题的做法。

三、选择题的作用

选择题是一种常见的题型,在语文阅读考试中可以考查学生在特定时间内对文章的掌握程度。这是选择题最一般的作用。现在,选择题通常集中在第一大题,即考查考生对议论文或者说明文甚至实用文基本要求的掌握。其中有写作对象、主旨、结构、手法、文体、语言等要素。当然,在逻辑方面,虽未对考生专门作系统训练,但也会考查相应的基础和能力。

记叙文的考核中有时也有选择题。一般而言,语文阅读考试中较难的选择题是为帮助梳理文章主旨或内容,当然也有考查基础知识点的题目。如果有两道选择题,那么这篇文章阅读起来肯定比较难,命题老师需帮助考生多作梳理。在古诗词曲的鉴赏部分,选择题通常在第一题,考一些古诗词曲的基础知识,或者梳理文言文语句,涉及一些难翻译、难理解的问题。总之,选择题在此处是为帮助考生利用题干评价赏析古诗词曲而设的。在两大题文言文部分,选择题也主要帮助考生梳理文言文,并具有一定提示作用。

在选择题的几个义项中,往往把正确的理解或答案局限在相对较小的范围内,有利于考生在规定时间内作出迅速合适的选择。

由此看来,选择题的作用不可小觑。

11　语文阅读中的文言文教学

中国有教授文言文的传统，这似乎没什么问题可言。哪怕新学开始盛行，文言文教学也依旧稳定。语文学科中，文言文教学一直都在进行，文言文在社会中也有一定应用。

文言文是非教不可、非学不可的，但怎样教、应该遵循怎样的教学理念，开始成为一个问题。也许有人对此不以为然，但它已经深入影响整个语文阅读及其发展趋势。

一、文言文教学的价值与意义

我的一位同事，吴教授，曾在延边大学学过朝鲜文，也可称为"韩文"。他常常接到韩国某大学的邀请，出席学术会议并讲学。我问他："为什么他们会邀请你去？你给他们作什么学术报告？"他的回答很简单，因为现在的韩国人包括教授很不熟悉汉语文言文。他说："我只要到上海图书馆把记载以前韩国历史的文章复印几份，给他们翻译一下就可以了。"他的谦虚我不待说，原来韩国人对自己历史的了解或查询还要通过汉语文言文。同样，要了解中国有文字记载的悠久历史和文化，我们现在就不能削弱文言文教学。

有些地方这些年开设了一些"私塾"类型的学馆。这些学馆虽也开设了一些通行的其他课程，但文言文是必学的，如《三字经》《弟子规》等。我在这里并非想评判这种"国学热"，我只想说，看重文言文教学是一种时代的需求。

从骨子里说，我们的现代汉语是以文言文为本的。现代汉语中的许多成语都来自文言文。王勃的《滕王阁序》中，有多少词句成为成语一直使用到现在。最近几年，一些年轻人居然读不懂许多成语了。国家领导人在讲话中使用的成语，报纸刊登时往往还要为之作专门解释。这多少让人有些遗憾。

虽然现代汉语脱胎于古代汉语，但二者毕竟有很大的时代差别。多年来，学校中对外语学习的过分重视，在一定程度上让通行的现代汉语带有西方文化的痕迹。一些人对中国古代文化糟粕的过分渲染，也影响了现代汉语对古代汉语的文化自觉。

　　既然文言文教学对中国文化传承有着深远的影响，既然现代汉语脱胎于古代汉语的本质不可更改，那么，我们中国的语文老师在重视文言文教学上也是责无旁贷的。

二、现代文言文教学与"以言为主，以文为辅"

　　很长一段时间，文言文教学都"以言为辅，以文为主"。虽然事实上很难说以什么为主，但是指导思想还是明确的。客观而言，"以言为辅，以文为主"的教学现状只能使文言文教学每况愈下。许多学生视文言文为畏途，甚至将它与学习外语相比拟。更奇怪的是，许多学生的外语倒学得很好，能读，能说，面对文言文却不知所以然。

　　中国的语文有个缺失，就是比较重视读，而忽视说。过去学外语也是如此，但这些年开始强调说，有了进步。但学文言文，要开口说则更难。一般而言，中国人学习书面语有两个渠道，一是写，二是记。我很佩服江苏省的语文教师，他们多次对用文言文写的作文判分判得很高。一样是用汉语写作文，为什么用文言文就不行呢？这值得深思。

　　在现在文言文教学式微的情况下，书面语文言文的教学应"以言为主，以文为辅"。试想，学完一篇文言文的语义部分后，马上用现代汉语对文章进行分析，这事实上不是在学一篇现代文吗？如果以此为主，又与学现代文有何区别？长此以往，文言文学习不式微才怪呢！

　　我强调现在学文言文应"以言为主"。教师应教会学生每个字的含义，每个词语的含义，每个句子的含义，要让学生在其他文言文中遇到这些字、词、句时能不费劲地顺畅表述出来。我的这个要求应该说并不高，可是，有一些教师自己也做不到，这真叫人担心（后文我花了很长的篇幅谈文言文阅读处理，把我的一些经验分享给大家，希望能对教师有所帮助）。

　　我曾经多次听一位年轻女教师上语文课，她的文言文教学实在让人担心。也许评课时我说的话太重了，她偷偷地哭过几回。没有别的办法，我只能要求校长派老教师一篇一篇地专门辅导她，要求她每给学生上一篇文言文，务必自己先重新学一遍。也真怪了，只不过花了一年多时间，她教文言文课文就举重若轻了，学生也能用现代文和文言文结合着分析文言文课文了。不久，她就成为上海语文教师培训的重点培养对象。

一方面,学生怕学文言文,教师也往往怕教文言文;另一方面,教师文言文的水平提高得很快,学生的文言文水平也会提高得很快! 这是为什么? 因为现代汉语,包括口语,本来就脱胎于文言文,二者的距离虽远犹近,只要稍作努力,就能一蹴而就。这并不是夸张!

我也强调"以文为辅"。文言文课文作为课文就应作讲解。古人的文风有其特点,不教怎么能让学生领会? 文风与文化有着关系,要传承中国的优秀文化,怎能不让学生领会、体验古人的文风? 不过,这种教可以简略一点,因为我们在教字、词、句、段的时候,就已对内容有所了解。更何况,教文言文课文也不能等同于教现代文课文,至少在当前阶段必须"以文为辅",重点要放在对文言文字、词、句、段、篇的研读上。

有意思的是,学生的文言文水平有所提高后,他们会有意无意地运用文言文中学过的语句,并且自觉地学习课外的文言文。到这个时候,已经无所谓以什么为主了。学生一旦能比较自如地将一篇文言文文章当作寻常文章来读,我想我们语文教师的任务就已基本完成。

三、文言文教学任重而道远

我的一些学生大学上了中文系,古代汉语是必修课,特别是师范生。我想,如果在中学有比较好的文言文基础,他们也许会学得轻松些。我在大学学中医的学生,其学校对文言文学习有更高的要求,如果没有较强的文言文基础就会学得很艰苦,甚至会影响专业水平的积累与发展。既然如此,中学语文教师就更应该好好地教文言文。科技的发展甚至让许多专家动辄到故纸堆中寻找依据,离开了扎实的文言文基础,他们也会找得很辛苦,甚至找不到,乃至效率"少、慢、差、非"。

语文教师的文言文基础必须比较坚实。教师能够教好一首古诗,那么会写一首像样的古诗吗? 会写一首比较规范的词或曲,或写一篇漂亮的文言散文吗? 会用押韵、平仄吗? 我曾到田家炳中学作指导,校长说,你能为这座大楼写一篇奠基词吗? 我觉得为难。最后是请名声遐迩的张㧑之老教授撰写。他用的是流畅的文言文,写的是一篇文言散文。我读后自惭形秽。

随着中国国际地位的提高,汉语的地位也会越来越高。在国际交流中使用汉语的人越来越多。文言文的地位也在不断提高,学中国古代汉语的外国专家也越来越多。在这种情况下,在基础教育中不断增强文言文教学,是时代给予语文教师的任务,我们必须不断提升自我,不负重任。

12 议论文、说明文、实用文阅读及题型处理

语文考试通常把议论文、说明文、实用文三个文体放在一个大题中考查。这一大题通常占 18—22 分。高考语文科目答题时间为 150 分钟，因此对于这一题，考生在考试中最多花 15 分钟，完成阅读、解题，把答案写好。其中，用于实际阅读的时间不超过 5 分钟。如果考生平时读类似的一篇文章会花好长时间，但是在考试时是不允许的，哪怕相关试题全做对了也远远不行，因为这必然会影响后面对其他大题的解答，占用作文所需的时间。因此，临近考试前，我们不能仅用解题正确与否来衡量学生的阅读水平，时间的分配更显得重要。成熟的教师在这个时候已经不再教什么对与错，而是只强调"快"，因为来不及解题就没有分数！这是一个在迎考中必须重视的问题。

一、简谈对议论文、说明文、实用文的阅读

看完某篇议论文后，首先要尽快找到中心论点与分论点。中考中，这些论点可能是现存的，但高考就没有那么简单了，要稍作分析和概括。论点有时会在离得较远的前后两个部分，需要将它们连在一起，有时则需要重新组织归纳。阅读时，考生要能清楚辨别全文的论证手法，对论据的情况也要有所了解。其次，有的考生担心来不及看，怕看错。此时就不能急躁了，要为自己宽心或暗示：我来不及，别人也来不及；我不懂，别人也不懂，更何况可能我不懂的正好考不到呢！

2003 年以前，议论文的考试常常选科技论文。如果考生对题目的对象比较熟悉，往往能考得好一些，反之就差一点。这种情况现在没有了，因为不管是考文科还是理科、工科，都需要较强的语文阅读能力，要尽可能公平对待，不能厚此薄彼。

对说明文的阅读，看完后要明白说明对象是什么、说明中心是什么、说明特征是什么、主要说明方法是什么等。考试选取的通常是论说文，本质上采用的写作方式是议论加说明，而且结构通常是议论文的结构。因此，阅读的要点同阅读议论文。

考试时题目中选实用文的可能性很低,也就是说,纯粹的实用文几乎没有。书信形式的实用文考试也曾考查,因为书信中除开头与结尾外,基本上可以是一篇独立的文体。生活中我们也许可以随意一点,但在考试时就要严谨一些了,不过这种考查更有可能出现在作文试题中。一般而言,用于考试的文章大多是议论文、说明文或论说文。如果是这样,阅读的要点与前面相同。

如果考纯粹的实用文,也很简单。其实,实用文结构相对统一:

(1)标题用"关于＋内容＋种类"的形式,如《关于招收志愿者的告示》。

(2)开头写原因、意义、目的,如"为增强图书馆的使用效率,为更好发挥图书馆在文明建设方面的积极作用,为让每位学员参与和监督图书馆服务质量的有效提高,经学校办公室批准,特招收图书馆志愿者若干名……"。

(3)正文部分写3—4点具体措施或条件。

(4)结束语(常常可写或不写)。

(5)落款,包括日期、盖章。

关于实用文的写法,考生熟悉后,只要记住3—4点具体措施或条件就够了。此外,要注意常用基本格式,用错要扣分。

二、阅读部分的基本题型

议论文、说明文、实用文的基本题型有相对固定的范围,有的题型在其他文体的阅读中也时常出现。

1. 关于下定义

下定义就是对文中某个词或短语下一个相对稳定的定义。它的表述常常是"请为第 X 段的'XX'下定义"。

下定义的逻辑表述:被定义对象＝种差＋属概念

上述公式换作我们一般能理解的表述:被定义对象＝修饰或限制词＋被定义对象的上位概念

为快速理解上面解释的意思,我们可记住这样一个例句:笔是书写的工具。"笔"是被定义对象。"工具"是"笔"的上位概念,即逻辑上的"属概念"。"书写的"是一种限制,即逻辑上的"种差"。这里所谓的"定义"是只要概念的内涵即可。

在相关的阅读中,属概念或者上位概念的寻找也有它的规律。有些可在原文的上下句中找到现成的词,如例子中的"工具"。有的要作一些处理,如我们只找到"地域",这个词不能作属概念或上位概念用。这是个偏正式的词,把它变作短语,就是"土地的领域",那么这个短语的中心词"领域"就可作属概念或上位概念用。

有些学生没有接触过下定义,但下定义其实会出现在考题中,应该掌握处理的规律。下定义在逻辑上有四个规定:所下的定义不能是否定的;所下的定义不能用比喻;所下的定义不能用同语反复;所下的定义左右两边应当相应相称。这四个方面在选择题中也有用。

2. 关于解释题

解释题是阅读中要求对文中存在的某个词或短语作解释以明确其意义的题型。从某种角度来看,下定义也属解释题的范畴。二者一般无明显的差别,但解释题更看重语境,在特定语境中有特殊的解释,而下定义不管在什么语境中都有相同的解释。

解释题在题干上通常有"含义""意思""意义"等表示。它的解释程式是:

(1) 词或短语本身的含义;

(2) 在文中语境下与主旨相关的含义。

有时,词或短语本身的含义已经在解释语境中与主旨相关的含义时提到了,这时(2)就是解释。

题干:第 X 段划线句"那么这些优秀的灵魂的破碎则如银色的礼花,开满了我们头顶的天空",阐述得形象而美。结合本段内容说说这句话的具体含义是什么?

答案:那些美好优秀的人物猝然离世时,他们美好的追求、坚韧的品格、不屈的精神闪耀在我们面前,是如此之美。

解题与分析:此题不用句子的本义,即(1),直接对句子中具有象征含义的词语作理解并组合,再结合对主旨的理解表达出来即可。

3. 关于指代题

指代题也是解释题的一种。在题干上通常有"指……意思"的字样。也就是说,"意思""含义"的题型往往也要用到"指代"。"指代"是现代文阅读的一种技巧,通常使用指示代词"这"或"那"、人称代词"他""她""它"。考试时会考查它们到底分别指代什么,更多的是考查某些词或短语指代什么意思。

从理论上说,在同一句中,如意思相同的可作指代。在并列的上下分句中有几个分句就应该有几个指代的答案,如只能选一个答案,只能选大不能选小。如果这一段各句是"总—分"结构,在本句或上下并列复句中找不到答案,那么指代的答案应该在"总"的部分。并列部分如果是"例如""比如",或者描写部分之类的句子,则原词或短语没有指代答案。

我们举例来说明指代的三层次八范围。先摘录一段文字和题目:

(1) 进了苏州园林,如同进入一首古诗的解释中。苏州园林是人间最大的一个比喻,是典型的以小见大、以虚写实的放大,既是文学、艺术比喻,又是建筑、社会学的比喻,更是人间风花雪月的济济之处。

(2) 古代的文人名士为其(指苏州园林)注入精髓,如拙政园本为唐代诗人陆龟蒙的住宅,后来成为明代监察御史王献臣的归隐之居。这些古代的造园者们,皆有很高的文化修养,能诗善画,造园时多以画为本,以诗为题,通过凿池堆山、栽花种树,创造出他们在尘世暂缓实现的梦想。园中的各种碑、牌、匾、额,眼光是绝对不可以轻易略过的,若说园是眼,它们便是眼中之瞳,烁烁闪耀的,是这些造园者或遗憾或欣慰或寂灭的心境之光。

(3) 苏州园林,可谓文人写意山水模拟的典范。它适合有盼望的人,它的有限后安排着无限的无限,任你的想象力肆意飞扬。

…………

(5) 然而它又并非"空",在空中又寓有"实"。

…………

题干:说说第二段最后一句在文中的意思。

解题与分析:第二段最后一句是"它们便是眼中之瞳,烁烁闪耀的,是这些造园者或遗憾或欣慰或寂灭的心境之光"。从本句看来,"它们"指代什么? 往前面去找,本句中是指"园中的各种碑、牌、匾、额"。再往前找,跳一句是"梦想"。上一句中有"如",那么它的后面没有答案。前面是有的,就是"精髓"。这样"它们"指代的意思为"古代的文人名士为苏州园林建造了各种碑、牌、匾、额"。一般而言,这是此题的答案。这是比较详尽的指代操作。如果简化一点,"它们"指代"碑、牌、匾、额",而"碑、牌、匾、额"指代的是"精髓",这样"它们"指代的对象就找到了。

然而,下一段与此段是并列关系,即第二与第三段。从理论上说,有多少并列就有多少答案。也许是为了突出第三段，才让它独立为一个自然段。我们发现，第二段这一句最后的"心境之光"指代的是第三段最后的"任你的想象力肆意飞扬"。

因此，完整的答案就是："古代文人名士为苏州园林建造了各种碑、牌、匾、额，使想象力肆意飞扬"。

题干：第五段"然而它又并非'空'……"，这句中的"空"指的是什么？

解题与分析：先从"空"的前后找。从后面找，与文义不同；从前面找，本句部分前面没有。于是只能从上下段中找。下段是"实"的范围，上段写作对象多出个"皇家园林"，也不是"空"的所在。第三段与第二段是并列关系。因此，两段是并列段。把两段合起来，它们与第四段又是并列关系。因此"空"的指代必然跳过上面三段，在第一段，也就是这几段的"总"的部分中，即"以小见大、以虚写实"。

我们再来总结一下指代题指代的三层次八方位。第一层次，在一个段落中有四个方位可查，词或短语的前面和后面两个方位，（除去"例如""比如"或描写部分），以及在这一段的开头与结尾两个方位。这四个方位考查的概率较高。要是第一层次四方位查不到，那么从此段上面几段或下面几段中找，共有两个方位。这是第二层次。这种形式也是最难的指代题。要是第二层次再找不到，那么只能从第三层次，即文章的开头一段或结尾一段中找，共有两个方位。第三层次使用的可能性很小。这就是指代的三层次八方位。

4. 关于选择题

这个题型前面已经作了详细介绍。这一大题的选择题出现得比较多。有的是关于内容的，有的则是关于结构的。相对而言，这一大题的选择题在逻辑方面要深一些，往往有教师没有教过的。

5. 关于梳理信息的题型

这个题型考查学生搜寻能力、概括能力和排序能力。

（1）如果文章中有三个信息，题干的分值为3分，似乎要求学生要找到这三个信息。

（2）文章中有五个以上的信息，题干的分值为3分，似乎要求学生找到三个信息。

（3）文章中只有两个信息，题干的分值是3分，意味着必须根据这两个已知信息推测出另一个未知信息。这时有两种可能:一是,假定这两个信息是 B、C,那么要推出 A;二是,假定这两个信息是 A、B,那么要推测出 C。三个答案之间的逻辑关系要由学生自己确定。然而,可以是 ABC,但不允许是 BCA 或 CAB,即顺序由小到大,哪怕答案是从五项或六项中选出的,或有所增补的。

至于信息的语言概括,一般以单句为主,句子成分齐全,意思的表达要尽可能周全。

6. 关于评价

这一大题最后常常会考评价题。这其实是考查学生思维空间是否开阔,对社会热点是否关心,以及思考的深度与广度。关于评价的解题步骤与技巧,前文已经介绍,此处不再赘述。

7. 关于语序调整的题型

语序调整,即提供一段或几段由句子构成的文字,句子的顺序已被打乱了,请学生进行调整。这类题目考查的是考生的语感能力和成文的结构能力。

调整的方法有三种:一是做到"二二成对";二是根据内容选择文字的结构,如"总—分""分—总""总—分—总"或并列;三是根据内容确定前后。

题干:下面一段文字的语序已经打乱,请调整句子的顺序。

(1) 在山路上前进,难免会摔倒;可只要你爬起来,继续前进,成功就会在眼前。

(2) 同样,生活中也离不开"悟"。

(3) 另外,还要悟出为人处世的道理,对具体情况作具体分析,不要妄下断语。

(4) 最重要的应"悟"出人生之路并不是平平坦坦的,而是一条崎岖的山路。

解题与分析:首先是"二二成对"。(1)从内容看估计是在作分析,因此"山路"可能与前面的句子有联系。这样就找到了(2),(2)与(1)从内容上看是连在一起的。留下的两句中,(3)中有"另外"一词,而(4)的内容与(2)(1)相关,这是第二次用"二二成对"的原则,于是可将本来的(2)(1)与(4)相连接。其次,从结构上看,(2)(1)(4)与(3)是并列的。最后,(3)有"另外"一词,因此这句在最后面。经过这样的分析,我们知道这段的语序应该是(2)(1)(4)(3)。

当然,理顺语序的方法不只这一种。

8. 关于表格题与图表曲线图的题目

表格题我们用对等原则来解决，这在前面介绍选择题时已作过介绍。其实，图表曲线图用的也是对等原则，不过形式不同。图表曲线图的纵轴通常是指标，横轴是时间。各纵轴指标的比较用同度量的单位表示，纵轴和横轴的已知点的连接因而构成曲线。题干要求一般为表明趋势，即采用比较法，阐明过去、现在的情况，指出未来可能的情况。

13 记叙文阅读及题型处理

记叙文阅读部分是语文考试的一个重点，通常为 20—22 分。考试时，考生应花的时间为 20 分钟左右。从考试讲，记叙文阅读选择的文章一般有三类：一是写人记事的文章，包括小说、报告文学等；二是游记；三是散文。

一、三种类型记叙文的快速审题

考生对记叙文的阅读时间应控制在 5 分钟以内，须快速确定和收集每一类记叙文阅读的基本要素。

1. 写人记事的记叙文

写人记事的记叙文重点写人物，主要人物即为文章的写作对象。文章的主旨通过刻画人物性格来表现，因此人物性格往往与主旨有关，即具体人物性格的叠加可表现主旨。

题干中的"人物性格"和"人物特点"的含义相同。写人记事的记叙文的写作对象就是人物，这是一个简单的说法。对一篇文章而言，人物有个像和群像之分。

如果主要人物是个像，那么文章中作者塑造人物性格的叠加可组成文章的主旨。例如，《我的邻居余冠中》，文章的主要人物就是余冠中，文章中塑造的余冠中的性格——平凡朴素、不图功利、执着追求——就是文章的主旨。

如果文章的主要人物是群像，那么文章塑造的群像的性格叠加就形成主旨。群像要分析清楚，尽可能不遗漏，群像间的关系也要梳理清楚。例如，鲁迅的短篇小说《药》中，华老栓、华小栓、华大妈这三个人物只能算一个方面的人物，他们的性格哪怕集中在一起也不能成为小说的主旨。我们总不能说小说的主旨是表现"亲子之爱"吧。《药》中还有革命家夏瑜，他的失败能表现"革命者的英勇气概"吗？很勉强。如果二者叠加起来作为群像，那么小说的主旨就容易概括了：通过对华家为治病吃"人血馒头"的描写，以及对夏瑜一类革命家失败的描写，明确地揭露革命家失败的真正原因就是脱离民众，从而指出真正疗救中国的"药"是革命者必须唤醒民众，二者团结起来一起行动。

除非没有群像，否则，思考小说主旨时，我们要尽可能从群像出发。例如，《我的邻居余冠中》只有一个人物，写作对象就只能是单个人，主旨也只能依据单个人的性格。一般而言，一旦写作对象可以认为是群像，主旨的思考就准确得多。例如，欧·亨利的《最后的常春藤叶》的主要人物显然是贝尔曼。我们把贝尔曼、琼珊、苏艾合成群像想一想，他们的上位概念就是贫穷的艺术家，这样一来，小说的主旨就很容易概括了。还有莫泊桑的《项链》，只看到路瓦栽夫人玛蒂尔德是不能清楚概括小说主旨的。我们把玛蒂尔德与佛来思节夫人一类的人物作为群像看，再把这些女性人物与路瓦栽及一类人物合为群像来看，小说揭示的社会本质就越来越深刻，主旨就更能让人信服。

如果阅读了写人记事的文章，对它的写作对象、主旨能有比较清晰的认识，那么其他方面就比较简单了。这类文章考查的其他题目不外乎是义项赏析题。

2. 游记

记叙文阅读考试的第二种文体是游记。游记是散文的一种。游记的写作对象就是旅游的对象，如《记金华两个洞》的写作对象就是"金华两个洞"，《苏州游》的写作对象就是"苏州"。游记的主旨就是文章的中心思想。

比较难把握的是游记的线索。线索是记叙文的特征。尽管线索类别的划分尚未达成一致，但一般要记住的是，线索有五种：一是以时间变化为线索，最为典型者是日记，即以时间先后变化为线索；二是以空间变化为线索，如以发生事件方位的上下、里外、左右等变化为线索；三是以时空变化为线索，这种线索在游记中出现得较多，与此相仿的是"移步换景"；四是以某个物或象征物为线索，如《七个铜板》以物——铜板为线索，又如《白杨礼赞》以象征物"白杨"为线索；五是以一种情感变化为线索。

有时，分析一篇散文会发现有几个线索可供选择，不过其中有一个是时间，另一个可以是物或象征物，也可以是一种情感变化。以时间为线索又存在其他线索的情况，通常一律以"以时间为顺序，以……为线索"的形式表述。注意，这时时间已不作线索考虑，而是作为顺序。游记中如果有这种情况，就这么处理。

如果有试题要求说说文章的脉络。请注意：脉络＝线索＋思路。答题思路就是先说什么再写什么最后说什么。所有的文章都有思路，记叙文、议论文、实用文都不例外。记叙文既有线索又有思路，线索是记叙文的特征。

最令人担心的题型是文章体裁的认定。例如，陈列一篇记叙文，然后问这

是一篇记叙文吗？用游记的形式写议论文难道不可以？以前有这样的题目：说
说文言文中苏轼的《石钟山记》、王安石的《游褒禅山记》、苏辙的《黄州快哉亭
记》是什么体裁？答案是纪游体的议论文。当然也可以说大白话，即游记形式
的议论文。"纪游"就是"记游"的意思。现代文的游记中有没有纪游体的议论
文？有时候真的是有的。因此，阅读游记散文，一定不要忘记先判断是不是纪
游体的议论文。只要想到这一点，就能在文章中找到中心论点，分析也能到位。
就怕稀里糊涂，按一般游记分析，难免浅了很多。

3. 散文

有一类散文我们见得比较多，如高尔基的《海燕》、茅盾的《白杨礼赞》《风景
谈》，以及前面的《野草赋》等。它们的共同手法就是类比、象征、比拟、托物言
志。前文介绍过，我们通常不说象征手法，因为这是初中说的，也不说托物言
志，因为这种说法有歧义。因此，这类散文有两种共同的手法，即类比和比拟。
需指出，为区分清晰，游记已单列出作介绍，详见前文。

这类散文的写作目的都一样，就是表现人的一种精神，因为物是没有人的
特征的。这类散文以歌颂为多，常常表现人的一种值得赞美的精神，如《海燕》
歌颂的是一种革命者的斗争精神，《白杨礼赞》歌颂的是抗日革命战士的积极奋
斗的精神等。

这类散文用比拟或类比手法，即赋予物以人的特征来表现作者的寄托，又
可称"用了人格化手法"。这类散文在考试中经常出现，这里介绍得虽很简单，
但非常实用，还是要牢记。

二、记叙文阅读的常见题型及其处理

记叙文阅读的常见题型主要是赏析，它的一般题型是"表达效果"（效果）、
"表达作用"（作用）、"赏析""评析""辨析"等。这些题型的处理前面已经介绍，
这里就不多说了。不过，这些题型非常重要，建议好好识记它们的处理方式。
下面介绍另外几种也可能出现的题型，姑且作些准备。

1. 题干的写作对象与文章的写作对象不一致

这类题目是为强调段旨或文章主旨。当题干的写作对象与文章的写作对
象构成并列关系时，目的为强调段旨或主旨，考点一般为 2 个；当题干的写作对
象与文章的写作对象构成类比关系时，作用是形象深刻，目的也是强调段旨或

主旨,考点也为 2 个;当题干的写作对象与文章的写作对象构成对比关系时,考点为 3 个,目的是强调或突出段旨或主旨。

例如:气象台有那么多先进仪器和专家,预报 48 小时后下雨,有时还有错。而蚯蚓从地下钻出来,却告诉人们两天后一定下雨。这里"蚯蚓"材料的出现起到什么作用?

解题及分析:二者的写作对象不一致,既成类比关系又成对比关系。因此,引用"蚯蚓"材料的作用是"形象深刻地强调文章的主旨,动物的本能往往比人类的能力更有效"。

这个题型总在强调主旨,题干结尾可以是"作用"甚至"效果"等,但强调主旨是不变的。顺便指出,比较可以包括对比和类比,如果题干中出现这个词,那么就已经告诉考生要用到对比和类比两种。

2. 对标题含义的理解

这类题目通常可以看作一种赏析题。处理的方法有点特殊:从小到大、从实到虚、从里到外、从部分到整体。这一方法与简答题的处理方法相一致。例如,《野草赋》标题的含义是"对具有顽强生命力的野草的赞颂,对具有顽强生命力的人的精神的赞美,以及对矫揉造作、自命清高的丑恶形象的批判"。

题干:说说对《最后的常春藤叶》标题的理解。

解题与分析:我想,思考以下几点后,就可以回答这篇小说标题的含义了。

——粘在树上的贝尔曼画的常春藤叶为什么永远不会凋谢?

——赞颂了贝尔曼为医治琼珊而付出的献身精神。

——虽然贝尔曼没有什么绘画成就,但是他画的常春藤叶给了琼珊生的希望,救了琼珊,这是他最后也是最高的艺术成就。

——赞颂了这些贫穷的艺术家的拼搏精神与美好的人格力量。

3. 关于文章结尾的题型

文章的结尾,又称"收笔",也可以称"文末",有的时候是一句话或几句话,有的时候就是最后一段。关于文章结尾的题型的题干往往先交代最后一句或几句话,或者最后一段,接着要求考生回答"作用"或"原因"。这类题型可细分为两种。

第一种是关于结尾的简答题,通常用"3+1"来回答,即文章的写作对象、主旨和结构,最后回答作者的情感态度。

题干:《野草赋》这篇文章的结尾,即最后两句起什么作用?

解题及分析:文章最后两句是"无拘无束,潇潇洒洒,四季轮回,生生不息。这就是野草的性格"。这是文章的结尾。文章的写作对象看似是野草,实际上是赋予了野草以人的特征,歌颂了人的无限生命力,在任何艰难困苦和渺小中都能显示出崇高品格与宽大胸怀的精神,批判了那些矫揉造作、自命清高的现象与做法。这一段与上面的段落构成"总—分—总"的结构,是对"野草性格"的总结,这样的结构使得文章完整和谐。结尾部分也表现出作者对野草的赞赏,用人格化手法表示对崇高人格的歌颂。

第二种是"续结尾"。有时,命题者故意未完整摘录文章,要求考生在原有结尾的基础上,续写一个结尾,使文章更完整,主旨更明确。这样的题型考查的是考生对文章结构和主旨的把握能力。"续结尾"是很重要的题型,卷面一般有4分,阅卷者一般按考点判分,因此答题要很细心,不是仅把格子写满。

"续结尾"的题型,要做到"5+1",即与标题呼应、与开头呼应、与主旨呼应、最后一段的头尾呼应、全文的头尾呼应这五个"呼应",以及语言流畅,尽可能与全文的语言风格保持一致。

这个题型最难之处是"与主旨呼应"的环节,因为有些文章的主旨是在最后一段出现的,而这里正好没有最后一段,这一段是要考生写的。如果现有文字部分没有主旨的直接表露,而考生又忘记了这一点,忘记了在最后一段中要有对全文主旨的归纳,那么"续结尾"就失败了。

"5+1"也可简略表述一下,如标题与开头,这两点就是写作对象;最后一段的头尾呼应与全文的头尾呼应这两点就是结构。这样就与关于文章结尾的题型的作答方式几乎一致。为什么要用"5+1"呢? 一是怕考生忘记,二是怕考生写不长,字数不到位,因此要细致完整呈现。

4. 关于简介

如果实用文到此时还没有机会考,那么这里也有可能考简介。简介,即简单介绍或简要介绍的意思,介绍对象是人物或事件,是一种说明文,属实用文范畴。简介这个题型也很重要,分值一般为4分。

简介的写作要注意四点:概括情况或基本情况、长处与优点、个性与特长、成就与贡献。写作时,这四点缺一不可,而且最好按原有顺序。这四点考生常常会忘记,临时组织常常会手足无措,丢三落四,不完整。简介可以用在记叙文中,此时采用的表达方式应是说明或叙述。简介也可以在议论文中使用,采用的表达方式应是说明或议论。

几乎每年都有学生写自荐的文章给我看,我总说:"是关于你的'简介'吧。"关于"简介"的写法,我看对学生而言,大概要用 50 年吧。找工作要用,评职称要用……它的写法有四点,可要记住啊!

5. 关于摘要

摘要也是一种说明文,它的写法教师常常忘记教,考试的分值也在 4 分左右。我们要记住,它的基本结构也是四点:课题、理论依据、主要内容、作用或意义。

我曾经一口气看了 28 篇硕士论文,突然发现一半以上的学生写错了论文摘要的结构。他们几乎都误将主要内容作为摘要。在摘要写作方法的四点中,主要内容只占 25%,那么分值又占多少呢?

6. 关于过程、变化、思路的题型

过程、变化、思路这几个题型都包含时间因素,所以答题时要注意"前""中""后",具体根据分值的大小而定。如果是 4 分,那么就是"前""中 1""中 2""后",变成 4 点。有时候,"怎么样"的题型也可以这样操作。

7. 关于描写类的小作文

这一大题有可能要求考生写一篇小作文。前面介绍的简介、摘要其实是关于说明文的小作文。议论类的小作文因为很难深入展开,所以常常不宜选择。

如果写描写类的小作文,人物描写很难判分,考生很难做到精确塑造人物性格。写景物描写是可能的,那么就要对景物描写作一下分类。自然景物描写相对容易,其中社会环境描写与场面描写的可能性最大,营造合适的氛围是成功的关键。描写类小作文的结构以"分—总"为好,因为"总"的部分总有一些议论,放在前面容易冲淡题目对描写的要求。

8. 关于仿句以及找相呼应句子的题型

这是两个题型,而且是目前不常见的题型。如果要增加考查的语言因素,那么这两个题型是可能出现的。

仿句,即根据原句仿造一个句子。这里"根据原句"的意思很复杂,应是仿造的句子在语法结构、修辞手法、写作对象三个方面与原句几乎相同。前两个方面我们几乎都能注意到,第三个方面则往往会犯错。高楼与小木屋的上位概念都是建筑。如果仿句说的是西瓜和芝麻就错了，它们的上位概念是植物果实，仿句也必须是建筑才行。

找相呼应句子的前提是有一个现存的句子，然后在文章中找一个与现存句子相呼应的句子。

准确解答这个题目的办法是：（1）先确定原句在文章中的方位，是在前面、中间，还是后面。（2）然后确定所找的相呼应的句子的方位。如果原句在前面，那么相呼应的句子在后面；如果原句在中间，那么相呼应的句子也在后面；如果原句在后面，那么相呼应的句子在前面，或者在中间。（3）最重要的是，原句与相呼应的句子构成因果关系，有时前因后果，有时前果后因，有时互为因果关系。

考查记叙文的题型相对较多，考生要着重准备。这部分试题以赏析题为多，有的甚至全是赏析题。考查艺术手法作用的题目也较多，如"内心独白的作用""氛围的作用""细节描写的作用""白描的作用"，甚至有"人称的作用""中心句的作用"等。考生备考时，复习的面要广些，知识要扎实一些，这才是成功的关键。

14　文言文阅读及题型处理

　　文言文阅读考查的题目包括名句默写、古诗词曲赏析、人物传记、古代散文。分值通常分别为 6 分、8 分、12 分、15 分左右。

　　一般大家都比较重视名句默写，但花一个学期也基本够了。现在有些卷子增加了现代文内容，主要是对语感的把握，而且把这道题放到卷首作为第一大题。

　　古诗词曲的赏析是一个专门的内容，值得分析一下。

　　人物传记是一个必不可少的内容，主要看考生能否顺畅地翻译，对基础的文言实词、虚词和语法现象能否有一定程度的把握，在此基础上再作人物性格分析、文章分析等。

　　古代散文包括的内容不仅有议论文，也有记叙文、实用文，甚至还有说明文。要是这张考卷前面的议论部分少了，古代散文就选议论文；要是说明文部分考得不够，就选说明文。古代散文有在考试中平衡各体裁的作用。

　　文言文阅读很依赖学生平时的积累，仅凭一时突击很难成功。

一、关于文言实词、虚词的积累

　　文言实词、虚词浩如烟海，哪些最为基本，众说纷纭。

　　文言实词、虚词的数量不仅为学生学文言文增加了难度，也为考查带来了难度。上海曾有一种不成文的说法：初中生要掌握 150 个文言实词、虚词；高中生要掌握 300 个文言实词、虚词。不仅如此，还有人出了一本集子，刊印了认为该掌握的实词、虚词。但这本书没有普及，因为谁也不能说："就考这些！"而且命题教师也没按这样的要求做，出的题目常常超出这 300 个词的范围。这真是矛盾：一面是浩如烟海，不能穷尽；一面是时间有限，范围太广。不过，使文言实词、虚词的范围随着学生学习时间的增加而逐步扩大，也不失为一种贴近实际的好方法。

　　我在审查硕士论文时曾经看到，有位同学把中华人民共和国成立后语文高考中的文言实词、虚词都集中起来的材料也写进了论文。我曾问她这些资料的

来源,她说是自己用电脑统计出来的。这样做有大数据的影子,我肯定了她的
做法。现在我把我收集的相对较难的文言实词、虚词一起摘录于此,希望能对
各位语文教师的文言文教学有所帮助。其实,从记忆理论说,这些词,一般的人
如果能经过 28 遍不同场合的使用,都能掌握。

1. 应掌握的文言实词

(1) 单音节的文言实词(200 个)

具	丞	封	当	虞	坐	胜	务
质	矜	居	乃	许	委	竟	竞
以	谓	相	焉	状	安	按	罢
归	过	顾	存	请	审	被	鄙
比	彼	俾	裨	遽	每	常	寻
必	表	乖	乘	病	薄	踣	陈
若	驰	除	辞	治	次	从	殆
霁	固	穷	克	中	众	国	易
洞	都	名	尔	因	伐	凡	修
信	籍	向	窃	寝	让	屈	却
如	躬	身	定	奉	本	末	引
延	既	已	须	休	尚	爱	书
孰	庸	数	率	遂	速	岁	爱
特	暂	终	违	图	币	仪	闻
愿	约	令	卜	至	致	置	路
资	子	作	济	周	爽	左	右
漫	赂	制	辄	斯	犹	阴	乐
先	鲜	枉	志	所	听	区	舍
糜	靡	志	悉	息	徒	谢	兴
幸	严	灌	迎	与	御	禁	而
且	是	贵	重	轻	贱	仆	齿
羹	微	业	徒	乌	盍	宁	曷
巨	拜	殊	庶	甫	临	颐	诣
诸	某	状	韦	足	故	阑	了

第　　略　　工　　曾　　若　　即　　苟　　奇

（2）多音节的文言实词（16个）

朝夕（旦夕、朝暮）　　　日夕　　于是　　虽然

等闲　　　方正（茂才、贤良、文学、俊彦、孝廉）

畴昔　　　公车　　　遇合　　　吾子　　　县官

俨然　　　未尝　　　效命　　　孰与　　　相与

这16个双音节的文言实词也要作比较精准的解释，并且尽可能记住为好。不管考还是不考，这对提高自己的文言阅读水平总是有利的。

这些文言实词的解释，包括整理各义项，需要教师多花些功夫。有的不能想当然地随意解释，如"治"，它不仅有名词的意思——"衙门所在地"，也有形容词的意思——"太平"。又如，"朝夕"不只意指"早上或晚上"，如果意指"早晚"意思就变了，它甚至还有"马上""整天"的意思。而"日夕"就不完全是这些意思了，如什么时候必须翻译为"太阳西下""黄昏"呢？因此，教师要在指导中作比较精准的解释。

2. 应掌握的文言虚词（含语气助词）

（1）单音节的文言虚词（18个）

而　　以　　于　　其　　则　　之　　所　　且

焉　　因　　与　　者　　乎　　为　　耶　　也

矣　　哉

（2）双音节的文言虚词（10个）

无乃　　得无（得不、得非）　　是故　　以是

是以　　然则　　无以　　有以

有所　　无所

上述文言实词、虚词也可能作其他词性处理。具体的词可作多种解释，古代汉语本来就有这个特点，须通过一定量的文言文阅读，才能真正记住这些词的用法和含义。

二、关于文言文语法现象的理解

现代汉语语法以文言文语法为基础。文言文中也有一些特殊的语法现象。我从自己阅读的角度整理了常见文言文语法，其中包括自己特殊的总结与归

纳,特介绍如下。

1. 使动用法与意动用法

如果句子中的某些词,在理解上既可是使动又可是意动,那么我们一律作使动处理。例如,"先破秦入咸阳者王之"(司马迁《鸿门宴》),这里的"王"作使动处理与作意动处理似乎都可以,那么我们统一把它视为使动用法。又如,"凄神寒骨"里的"凄"和"寒",使动与意动两种用法的理解似乎都可以,那么就作使动处理。使动用法有施事与受事之分,理不清也可不管,能分清即可。意动用法重在心理现象,如"太子迟之",即太子嫌太迟了。

使动用法的判定有时要考虑加上"之"。例如,"虽大风浪不能鸣也"(苏轼《石钟山记》),从理解上,"鸣"后加"之"就容易判定。又如,"可烧而走也"(司马光《资治通鉴·赤壁之战》)中的"烧""走"也要加上"之"等。

使动用法中最难的是名词作使动处理,如"生死肉骨",即让死人活过来,让枯骨上长出肉来。这句的"死""肉""骨"都是名词,看不清就难翻译,"肉"是名词作使动用法。意动用法也是这样。例如,"鼎铛玉石,金块珠砾……"(杜牧《阿房宫赋》)中的"鼎"和"金"都是名词作意动处理,也是较难的。"鼎"可译作"把鼎当作……","金"可译作"把金子当作……"(如把"铛""块"理解成动词,"……当作铁锅","……当作土块",也是可以的)。又如,"吾从而师之"(韩愈《师说》)中的"师",如果不注意,以为是名词作动词,译为"学习"就错了。这里其实是名词的意动用法,应该译为"把……当作老师"。

2. 意动用法与为动用法

如果句子中的某些词,在理解上既可是意动又可是为动,那么我们一律作意动处理。例如,苏轼在《石钟山记》中有"余固笑而不信也",我们可以理解为"我仍然感到可笑而且不信服",也可以理解为"我仍然为(小童的做法)感到可笑而且不信服"。这句的"笑",好像意动、为动都可以,那么考试应如何作答?只能择一而定,因此,我们习惯上统一把这样的情况作意动处理。意动用法一般会用上"感到""觉得""认为"之类的有心理意义的词。

3. 为动用法

为动用法与使动、意动用法都属于文言文的词性活用。

为动用法常见的词有:伤、哭、泣、笑、资、送、死、请、序。

其中前面4个词是典型的情感表现,这里不必赘述,后面5个词还有其他意思：

资：为……提供资助。

送：为……送行。

死：为……而拼死。

请：为……提出请求。

序：为……作序。

4. 互文见义

不知是教师没有教或教师自己不懂的缘故，我发现不少于三分之一的高中生不知道互文见义。须知，互文见义是文言文阅读中很重要的技巧。它通常有四种情况。

情况一：四字补全。《张衡传》中有"游于三辅，因入京师，观太学，遂通五经"一句。其中有三个短语由四个字构成，有一个短语由三个字构成。根据汉字的四字格规则以及互文的原则，理解时通常把三个字构成的短语改为四个字。根据上下文的理解，参照"游于三辅"，"观太学"能加"于"，为"观于太学"。

情况二：同位互释。"自怨自艾"中的"艾"，怎么解释？根据互文的原则，"艾"跟"怨"是互文，解释应该差不多。"怨"可解释为埋怨。那么"艾"能不能也解释为埋怨？不行，因为两个词的意思重复了。于是，我们可选"埋怨"的同义词"怪罪""指责"。所以，"艾"可解释为怪罪、指责。同样，"怨天尤人"的"尤"，怎么解释？

同理，上面的"观太学"中"观"是"看"的意思，但在太学光看有什么意义？"游于三辅"中"游"是"游学""读书"的意思。"观"跟"游"是互文关系，因此"观"可解释为读书。其实，古代与现代相仿，"读书"常常说是"看书"。

情况三：同位补齐。司马迁的《鸿门宴》中有"杀人如不能举，刑人如恐不胜"一句。前半句中的"如"与后半句中的"如恐"，一个为一个字，一个为两个字。根据互文的原则，前半句应与后半句一样，也为"如恐"。另外，句末的"胜"可解释"尽"。"举"是什么意思？它与"胜"的地位是对应的，因此也能解释为"尽"。整个句子意即"杀人恐怕不能把人杀尽，使人受刑恐怕不能把刑法用尽"。

情况四：同位合并。例如，屈原的《九章》中有"忠不必用兮，贤不必以"一句。这句有两处互文现象。"忠"与"贤"要合并，"以"则同"用"。这句应该这样解释,即"有才华忠诚的人,不一定被重用"。

又如,"主人下马客在船"(白居易《琵琶行》)必须译成"主人和客人一起下马一起上船"。因为这里的"主人"与"客人"必须同位合并,否则就变成客人已经在船上。若是如此,主人还送什么客? 他下马干什么呢?

5. 宾语前置

宾语前置的归类形式很多,我这里简略地归纳一下。

(1) 疑问句、否定句宾语前置

"大王来何操?"(司马迁《鸿门宴》)为疑问句宾语前置,宾语是疑问代词"何",即"什么"。"余于仆碑,又以悲夫古书之不存……"(王安石《游褒禅山记》)为否定副词宾语前置,"古书"是"存"的宾语。

否定句包括使用否定副词或否定代词的句子。"莫之或止"中的"莫"是否定代词,可译为"没有人""没有哪一个""没有谁"。这句是否定代词的宾语前置,"之"是"止"的宾语。"或"是无定代词"有的人"或"有人",与"莫"合并后意思便合在一起。此句意即"没有人能够使他停下(脚步)"。

(2) "自""相""见"宾语前置

"自"的宾语前置比较简单。"自信"就是"相信自己"。"自欺欺人"就是"欺骗自己,也欺骗他人"。"自卑""自杀""自奉"等都是如此。

"相"在文言文中常可译为:"你""我""他(她、它)",包括其复数部分,并且常作宾语前置,如"相见恨晚""实不相瞒""相煎太急"。"相"有时会有"互相"的意思,如"相敬如宾""相逢何必曾相识"(白居易《琵琶行》)等,亦有人称代词的因素。

有个技巧不妨介绍一下。有"相"的句子翻译成"互相"有时好像不很通顺,不合理。此时,我们可考虑用"一个接一个"的意思来替换。例如,"旗鼓相望"中的"相"分明应作"互相"解,但还是用"一个接一个"的样式好,即译为"军旗一面接着一面,鼓声一阵接着一阵"。那么"尸骨相望"呢? 你试试翻译一下?

"见"在文言文中有三个意思,即"看见""表被动""我(我们)"。前两个暂不讨论,"见"作为第一人称宾语前置是这里的重点。"休见笑"译为"不要取笑我";"见爱""见谅"可译为"爱上我""原谅我";"见欺",可以译为"欺负我"。

其实,"见"作宾语前置的原因是这样的,如"见笑于大方之家",这是被动句,可以翻译为"被懂得许多道理的人取笑"。以后,作了精简成为"见笑大方"。

这里仍然是被动句，翻译同前。后来，"见笑"慢慢普及，人们常说"休见笑"。此时，就不能作被动句翻译，而要用宾语前置，翻译成"不要取笑我"。"见"成了宾语前置的"我"。现在你应该理解为什么"徒见欺"（白白地被欺负）与"见欺"（欺负我）的译意有很大的不同。

（3）"之有""是有"结构宾语前置

这里的"之"和"是"是宾语前置的标志，"有"指的是动词。

"何罪之有？"——有什么罪？

"我之谓也"——说的就是我。

"唯陈言之务去"（韩愈《答李翊书》）中的"务去"是动词，因此"之务去"就是"之有"结构，"唯"可译可不译。本句可译为"一定要除去陈腐的言论"。

"唯命是从"中的"从"是动词，因此"是从"为"是有"结构。"是有"等于"之有"，"命"是宾语前置。

"臭腐是食"（朱穆《与刘伯宗绝交诗》）中的"是食"为"是有"结构，即宾语前置。这里虽然没有"唯"，但有与没有其实是一样的。这个短语的翻译是"吃臭的腐烂的东西"。

要注意的是，"之"或"是"有时是宾语前置的标志，有时是宾语处于前置位置，有时二者兼有。例如，"自古及今，未之尝闻"（贾谊《论积贮疏》）中的"之尝"是"之有"结构，"之"既是宾语前置的标志，又是宾语。

（4）"之""是""以"是宾语前置的标志

这一点只是顺带一提，它们是宾语前置中较为特殊的情况，只要记住宾语前置有三条规则就可以了。例如，短语"一以当十"中的"一"是前置的宾语，"以"是介词，有宾语前置的作用，因此必须把"以"归纳进去，否则不周全。为什么？因为宾语其实有两种，一是介宾结构的宾语，二是动宾结构的宾语。这里的"一"是介词"以"的宾语。虽然"以"出现得较少，但不能不说清楚，因此要强调"之""是""以"是宾语前置的标志。

还须注意的是，有的宾语前置几乎没有标志，全靠学生的即时感悟。例如，"莫我肯顾"（《诗经·魏风·硕鼠》），宾语是"我"，好在"莫"的存在使这个句子可作为否定句宾语前置处理。这当然是符合规则的。然而，"县官日有禀稍之供"（宋濂《送东阳马生序》）中的"禀稍"是"供"的宾语，指"口粮"（"禀"，露天粮仓；"稍"，禀食）。为什么可以宾语前置？似乎不存在上述的三条规则？这是因为"廪稍"来自朝廷、皇帝或官府，为强调而宾语前置。类似还有"周公之逮所由使也"(张溥《五人墓碑记》)，"宫中尚促织之戏"(蒲松龄《促织》)等。有些涉及重要部门的规则，也有宾语前置的。不过，这些一般不会出现在考试中。

6. 介宾后置

有的教师称介宾后置为"介词结构宾语后置"，这是可以的，也是对的。如果称为"状语后置"，也是对的。顺带说一句，若称"介后"则是错的，也不应该。教师在上课时不能这样说，因为不规范。

介宾后置所用的介词有四种：于、以、乎、像(如)。介宾后置用的介词是"于"，如"唐浮图慧褒始舍于其址"(王安石《游褒禅山记》)，"庚辰，将殡于曲沃"(左丘明《左传·秦晋殽之战》)等。"以"作为介宾后置用的介词也较常见，如"覆之以掌"。"乎"也常用在介宾后置中，如"醉翁之意不在酒，在乎山水之间也"(欧阳修《醉翁亭记》)，这里的"乎"跟"于"相同。"如"作为介宾后置的介词则很少见。"了无喜色，围棋如故"(司马光《资治通鉴·淝水之战》)中的"如"是介词，而"围棋"作动词用。

7. 定语后置

定语后置有三种。

(1) 名词＋之＋形容词

例如，"苟以天下之大，而从六国破灭之故事，是又在六国之下矣"(苏洵《六国论》)，意即"假如像宋那么大的天下，而跟随着这六个被打败被消灭的小国家的旧例，那么也就不能跟这六个国家相比了"。"以天下之美为尽在己"(庄子《庄子·秋水》)，意即"认为天下的美景都在自己这边"。这里的"天下之美"不是定语后置，因为"美"已经从形容词变成名词了，即"美景"。

(2) 有……者／……者

例如，"宋人有得玉者"(刘向《新序》)中的"得玉者"是"宋人"的定语。这句定语后置的语言标志是"有……者"。"遂率子孙荷担者三夫"(列御寇《列子·汤问》)一句中，"荷担者"是"子孙"的定语。它的语言标志是"……者"。

(3) 名词＋数词＋(量词)。

"草屋八九间"[陶渊明《归园田居》(其一)]——八九间草屋。

"金人十二"(贾谊《过秦论》) ——十二个铜人。

前面《列子·汤问》的例句中，"三夫"是"子孙"的定语，译为"于是(愚公)率领三个挑担的子孙"。

8. 主谓倒装（谓语前置）

"善哉！祁黄羊之论"（左丘明《左传》），意即"祁黄羊的说法，太好了！"

它的结构是：嘻！＋形容词（加上"哉"或"矣"）＋名词性短语。"嘻"是语气助词，可有可无。但把它当作谓语就错了，"善哉"才是谓语。"祁黄羊之论"是主语。这里主谓倒装。把"哉"作为辨识的标志是可以的，但"矣"也经常出现，要注意。

9. 虚指用法

文言文的虚指用法有两种：一种是有夸张意味的数量词表现。例如，"天台四万八千丈"（李白《梦游天姥吟留别》），这里"四万八千丈"有夸张意味，指的是很高很高。"飞流直下三千尺"（李白《望庐山瀑布其二》），"三千尺"也有夸张意味，指的是很长很长。"三人行，必有我师焉"（《论语·述而》），意即"几个人一起走的话，其中一定有我学习的地方"。此处，"三人"的虚指不仅仅指三个人，而是很多人（顺带说，"师"也不能简单地指教师）。

另一是用方位名词来表现。例如，"采菊东篱下，悠然见南山"（陶渊明《饮酒·其五》），这里的"东""南"虚指周围的、附近的。是的，怎么可能只采东边篱笆下的菊花，而其他方向的菊花都视而不见？怎么可能悠然地抬起头，方向正好是往南方向呢？特意地把头扭向南方，还叫"悠然"吗？又如，"南村群童欺我老无力"（杜甫《茅屋为秋风所破歌》）中的"南"虚指周围的、附近的。"东船西舫悄无言"（白居易《琵琶行》）中的"东""西"一并虚指附近。这句经常考，是重点句。

顺带一提，现代汉语也有虚指用法，如人称代词、指示代词，前者虚指每个人、大家，后者虚指很多等。例如，铁凝的散文《你在大雾里得意忘形》，题目中有人称代词"你"，根据虚指用法，可解释为"大家""每个人"，因而散文的主旨是每个人都可以在大雾里赢得一些自由（这里的标题正好是主旨，而"得意忘形"是贬词褒用，指自由）。

10. 被动句

文言文中的被动句有四种情况。

（1）用一般表示被动的词来表现

为所　　　　为……所　　　　为

见于　　　　见……于　　　见　　　于

其实只记"为所"与"见于"两个,就一次记住了 7 个。

(2) 与授予官职及官职升降有关

意表"授予官职"及"授予……官职"的词常见的有:拜/除/委/任/封/以为/以……为。

意表"官职升降"的词常见的有:迁/调/升/拔/擢/置/谪/黜/降/举/用。

(3) 关于"惊"与"受"

"惊"一定是"受惊",介词"受"就是介词"被"。因此,凡是有"惊"以及能译作"受"的语句,都是被动句。

(4) 没有语言标志的被动句

有时,被动句常常没有语言标志。因为汉语中的被动现象常常可省略,现代汉语也是如此。例如,"至于颠覆,理固宜然"(苏洵《六国论》)就是没有被动标志的被动句。"洎牧以谗诛"(苏洵《六国论》)也是没有被动标志的被动句。

11. 取消句子独立性

句子的主语、宾语成分如果单列就成了句子。在短语的中间加上"之",使之成为句子的成分,这叫"取消句子独立性"。

"师道之不传也久矣"(韩愈《师说》),这个句子的主语是什么?许多人答错了,应该是"师道之不传也"。为什么?因为"师道不传也"是句子。

介宾结构也有宾语,因而也有取消句子独立性的存在。"当余之从师也"(宋濂《送东阳马生序》),这里的"余从师也"是宾语,中间加"之"就不是句子了。

12. 判断句

判断句的语言标志通常有:……者……也/……者也/……者……/……皆……/……咸……/……非……,等等。

判断句包括肯定判断和否定判断。一般而言,判断动词前面有"不"的句子就是否定判断;判断动词后面有"不"的句子可以称为肯定判断。考试命题中常常不很规则,有必要作一个细分的规定。

13. 固定句式

(1) 表陈述语气

① 有以、无以:有用来……的办法、没有用来……的办法。

例 1:袁人大愤,然未有以报也。(高启《书博鸡者事》)

例2：故不积跬步，无以至千里。（荀子《劝学》）

② 有所、无所：有……的人（事、物），没有……的人（事、物）。

例1：吾入关，秋毫不敢有所近。（司马迁《鸿门宴》）

例2：财物无所取，妇女无所幸。（司马迁《鸿门宴》）

③ 何以：凭什么、依据什么。

例：君何以知燕王。（司马迁《史记·廉颇蔺相如列传》）

④ 以为、以……为：把……当作……，认为，用……做……。

例：至丹以荆卿为计，始速祸焉。（苏洵《六国论》）

⑤ ……之谓也、其……之谓也：说的就是……啊。通常把这种归为宾语前置。

例1：闻道百，以为莫己若者，我之谓也。（庄子《庄子·秋水》）

例2：其李将军之谓也。（司马迁《史记·李将军列传》）

⑥ 比及：等到……的时候。

例：比及三年，可使有勇，且知方也。（《子路、曾皙、冉有、公西华侍坐》）

⑦ 不亦……乎：不是……吗。

例：学而时习之，不亦乐乎？（《论语》）

⑧ 非……不得：非……不可。

例：则谓非草木不得矣。（李渔《芙蕖》）

（2）表疑问语气

① 如何、若何、奈何：怎么。

　　如……何、若……何、奈……何：怎么/对……怎么。

例1：将奈之何？（林觉民《与妻书》）

例2：何辞为？（司马迁《鸿门宴》）

② 何以……耶：怎么能……呢。

例：又何以蕃吾生儿安吾性耶？（柳宗元《种树郭橐驼传》）

（3）表反问语气

① 况……乎：何况……呢。

例：而况石乎！（苏轼《石钟山记》）

② 岂……耶、岂……乎、独……哉：难道……吗。

例：独畏廉将军哉？（司马迁《廉颇蔺相如列传》）

③ 安得……也哉:怎么能够……呢。

例:安得使予多暇日,……以疗梅也哉。(龚自珍《病梅馆记》)

④ 无乃……与:难道不是……吗/恐怕……

例:无乃尔是过与!(《季氏将伐颛臾》)

(4) 表感叹语气

何其、何:多么。

例1:泣下沾襟,何其衰也!(欧阳修《伶官传序》)

例2:吏呼一何怒,妇啼一何苦!(杜甫《石壕吏》)

(5) 表猜测语气

① 得无……乎/耶:恐怕……吧。

例:得无教我猎虫所耶?(蒲松龄《促织》)

② 其……乎:大概……吧。

例:王之好乐甚,则齐国其庶几乎?(孟子《庄暴见孟子》)

(6) 表判断语气

唯/顾/直……耳:只是……罢了。

例1:顾未有路耳。(司马迁《信陵君窃符救赵》)

例2:直好世俗之乐耳。(《孟子见梁襄王》)

(7) 表选择语气

与使……,无宁……、与其……宁、与其……孰若:与其……不如……。

例:与其不逊也宁固。(司马光《训俭示康》)

(8) 表比较语气

……孰与……:与……相比,谁……。

例:我孰与城北徐公美?(《邹忌讽齐王纳谏》)

14. 省略句

对于文言文的省略句,如果我们对句子成分比较熟悉,那么理解起来还是比较容易的。省略句一般有省主语、省谓语、省宾语、省兼语、省介词五种。

(1) 省主语

"成然之。(成)早出暮归……"(蒲松龄《促织》)一句,括号中为后一句省略的主语"成名"。这是承前面一句的主语"成"而省略的。

"(公)度我之军中,公乃入"(司马迁《鸿门宴》)中,前面一句的主语"公"省略,括号中为根据后面一句主语"公"而加。

"樊哙曰:'今日之事何如?'良曰:'(今日之事)甚急!'"(司马迁《鸿门宴》)中,后面一句的"今日之事"省略,这在对话中十分常见。

（2）省谓语

"一鼓作气,再(鼓)而衰,三(鼓)而竭"(左丘明《左传·曹刿论战》)中,后两句都省略了谓语"鼓"。

"及左公下厂狱,史朝夕狱门外(等候)"(方苞《左忠毅公逸事》)一句省略谓语"等候"。

（3）省宾语

"木直中绳,𫐓(木)以为轮,其曲中规"(荀子《劝学》),"廉颇送(王)至境,与王诀曰……"(司马迁《廉颇蔺相如列传》),这两句省宾语比较明显。

宾语有两种,一是动词后面的宾语,一是介词后面的宾语。"铸以(之)为金人十二"(贾谊《过秦论》),"此人一一为(之)具言所闻,皆叹惋"(陶渊明《桃花源记》),这两句中的"以""为"都是介词,省略了后面应该有的宾语。

（4）省兼语

"余稍为修葺,使(之)不上漏"(归有光《项脊轩志》)中的"之",既是"使"的宾语,又是"不上漏"的主语,是为"兼语"。

"君为我呼(之)入,吾得兄事之"(司马迁《鸿门宴》)中,"之"为"呼"的宾语,又是"入"的主语。

（5）省介词

省介词通常出现在介词宾语后置的语法现象中,一般为省"于"或省"以"。例如,"余自束发,读书(于)轩中"(归有光《项脊轩志》),"又试之(以)鸡,果如成言"(蒲松龄《促织》)。

有的文言文语法现象很难归纳。例如,文言文中没有反问句,反问句本质上是判断句。又如,文言文中的比喻句可作为一种判断句处理,翻译时要把意思译全。

三、关于古代文学中的诗词曲

古代文学常识浩如烟海,一般集中在课文中出现的作家、作品及其相关流派、特点与典型作家、作品。

1. 古代诗的体裁、题材和内容

诗有古体诗与今(近)体诗之分。从时代上看,唐代格律诗产生之前诗人写的都是古体诗。唐代及以后的诗人两种体裁的诗都会写。"歌行体"的诗都属古体诗,如《……歌》《……行》《……引》《……难》《……阵》等。

今体诗又称"格律诗",规范的今体诗由八句构成,称为"律诗",有五言与七言之别。律诗的1、2两句称为"首联";3、4两句称为"颔联",采用对偶;5、6两句称为"颈联",也采用对偶;7、8两句称为"尾联"。诗是押韵的,通常为2、4、6、8句的末尾一词押韵,也可是1、2、4、6、8句的末尾一词押韵。

五言的今体诗如果是四句,称为"绝句"或"截句",即律诗一截为二的意思,八句减为四句。绝句可以有一组对偶,或1、2句或3、4句,其押韵是1、2、4句或2、4句的末尾一词。

古体诗凡四句的,也称为"绝句",也有五言与七言之分,但是古体诗的绝句,与今体诗中的绝句不同。古体诗的绝句不要求有对偶。押韵要求同今体诗。但是,如果写明作者是唐代以前的人,那么即使这首绝句有对偶也只能算作古体诗,因为原作者自己称是古体诗绝句。

下面说说古诗的题材。

古诗的题材一共有三种:咏史、咏物、咏怀。

咏史:只要诗中用到古代人物或史料的就是咏史。

咏物:只要诗中的内容以物为主,就是咏物。这一般从标题上能看出。

咏怀:上面两种以外就是咏怀诗,即以抒发情怀为主。

最后说说古诗的内容。

内容分下面几个:

送别	(山水)田园	边塞	闺怨
羁旅	思乡思亲	爱国	哲理

有些教师把内容分得很细,不厌其烦地让学生记。其实有些是不必要的,有的古诗知道就可以了,不必背出,如"拜谒""怀古"等。

由于不同教师毕业于不同的大学,其知识体系或许也会有所区别。中学里的知识体系则相对统一,有利于教学。例如,上面的题材,有的大学说是内容;上面的内容,有的大学说是题材。怎么应对这种现象呢?中学的暂拟体系中没有统一的说法。我建议把两个方面都写进答案。命题如果问"题材",我们的回答是"题材加内容";命题问"内容",我们的回答是"内容加题材"。这样阅卷教师就不能判你不对了。

唐代的典型文学样式是诗,唐代形成的格律诗堪称前无古人后无来者。唐诗的代表作家我们都很熟悉,如李白、杜甫、王维、孟浩然、王昌龄等。李白的风格为潇洒飘逸,人称"诗仙"。杜甫的风格为沉郁顿挫,人称"诗圣"。那么可以称为"诗佛""诗魔"的又是谁? 注意:不是上面提及的诗人。

2. 词的体裁与流派

词,又称"诗余""曲子词""曲词""长短句"。词产萌芽于隋唐之际,盛行于宋。词中58字以下为小令(曲也有小令),59字至90字为中调,91字以上为长调,又称"慢词"。词的结构有词牌、词题,有上曲(上片)、下曲(下片),还有单曲。这个"曲"以前称"阕","阕"很难记也难写,可用字谜来记——"登上天安门"的谜底就是"阕"。

词的体裁基本如此,词的流派以婉约与豪放为主。婉约派的代表人物是柳永,其创作堪称宋词发展的里程碑。苏轼是豪放派的开宗人物,是宋词发展的另一个里程碑,他成功地转变"词是艳科"的风气,大大地拓展了宋词的领域。婉约派的集大成者是周邦彦。女词人李清照的词清新婉丽,在北宋与南宋交替之时,其充满生活气息的词别开生面,从大处分,归婉约派。南宋的辛弃疾是豪放派的集大成者。其后,姜夔的格律词派兴起,影响很大(姜夔的"夔"很难写不容易记住怎么写,那么写"姜白石"就可以了,"白石"是姜夔的字)。

3. 曲的构成与流派

元代的典型文学样式是曲。元曲分散曲和杂剧两部分。

杂剧在课文中有关汉卿的《窦娥冤》片段,为本色派,还有王实甫的《西厢记》片段,为文采派。散曲包括小令与套数两个主要形式,小令是套数的基本单位。曲的结构有宫调名、曲牌名、曲题与曲本身。曲的特点为"贵露",其主旨通常较显豁。

四、文言文训练技巧

文言文训练技巧首先是文言实词、虚词的意义的积累。我很反对把文言文等同于外语,因为哪怕再古老的汉字也与现代汉语的某些汉字有着内在关联,而汉语与外语的关联就不是那么直接。平时我们很少运用纯粹的古代汉语——文言文。然而，文言文又极大地影响着我们的交流，因此，为强调效果，我们需要加强文言文的教学与训练。

1. 文言文学习也需要"双解"

我看到不少学生有学外语的"双解词典"，你想表达某个意思，只要一查，就能找到许多在不同场景中表达的外语词或短语、句子。反过来，只要找到一个外语词，也能找到汉语中对应的词，或者找到不同语境中的合适表达。这种"双解"运用是个好办法，为什么不在课堂学习文言文时运用呢？

"双解"，即一边用的是文言文，一边用的是现代文，这样在阅读时，古今的义项比较一直在进行。我反对把一个词固定到一种解释上，这是不顾不同的背景，机械地学。我主张采用"双解""分类"的方法：一边用"双解"，一边作"分类"。既然是自己学，就应随时"分类"，每次"分类"都是学习上的一次进步。

（1）文言文与现代汉语"双解"

① 现代汉语词语——古代汉语词语

驻扎（作动词用）：次/军/壁/住/屯

出嫁：归/字（"待字闺中"）/适/室（"未室"）

夸耀：伐/矜/尚/诩（许）

赞赏：诩（许）/奇

希望：幸/庶（庶几）/冀/愿/唯（表"希望"语气助词）

竟然：乃/曾/殊/遂

渐渐地：既/益/稍/向（"秋天漠漠向昏黑"）

确实：固/信/诚/实/审

难道：岂/其/独/顾/庸/宁

认为：以/以为/以谓/谓

掌管：主/君/当

如果不是、如果没有：舍/微/非/不

假如、如果：令/设/诚/即/使/苟/而/其

说坏话：害/谪/短

攻占：拔/取/举/下/收

恐怕、大概：殆/率/其/无乃/得无

才：方/甫/乃/始/以

献:进/奏/奉/委

值得:可/足

大:都/名

整天:竟日/终日/终朝/旦暮/朝夕

白白地:徒/空/枉/素

只:但/单/光/仅/特/徒/第/独/顾/直/止/祇/唯

到、到……去:之/如/诣/达/迄/逮/迨/适/造/至/至于/往/趋/赴

多:咸/悉/众

多次:亟/屡/累

过去、以前:向/素/畴昔

看望、寻访、安慰、慰问、安抚、问候:过/顾/存/请/吊/恤

使……尽、到尽头:穷/极/尽/殚/竭

B. 古代汉语词语——现代汉语词语

请:问/问候/拜访/为……提出请求/敬辞的一种。

乃:你、你的/竟然/于是、就/是/才/在/乃尔(如此,这样)

当:掌管/判罪、治罪/在/抵押/挡

坐:犯罪、治罪/因为/同"住",驻扎

胜:尽/胜利/美的、好的/超过(作此 4 项解,读 shèng)/承受(读 shēng)

务:致力从事/一定/事务

封:边界、边地/举行祭祀仪式/授予官职

质:抵押/人质/咨询/在、当/同"挚",见面礼/同"锧",一种刑具/资质

矜:夸耀/同情、怜悯/庄重、矜持

居:在平时/过了/处在/住

具:准备/详细

许:同意、答应/地方/同"诩",夸耀/左右、上下

委:把……托付/献上/任命/同"逶",推卸/倒地/丢弃

竟:结束、结果/完成

竞:比赛

以:认为(动词)/因为(介词)/而、来(助词)/凭、靠、把、在(介词)/宾语前置的标志

谓：对……说/说/认为

相：盲人手里的棍子/帮助/主持人/丞相、相国等/你、我、他、它（含复数）/相＋动词＝一个接一个、接连不断

焉：于此/代词/形容词词尾助词，……一样、……的样子/怎么、哪里/语气助词

状：描写/情况/外貌/公文、状子

安：平安/使……安稳

按：查究、察看

罢：罢官/结束/同"疲"，筋疲力尽的

归：出嫁

归宁：回娘家

过：看望、寻访、拜访/指出……过错/过失/过分/经过

顾：寻访/回头看/只/难道/还是/顾惜、顾及

存：存在，活着/安抚、安慰/想/保存

审：审察/确实/仔细

被：遭受/覆盖/影响

鄙：边远的地方/孤陋寡闻/地位卑微

比：挨近、紧、近/到、等到

彼：那、那么/他、他们

俾：使

裨：同义复词如"裨益"，裨为益；"裨补"，裨为补

遽：车、驿车、传车/急忙、赶快/就

每：常常

常：总是

寻：古代度量单位/不久/同"循"，沿着/寻找

寻常：平常、不久、短

必：一定、如果一定/果真

表：外/标志/奏章

乖：不顺

乘：四/辆/同"趁"

病:有较大的疾病/缺点/生病/使……生病/感到苦恼、感到担忧、觉得忧虑

薄:迫近/看轻

跬:同"规"/半步

陈:陈述/排列/同"阵"

若:你/如果、假如

于是:在这个时候/于是这样

驰:驾驭/骑马飞快地

除:除去/台阶/授予官职

辞:借口/语言/拒绝/告辞/婉言/同"词"

次:临时驻扎/过夜/第二、次要的/量词之一

从:跟从/听从

殆:危险/恐怕、大概、几乎

固:确实/仍然/顽固/使……坚固

穷:困窘/不得志、走投无路

克:能/约束/约定日期

中:考中/同"衷",内心

众:多/普通、一般/大家/同"中"

国:地方/故乡/封地

等闲:普通/轻易

易:交换/看轻

洞:山洞/透彻/洞天＝天堂

尔:你/这样/形容词词尾助词,……一样、……的样子/通"耳",而已、罢了

因:因为/趁(机会)/趁……变化而变化/于是/机会/理由

伐:砍伐/讨伐/夸耀/霸业

凡:总共/所有的/人间

修:修理/整修/长/写/延续/表示

信:送信人/媒人/书信/相信/信誉、诚信/随意/确实/同"诚"/同"伸"

方:道理/土地范围/才

籍:登记入册

窃:我/私下地/偷

寝：躺／搁在一边／丑陋

让：谦虚／责备

屈：使……屈身／使……投降／使……委屈

却：退后一步／然而

如：像／遵照／称心／到、到……去／自如、自若（同以前一样）／至于

躬：亲自

身：自己、亲自／身体

定：安定／静下来

奉：献／捧／接受

本：树干／树根／农业／以……为依据

末：树梢／商业／结尾

引：拔出／退／带路、引路

延：请

既：已经／……后／渐渐地／既……又／既……也／既而（接着、不久）

已：已经／完成／……后／中止／太、很／已而（接着、不久）

须：一定／等待

休：高兴／结束／休息／结束婚姻

尚：崇尚／推崇／还是／尚且／夸耀

爱：吝啬

书：《书经》《尚书》《书》（三者是一本书）／书信／写／书法／奏章／认字写字

孰：谁、哪一个／同"熟"，仔细

数：屡次、多次／数落／命运

率：率领／同"帅"／顺从／都、大概

遂：于是、就／成功／实现／完成／顺从／竟然

速：招致／迅速

岁：年成／年

爰：于是／才

特：三岁小兽／只／特别

公车：官府／上京赶考的书生

暂：一下子／突然

终：始终/完成/终于/终究/最终/总

违：离

图：贪图/对付/想办法/想办法对付

遇合：被人赏识/被人提拔

币：礼品/币制

仪：礼物/礼仪

闻：听说/懂得、知道/使……知道、报告

愿：老实/希望

约：约束/备

令：美好/使/命令/乖巧/尊敬

卜：选择/判断

至：到/到……去/周到/最/更/极

致：达到/到达/同"置"，添置、买

路：地方

资：帮助/天资/基础

子：姑娘/你、您/儿子/被公认有崇高道德学问的人

吾子：您

作：建筑/站起来/做

济：渡/帮助、周济/成功

爽：差错

左：不同

漫：胡乱/随意/不经意的/涨/弥漫

赂：赠送

制：制度/规矩/规模

辄：总是/就

斯：这/就

兹：这

犹：像、如/还是、尚且/同"由"

乐：(lè)快乐/(yuè)欣赏音乐/(yào)喜欢

先：死去的/祖先/尊敬的

鲜：新鲜/少

枉：弯曲/违背/白白地/敬辞之一

辱：侮辱/使……受辱/可耻/敬辞之一

所：地方/"所"字短语中的助词/什么/什么地方

听：听觉/听的动作/听从

区区：指小、少/诚挚的、同"拳拳""眷眷"

县官：(借代)朝廷、官府、皇帝

舍：舍弃/宿舍/安排……住宿/三十里/如果不是、如果没有

微：微小/打扮成老百姓的模样/身份低微/如果不是、如果没有

糜、靡：没有什么/浪费/倒下

志：情感/旨意/意思/志向/古代的一种文体/同"识"，记住、牢记、纪念

俨然：整齐的样子/像真的那样(可以有讽刺意味)

未尝：不曾/没有

悉：全、都/知道/熟悉/仔细

息：休息/繁衍/家族最小的男性

徙：变动/搬迁

效命：献上生命报答

谢：感谢/失败/告辞/回绝/告诫/道歉、请罪

兴：起来/文章的第一句/起兴、比兴

幸：幸亏/希望

严：尊重/重视/严格/严肃

灌：浇灌/同"盥"，洗

迎：正面/抵御/迎接/投降

逆：同"迎"，逆旅即"旅馆"/违背

与：赞同/参加/给予/朋友/同"羽"，如"党羽"

御：抵挡/驾驭/控制/马夫/车夫/与皇帝有关的东西

禁：禁止/皇宫

而：尔/如/然而/连词之一

且：一边……一边……/将/表示议论的开始/况且、并且……

是：判断动词/这/对的、正确的

仆：仆人/倒地/疲劳的样子/谦称"我"

某：某一位/谦称"我"

齿：同类（不齿：不屑、不视作同类）

奚：什么、啥/哪里

业：事业/从事职业/已经

徒：徒弟/只/白白地

乌：乌黑/为什么、哪里

盍（合音词）：何不、为什么不

宁：安宁、宁静/难道

曷：为什么、哪里、谁

叵（合音词）：不可

拜：跪拜/授予官职

殊：竟然/特殊、特别/绝对/很/不同

庶：富庶/希望/庶出

甫：男子美称/刚、才

恤：安抚/抚恤

颐：一百岁/脸颊

诣：到、到……去/造诣

诸：各位/（合音词兼词）之于、之乎

韦：皮、牛皮

故：以前的、过去的/因此、所以/旧交情/缘故

事：事情/为……做事、为……服务/典故/例子

阑：尽

了：完全/结束/了了＝聪明/同"寥"

第：府邸/只/表序数

略：大略、大致/掠夺、抢夺/侵略/巡略

工：精妙/工整、恭正

曾：曾经/竟然/辈分的一种

即：当时/就/假如

苟：假如、如果/苟且、草率、马虎

奇:出众/赞赏、佩服、器重

…………

各人文言文学习的程度与角度不同,这样的"双解"积累也可以有自己的特色。这方面占有的篇幅看上去似乎较多,其实并不多。若是每个义项都能找到一个例子,这样对照比较更加明显,效果也会好得多。注意,也必须强调一定的反复,否则功效也难持久。另外,有些词的义项解释,课文中没有,但常常考到。

③ 分类

有些词语的积累往往需要分类。其实,前两种"双解"本质上也用了分类。下面举些例子。

常见形容词词尾助词,解释"……的样子"或"……一样"的有:焉/然/尔/乎/貌。

常见凑音节的无意义助词,表时间的有:者/也。

常见合音词兼词有:盍(何不)/焉(于此)/叵(不可)/诸(句中—之于,句尾—之乎?)。

重要偏义复词有:出入/作息/公姥等,其他可类推。

我们还可进一步分类,如表"希望"的文言文词语有 5 个,表"难道"的文言文词语有 6 个,"矜"的解释有 3 种,"顾"的解释有 6 种……

翻译为"假如、如果"的文言词有:诚、即、使、苟、而、其……这类文言词很多很难记,先整理一下,再把它们排列一下,用通俗的形式连成句子,如"成吉思(汉)的狗儿(很)奇怪"……这样处理只为便于记忆,而"令""设"也可解释为"假如、如果",若不易记住,就安排到他处记忆。关键仍是多看多总结,有时候哪怕背出来,解题时也常常会忘记,只有多练才是。

2. 翻译

将文言文翻译成现代汉语,使用书面语比口语规范。

(1) 翻译从规范着手

① 句子成分要完整,缺的部分要补全,并加括号

例句:既罢,还内,过户限,不觉屐齿之折(司马光《资治通鉴·淝水之战》)

译文:(谢安下棋)结束以后,回内房去,在经过门槛的时候,没有感觉到脚底下木屐下面的木齿已经折断了。

这个句子少主语和谓语,必须补上"谢安下棋",并且加上括号。因为原句

结束没有标点，所以译文有没有标点没关系，但原句结尾有标点而不标点要扣分。

② 句子的语法现象要尽可能翻译清楚，做到语气连贯通顺

上一例句中"过户限"本质上是状语，"不觉屐齿之折"是宾语前置，"屐齿之折"是宾语，"之"为宾语前置的标志。这些要尽可能翻译准确。

例句：且夫芷兰生于深林，非以无人而不芳（荀子《荀子·宥坐》）。

译文：芷兰在深深的密林里生长，并不是因为没有人发现就不展示自身的芬芳。

这句中的语法现象较隐蔽。"非"怎么翻译？"以"怎么翻译？"芳"的意思是什么，为什么必须名词作动词翻译？

③ 表示时代、朝代、官职的词语可以不译

怎么能翻译"庆历""万历""中贵人""移中厩监"等呢？ 既然与文章的内容没有多少关系，不译自然是可以的。

④ 文言文中的有些词语如果有歧义，一般可以不译

例如，"购之以千金"中的"千金"指什么？ 是"一千两金子"吗？ 还是"一千斤银子"？"金"是指"金""铜"，还是"银"？ 是宋代以前，还是宋代以后？ 宋代也有用金子的，也有用银子的，那么"一千斤银子"该如何表达？ 也许这些词语的精确翻译只有专家才能完成，考生在有限的时间里是不可能准确翻译的，因此可以不译。

⑤ 文言文中关于阴阳、左右，"朔""望""晦"，以及方位名词的译义要符合文章的情况。

如：山南水北为阳；山北水南为阴。"朔"为农历初一，"望"为农历十五，"既望"为农历十六，"晦"为农历每月最后一天。

"虚左"指空出左边的位置古人以南为尊，面对面时，他人左的位置是我们的右边。因此，"虚左"就可解释为"空出左边最重要的位置（右边）"。古代尚右，"江右"可译成"江西"，"浦左"就是"浦东"……

⑥ 文言文中有些词语如果不知道含义，可以借用互文见义来翻译

⑦ 文言文的翻译要尽可能流畅、通顺

（2）难句、名句翻译

难句、名句的翻译只有特别注意才能记得牢。现代汉语中有很多成语，这

些成语通常是古文形式，牢记这些成语及其翻译，对文言文学习的积累很有效。

"河水清且直猗"（《诗经·代檀》）：黄河的水清澈，泛起平直的波纹。注意这里的"河""清""直"的翻译。

"与少乐乐，与众乐乐，孰乐？"（孟子《庄暴见孟子》）：与少数人一起欣赏音乐的快乐，和与多数人一起欣赏音乐的快乐哪一个更快乐呢？注意这里的"乐"的读音与译义。

"项伯乃夜驰之沛公军"（司马迁《鸿门宴》）：项伯于是在夜里骑马赶到了沛公的军营。注意这里的"夜""驰""之"的译义。

"相逢何必曾相识"（白居易《琵琶行》）：我跟你见面，为什么一定要曾经认识你，（才成为知己呢）？注意这里的"相"的含义，以及括号中的意思。

"人为刀俎，我为鱼肉"（司马迁《鸿门宴》）：（现在）人家像刀和砧板，我们像（砧板上的）鱼或肉，（任人宰割）。注意括号中的意思。为什么非加不可？

"东船西舫悄无言"（白居易《琵琶行》）：周围的船（上的人们）都静悄悄的没有声音。注意"东""西"是虚指，"船""舫"使用了借代。

"总为浮云能蔽日，长安不见使人愁"（李白《登金陵凤凰台》）："我"总认为（朝廷里的奸臣）像浮云遮蔽着太阳那样（蒙蔽着皇上的耳目），（我）见不到皇上，让人忧愁。注意括号中的意思，想想比喻、借代的意思应怎样表达。

"三人行，必有我师焉"（《论语·述而》）：几个人在一起行走的话，其中一定有我学习的地方。注意"三""师"的含义，以及语法现象。

"师道之不复可知矣"（韩愈《师说》）：从师的风尚没有恢复是可以知道的了。注意为什么用"之"？以及"矣"的译法。这句的主语是"师道之不复"。

另外，请思考"军功自若"为什么译成"军功同过去一样"，"神情自如"为什么译成"神情同以前一样"。

…………

几乎每篇文言文课文都有几句翻译值得注意，收集起来也不难。下面是成语的翻译。

"具体而微"：形体具备，规模较小。

"休养生息"：高高兴兴地过日子，繁衍后代。

"铤而走险"：飞快地奔赴险地。

"厉兵秣马"：把武器磨得（很锐利），把马喂得（饱饱的）。

"草菅人命":像对待草那样粗暴处置人的性命。

…………

这些成语也有必要翻译一下。找一本很薄的《成语词典》，花一个假期看一遍，然后重点记忆一下特别要注意的成语即可。

五、文言文常见的题型

文言文常见的题型较固定。

1. 文学常识及诗词曲体裁、题材、内容的知识

有关诗词曲的体裁、题材、内容的知识前文已专门介绍。文学常识的范围很广，只能靠平时的积累。要注意历代文学流派和特点，以及代表作家作品，以课文教过的为主，适当拓展。

2. 古代诗词曲的鉴赏

此类题型常常要求考生对一个词、一个句子或整首作品作鉴赏，乃至与另一个作品进行比较鉴赏。我们可将这个题型看作一种文学评论，是书评的一种形式，可以写成议论文片段。下面介绍这种题目的一种解题方法。

古诗词曲鉴赏四点法：(1)鉴赏部分的艺术手法或题干确定的艺术手法；(2)与艺术手法有关可作为论据的原作品中的句子，要用上两个或两个以上的双引号；(3)写出的文句较美和抒情；(4)说明鉴赏部分与作品整体的关系，与主旨的关系。

这里的第一点就是这个片段的论点。第二点是论证，最好两次论证，否则显得浅。要加上两个或两个以上的双引号是为强调论据来自原文。第三点要求这个片段的语言优美。作为鉴赏怎么能不美？第四点要从整体出发，考虑部分与整体的关系、手法与主旨的关系。这种古诗词鉴赏四点法，按次序看，其结构就是"总—分—总"。

这种题型几乎每次考试都有，须认真练习。常言道："一次过关，次次过关。"每个题型都做到点上，一般说来，练习7次就能从容应对了。

3. 文言实词的解释

对学过或没学过的文言文句子中某一加点词的解释，写在后面括号里，一般有四个，总分值为四。此类题型的答案基本上在前面的200个实词中，偶尔也有新的或生疏的。

4. 文言虚词的解释或选用

文言虚词作为一个词可以有许多词性，下面关于实词的含义尽量不解释。

而：如、像（介词）/尔，……的样子、……一样（形容词词尾助词）/然而（连词）/同"来"（连词）/或组合成短语表并列、顺接、转折、修饰（连词）

以：因为（连词）/凭、靠、把、用（介词）/而、来（连词）/常用于介宾后置（介词）

之：常用于宾语前置、定语后置、取消句子独立性的标志（助词），有时也作为凑音节的词，但没有实际意义，如"顷之""久之"

于：在/比（介词）

其：同"岂"，一定、还是、大概（副词）/如果（连词）

则：却（连词）/就（副词）

所：常用于"所"字短语（助词）

且：一边……一边……（连词）/发语词，表议论的开始

焉：……的样子、……一样（形容词词尾助词）/啊（语气助词）

因：因为（连词）/于是（连词）/凭借、通过、趁（介词）

与：和、同、跟（连词）/欤（语气助词）

者：表停顿（助词）/表判断、定语后置的标志（助词）

乎：形容词词尾助词/同"于"，用于介宾后置（助词）/句中停顿（助词）/呢、吗（语气助词）

无乃、得无：恐怕、大概（副词）

有些双音节的连词我们必须熟记。

无以：没有什么办法用来/没有用……

"无以"有时可译4个字："没有什么"；有时可译6个字："没有什么办法"；有时可译8个字："没有什么办法用来"。当"用"只能作介词时，就译作"没有用……"了。

有以：有什么办法用来/有用……

有所：有什么（地方）/有＋"所"字结构

无所：没有什么（地方）/没有＋"所"字结构

然则：既然这样，那么

是以/以是/是故：所以、因此

5. 文言语气词的选用

常用语气助词有 8 个，都在句尾，表语气。

焉：有赞赏的意味

为：在句尾，相当于"呢"

耶/邪：常常有反问语气，"吗"或"呢"

也：句子的结束，通常采用叙述

矣：表已经完成或将要完成，通常同"了"

乎：用于赞颂或疑问，常常相当于"呢""吗"

与：即"欤"，通常表反问，相当于"呢""吗"

哉：赞叹语气，或表反问，相当于"啊""呢"

6. 句子翻译

此题型一般为两句，分值为六。这道题失分率很高，学生必须多加训练，熟悉前面讲的规则等。

7. 断句

古文本无标点符号，读书人只要能把文章读通就可以。有的人经过摸索能读通，有的人则会闹出许多笑话。断句，又称"句读"，一般说来，句读能力强，文言文阅读能力也强。断句是没法做到标点符号使用精确的，只要能断开就可以了。这种题型有两种。第一种是要求考生把一句不加标点的文言句子断开。操作时建议先看分值，按分值数决定断几处，因为有的句子的断开处可多可少，而且这样做通常是对的。第二种用选择题形式，给出 A、B、C、D 四个选项让考生选择。因为可以借助比较，所以这类题型一般也能正确判断对错。

8. 对人物传记中人物性格的归纳及艺术手法的表述与赏析

性格的组合通常用四字格来表现，如果分值较大，就必须用具体事例说明每个性格。艺术手法要先确认再论证。

9. 对文言文中说明文的说明方法的作用与赏析

对说明方法的一般作用，即"科学""客观"和具体作用须阐述清晰。这类赏析题本质上是一种论证。

10. 对古代散文主旨或艺术手法的赏析

要明确散文的写作对象、主旨，再对艺术手法作确认，把见解化为论点，作两次论证或用两个例子来举例分析。

11. 对文言议论文论证特色的分析

首先，要回答清楚文章采用的论证方法。其次，论证特色或特点通常有：（1）充满辩证法（着眼点在于论点全面，不绝对）。（2）叙事寓褒贬（论据表述中有赞赏或批评的意味）。（3）举例寓讽刺（论据表述中有讽刺意味）。（4）层层深入，由浅入深（论证过程可清晰分出阶段）。（5）论据充分，说理深刻（有较多论据，多次论证）。（6）以子之矛攻子之盾（用对方的论据来证明另外的论点，从而表明对方的论点是错的）。

……

答题的文字组织结构可以是"总—分"或"总—分—总"。

15　容易讲错的知识点

我过去听课常常期待有让人耳目一新的课或教师。因为听课虽然有评价或欣赏的意思,但本质上是向他人学习的最好时机。当然,我也听过让人赏心悦目的课,也曾为找到挺有才华的教师而庆幸不已。然而,曾几何时,我开始巴望能够听到没有明显差错的课,因为没有差错的课真是不多。

上课起码要科学,要相对准确。语文也许有点特殊,但不讲错是基本的要求。我常常反思:自己难道就没有错吗? 何必对上课的教师斤斤计较。后来我想,为了语文本身的严谨性,还是应当纠错的,不过有时讲得少有时讲得多。此外,我很反对"愤青",尤其对"老愤青"没有好感,为什么要对他人、对时代、对社会愤愤不平呢? 我在想,我的做法是不是"老愤青"呢? 我想大概不是吧,因为我很爱语文,也很爱我们的语文老师,我实在不希望我们的语文老师上课有明显的错处。突然听到明显的错处,就像让人贸然吃了个螺丝。这是很煞风景的,甚至影响下面听课的情绪。

我现在把我在听课时经常听到的差错尽可能多地指出来,并不是说我就一定是对的,而是希望能够引发讨论,并引起重视。我这样做的目的是把课上得更好,或者不要误人子弟,如此而已。

常见的差错各式各样,划分不见得科学,大抵可分为文章构成、基本手法、逻辑、文言、现代汉语语法等方面。

一、文章构成方面

1. 关于语体与文体

首先,语体的下位概念只有书面语和口语。书面语规范、严谨,口语富有生活趣味,俗语是口语的一种。

其次,对于文体,初中一般可将文体分为记叙文、议论文、说明文、实用文。实用文包括日记、公文、笔记等。高中还须明白,文学体裁有小说、散文、诗歌、戏剧。关于文体还要弄清纪游体的议论文同样属于议论文范畴。它是以游记的形式写的议论文，有论点、论据和论证方法（古代散文与现代散文，所指的不一致）。

2. 关于标题

标题有两种形式，一种是以词、短语或短句为标题，另一种分正副标题。标题有实与虚之分，正副标题不能全用实的也不能全用虚的，而应该一实一虚或一虚一实，如贾祖璋的《南州六月荔枝丹》便是虚标题作正标题用，"荔枝今昔"就是实标题作副标题用，当然课文并没这样用。正副标题分两行，中间加破折号，后面的是副标题，前面的是正标题。

标题通常以写作对象为依据，也可以主旨为依据，记叙文还可以线索为依据。兼有以诗歌或名句为标题的，总有这样的作用，即增强文学性，提高读者阅读兴趣等，如贾祖璋的《南州六月荔枝丹》，其题目就用了明朝陈辉《荔枝》中的诗句。

3. 关于文章的开头与结尾

文章的开头是哪段或哪几句？根据不成文的规定，一般指文章的第一段、第二段。结尾则是文章倒数的第一段、第二段和第三段。结尾又叫"文末""收笔"。

文章开头使用诗句，也是为增强文章的文学性，提高读者的阅读兴趣。贾祖璋的《南州六月荔枝丹》一文的开头就引用了白居易《荔枝图序》中的句子。

4. 关于写作对象

每篇文章都有写作对象。根据文体的不同，常常也称"叙述对象"或"记叙对象""抒情对象""议论对象""说明对象"等，即使是实用文也有写作对象。写作对象是一个极概括的词语或短语，如《南州六月荔枝丹》的写作（说明）对象是"荔枝"；《最后的常春藤叶》的写作对象是"年轻的贫困艺术家"；《阿房宫赋》的写作对象是"阿房宫"等。有的教师或学生不知如何把握写作对象，其实人人都会，文章有好或差，但文章的写作对象都有，而且一般都不会错。写作对象一般可从标题、开头和阅读的题目中感受出来。

5. 关于文章篇或段的结构与归纳

先从篇讲起。篇的结构一般都是"总—分—总""总—分"或"分—总"的很少，并列的几乎没有。考试中常常出现篇的并列结构，是由于本身是节选，或者是在讨论交流中的片段。段的结构基本上就是"总—分—总"或"分—总""总—分",以及并列关系。开头段与结尾段的结构比较自由。

结构旨意的归纳要依据文体而定。这里也先从篇说起。如果篇是记叙文，那么归纳要用"通过……歌颂……揭示……"的形式。如果篇是说明文，归纳能说明中心即可。如果是议论文，则只要给出总论点加上现实针对性就可以。

段的旨意归纳，除了开头段与结尾段，记叙文一般采用"六要素＋表达方式"的形式，六要素不必求全。例如，欧阳修的《秋声赋》的第一段是"作者在夜里听到秋声并作描绘"，第二段是"作者进一步对秋声作描绘并议论"。说明文的段的旨意就是说明内容。如果结构是"总—分—总"，那么是对头尾的总的归纳；如果结构是"分—总"或"总—分"，那么找出总的部位，然后归纳；如果是并列关系，那么以一句话的形式叠加一层层的内容用。议论文段的结构基本上是"总—分—总"，或"分—总"或"总—分"，分论点就是答案，常见于"总"。开头段的归纳一般要出现写作对象，结尾段的归纳要照应头尾把意思讲清。说明文要顾及说明中心，议论文的结尾段要列出总论点，体现文章的现实针对性。

6. 关于过渡与照应

过渡有三种形式：一是用过渡句；二是用体现过渡的词语，即连词，如"但是""更进一步说""尽管"等；三是用过渡段来表示。我们要特别注意文章中段的开头与结尾。

照应指一句或某个词语，与文章的其他段在内容上有联通之处。开头与结尾之间的照应通常称为"头尾呼应"。

7. 关于叙述方式

叙述方式包括倒叙、正叙、插叙、补叙。其作用参见前面相关部分。

8. 关于叙述六要素

叙述六要素是时间、地点、人物、事件、原因、结果。前四要素出现频率最高。教师易在两个地方出错：一是不存在"记叙六要素"的提法，因为"记叙"就是"叙述"加上"描写"；二是六要素中是没有"经过"，只有"原因"和"结果"。叙述六要素用英语的表达就是"五 W 一 H"（when、where、who、what、why、how）。这是国际通用的说法，不应随意变动。

9. 关于表达方式

表达方式有五种：叙述、描写、抒情、说明、议论。因为记叙包括叙述和描写,所以正规地说,没有"记叙方式"的说法。若非以记叙方式表述,则包括叙述与描写两个方面。

10. 关于文章的思路与线索

不管是什么文体,所有文章都有思路。思路指先写什么、其次写什么、最后写什么的安排。

线索是记叙文的标志。只要有线索,就是记叙文,反之也一样。

脉络的下位概念是线索和思路。记叙文的试题有的考线索,有的考线索也考思路,线索与思路两者合称"脉络"。如果要问议论文或说明文的脉络,那么只能写上文章的思路,因为这两种文体没有线索。

一篇记叙文的线索中若有时间因素,也就是说,已有别的线索,那么时间就退为顺序。同样,因为脉络有时间的因素,所以也必须退为顺序。表述常常是"文章以……为顺序,以……为线索,歌颂……揭示……",或"文章以……为脉络,以……为线索,歌颂……揭示……"。

11. 关于描写

记叙类的文章,描写是大宗。人物描写重在塑造人物性格。人物描写手法有四个:外貌、肖像、神态、情态;动作、行动、行为;语言、对话;心理(第一人称、第三人称)。第一人称心理描写又称"内心独白"。换句话说,塑造人物性格有四种描写方法。

景物描写也是一个大宗,包括自然景物描写、社会环境描写、场面描写三类。对人物性格而言,景物描写起到的是渲染氛围的作用。

正面描写、侧面描写、反面描写主要在人物描写之中,也有景物描写的正面、侧面、反面描写,但是不多,考查得也少。学生要在具体的人物性格分析中认清什么是正面描写、侧面描写、反面描写,以增强印象。

白描与细节描写主要用于人物性格塑造,但也有用于景物描写的白描与细节描写。须注意的是,没有黑描,与白描相对应的是素描,它也可作为一种描写方法,但很少使用。

12. 关于氛围、基调与意境

提到氛围,应马上联想到社会环境描写或场面描写,因为社会环境描写和场面描写的作用之一就是渲染氛围。

散文的全文常常有基调之说。散文的基调常常是第二自然段中的氛围。

在表述中,氛围的范围几乎与基调一致。如果说我们常常可从氛围推出主旨,那么基调也应该可以,不过要把它化为表述主旨的句子。

意境可从美的形态中推出,也可从使用的写作方法营造的感觉中推出。

因为主旨统帅全文一切因素,所以氛围、基调、意境的表述常常几近相同,但在语言组织上略有差异。

13. 关于论证

议论方式有两种,即立论与驳论。高中现在大都教和写立论。立论都是从正面提出论点,其论证方法主要是举例论证、引用论证、类比论证和对比论证。关于驳论,通常有先驳后立、边驳边立,使用的方法则有归谬法、反证法等,在教和写中,驳论通常很少提及,考试也不作要求。

举例论证,也称"例证",是论证方法之一。可进一步分为三种:典型举例论证,即所举的例子有典型性,是大家都知道的,很能证明论点,有六要素;一般举例论证,即用的例子虽是真实的,有六要素,但说服力不足;概括举例论证,即所用的例子显而易见,甚至不必用到六要素,能很有力地证明论点(参见鲁迅《中国人失去自信力了吗?》)。

议论文的规范结构由引论、本论、结论构成。"议论文的结构是提出问题、分析问题、解决问题"的说法是不妥当的。议论文的现实针对性指文章是针对什么社会现象,往往包含在主要论点中,可从主要论点中推出,甚至就是主要论点。

14. 关于说明

考试考到的说明文,常常与教授的说明文不那么一致。考试常常考论说文,一种既有议论文的因素也有说明文的因素的文章。这常常导致一些学生只关注议论文,对说明文却不甚关心。关于说明文,我们必须关注它的作用,即文学性与科学性的统一,对说明方法也应该有所掌握。

15. 关于特殊的句子

文章中有些句子是特殊作用,如中心句、主旨句、关键句。中心句通常是与文章中心内容有关的句子。主旨句是不是一种中心句呢?是的。主旨句肯定是中心句之一。关键句就是与主旨有关的重在结构的句子。凭借关键句可以理解作者的行文思路。以前有缩写的练习或试题，缩写的重点就是找到关键句，往往有它就有结构。

二、基本手法方面

1. 虚与实

在高中，"虚"常常出现。"虚"通常指精神上的、想象到的内容。"实"通常指真实存在的、可触可摸的内容。例如，李商隐的《夜雨寄北》中，"何当共剪西窗烛"这句里的夫妻之情是真实的、可感觉到的，而"共剪西窗烛"哪怕写得再具体，也是想象的、虚拟的情景，因此称为"以虚写实"手法。

2. 情与景

王国维的"一切景语皆情语"可以这样分析：一是有景语也有情语，二者的联系几乎是同一的；二是有情语而没有景语，的确，在有情人眼中，万物都受情的影响，他们关注的是对方的情，任何景都只能退下，不被关注；三是有景语而没有情语，但从景语中可以感受到情语。问题在于，如果个体感受力低下，不能从景语中感受到情语，怎么办？不管情况如何，艺术本就处在这样的有无之间。

那么，借景抒情与寓情于景是不是一样的？从细微处说，二者不同。借景抒情可以有景语有情语，二者合一；也可以只有景语，情语要从景语中揣摩出。寓景于情则只有景语。不管怎样，只要可以，从长计议总是对的。两种说法都有"景""情"二字，也就可称为"情景交融"。由于"寄"与"寓"是一个意思，所以也有人称"寓情于景"为"寄情于景"。

3. 化用、用事、用典

用事和用典是一回事，都是古文中的同一说法，现代汉语中也有，那就是引经据典手法。引经据典手法一般用于议论文，具有丰富论证内容、增强说服力的作用。

化用手法就是化用典故的意思，但不能等同引经据典手法。首先，二者对不同的论点、论证负责。其次，化用手法化用的不一定是典故，也可以是诗文。引经据典手法则必须用到典故。再次，使用时方法不同。化用手法使用时要出现原处的标题、作者、原句、原来的意图和现在使用的意图，而使用引经据典手法，只要出现典故、现在使用的意图，其他的可有可无。最后，化用手法使用的典故或诗文，常常出处不很明显，读者看得出或看不出都可以，甚至不影响理解。

4. 衬托

衬托是一种写作手法，它有正面衬托、侧面衬托和反面衬托，即正衬、侧衬与反衬。衬托的作用就是烘托主要人物、事件、主旨。反衬常常可以作"对比"来对待，一般不会算错。但是反衬本质上不是对比，其上位概念是衬托，是一种写作手法，对比则可归为修辞。

5. 修辞格：通感、叠词、顶真、双关

有些修辞格若教授不到位，学生没有理解透，容易造成误解。

通感，从字面解释就是感觉打通，即移觉，可分为两种。一种是以比喻形式出现的通感。例如，"说话如飞剑那样快而准"一句，说话是听的，飞剑是看的，借用比喻使两种感觉相通。另一种不用比喻形式，如"旧社会很苦，新社会很甜"，这里的"苦"和"甜"本来是一种味觉，说的却是另一种意思。"这间房间很响亮"中，"响亮"是听觉，言下之意是"房间很宽敞、明亮"，而这是视觉。

叠词是古文中的一种修辞格，现代文的分析中现也常用，其作用是使文章富有节奏感、音韵美。

顶真也是一种修辞格，课上常常不教，但是会考到。它的结构是，上一句的最末一个字或词与下一句开头的一个字或词相同，语言连贯，富有概括性。如果连续顶真，使最后一句与第一句相连构成一个环，在修辞上也称为"回环"。回环本质上是一种特殊的顶真。

双关比较简单，有语义双关与语音双关两种，可参见前文或歇后语。

6. 虚指

虚指是一种写作手法，包括四种：方位名词虚指用法，如"东船西舫悄无言"（周围的/附近的）；数量词虚指用法，如"飞流直下三千尺"（很长很长）；指示代词虚指用法，如"瞧瞧这看看那，老是看不够"（很多新东西）；人称代词虚指用法，如"我在寂寞中无人可诉"（每个人都会……）。

7. 虚拟

虚拟指虚拟手法，为写作手法之一。虚拟借助假设、想象，把不存在的情景再现出来，表达情感真切、思念、向往的感觉。

三、逻辑方面

1. 从属、包容与上位、下位

从属指几个小概念都从属于某个大概念。包容指一个大概念可以包容若干个小概念。上位概念就是大概念,由若干层次的小概念构成。小概念就是下位概念。例如,如果"人"是上位概念,它就包容下位概念"男人""女人""老人""小孩""活人""死人"……

从属、包容与上位、下位是基本的逻辑划分,是逻辑学的专门术语。有很多教师对此不理解。这样指导的学生就会概念混乱,题目做不好,作文也难写好。

2. 判断方式与人称

判断就是对事物有所断定,有肯定判断与否定判断之分。判断方式有三种:全称判断、特称判断、单称判断。例如,"自然界有新陈代谢"这句的"自然界"既是全称,可理解为"自然界的所有东西",也是单称,可理解为"这个自然界"。"有些人活着如同死了"这句的"有些人"是特称,介于全称"所有的人"与单称"这个人"之间。

你明白"中国人失掉自信力"是错的吗? 你明白为什么"有些中国人失掉自信力"是对的吗?

3. 下定义

通常,规范的下定义是概括出定义对象的内涵和外延。定义对象=种差+属概念。例如,"笔是书写的工具,如铅笔、钢笔,以及临时在地上写字用的手指或树枝等"。这里,"笔"是定义对象,"书写的"是种差,"工具"是属概念,这句揭示的是"笔"的内涵。"笔"的外延是"如铅笔、钢笔,以及临时在地上写字用的手指或树枝等"。在语文考试中,定义的外延往往可以忽略,内涵则更显重要。

下定义有四个规则:不能用否定形式;不能用比喻形式;不能同语反复或同义反复;左右两边相应相称。换言之,以否定形式下的定义是错的。那么,从句子的对与错来衡量,什么样的否定形式的句子是对的呢? "有些人失掉自信力"是对的,"中国人失掉自信力"是错的,因为前者是特称,后者是全称或单称。因此,特称的否定形式的句子是对的,单称或全称的否定形式的句子是错的。下定义不能用否定形式。

4. 比较、类比、对比

比较的下位概念是类比、对比。也就是说，提到比较就应该考虑类比与对比。

两个事物的比较，要么在相反事物之间的对比中找特征，要么在非相反事物之间寻找共同点。对比本是一种修辞格，从逻辑上讲，就是两个事物之间的每一处都构成相反关系。类比，从逻辑上讲，是推理的一种。既然两个事物有许多相同点，那么这个事物有一些不知道的特点，就能从相对应的另一个事物的某些特点上得到启发。

比较、对比、类比和衬托，四者都有多个方面。有些教师梳理不清具有多个方面的事物之间的关系，这因此也成了一个教学难点。我们建议教师在教学中尽可能多用例子少用术语，只要让学生理解就可以。

5. 辩证统一与对立以及归纳与演绎

"辩证统一"这个表述是正确的，"辩证对立"这种表述是有问题的。事物的两个方面终究是辩证统一的关系。如果说事物的两个方面既是辩证的又是对立的，就会陷入矛盾之中，怎么就不能和谐交融呢？

把几个观点叠加起来或找到它们的上位观点，我看就叫归纳。"叠加"是从语言的组织上说的，"由下位到上位"是从逻辑上说的。

从处于上位的观点出发，合理地找到一个或几个或并列或递进的下位观点，这个过程就是演绎。"因为我们是为人民服务的，如果我们有缺点就不怕别人批评改正……"这一句中"为人民服务"是上位观点，"如果我们有缺点就不怕别人批评改正……"是"为人民服务"的下位观点。与它相仿的下位观点有很多，这里无法穷尽。

归纳、演绎与类比一样，也是逻辑的一种推理方法。

四、文言方面

1. 常识

字义是常识方面常见的问题。例如，"诗言志"中的"志"该怎么翻译？"志"有许多义项，这里的"志"作"情感"解，这是个常识。"寻向所志"中的"志"怎么解释？"所字短语"中"所"后面的词必须作动词解，要译成"作标志"而不能译成"标志"。"吾子"要译成"您"，而不是"我的儿子"或"我和儿子"。"子"的本义之一是"处子、姑娘"等。

题材与体裁要分辨清楚。押韵及平仄要理解清晰。我听过一堂课,是讲比兴与起兴的,结果教师全讲错了。"起兴"是开头的第一句,"比兴"是这第一句与主旨有类比含义。"比兴"与"比""兴"(《诗经》之义)是两码事。

文学常识主要是作家、作品,还有文学流派,以及各流派的主张,以教科书上课文中出现的为重点。

2. 词性活用

名作动(使动、意动、为动)、名作形、名作状,动作名、动作形、动作状,形作名、形作动、形作状……请仔细看,其中有没有不规范的? 下面我还会列出一些,要力求规范。我就听到过一位教师硬把名作状称为"名作副"的,他的"状"一律称为"副",理由是"既然全用词性"表示,为什么要名作状呢? 岂不知状语不一定是副词,还可有"介宾结构"或其他。我看还是以约定俗成的为好。大家都能懂,多好,为什么一定要别人听不懂呢? 大家都懂,就算是约定俗成了,合乎规范了。

词性活用中最难的是名作意动、动作状、形作名。

"名作意动"——"其闻道固先乎吾,吾从而师之"(韩愈《师说》)这句中,"师"译作"把他当作老师"或"我认他为老师"。如果译作"向他学习"就有名作动之嫌,反倒不好。

"动作状"——"项伯乃夜驰之沛公军"(司马迁《鸿门宴》)这句中,"之"是动词,可译为"到……去";"驰"也是动词,属动作状,可译为"骑马飞快地"。动作状在翻译时通常要加上"……地"或"……着"。

"形作名"——"以天下之美为尽在己"(荀子《秋水》),这句中的"美"要译成"美景",否则怎么翻译都会错(这不是"定语后置")。

使动、意动、为动用法是词性活用的一种。教师要让学生记住:既可作使动又可作意动的,一律作使动;既可作意动又可作为动的,一律作意动。

使动用法最易忽视的是名作使动,还有要加上"之"的使动用法。例如,"肉骨"即"使死人骨头上长出肉";"可烧而走也"中的"烧""走"后加"之",作使动处理。

意动用法中最难的是名作意动。

为动用法要让学生注意,"为"的后面必须是动词。例如,"死之"即"为……

而拼死";"序之"即"为之而作了这篇序"。

词性活用重在对词性的把握。词性确定了,词性活用的具体内容便清楚了。例如,"木直中绳"(荀子《劝学》)的主语是"木直",是主谓短语作主语,因此"直"就是形作动,译为"要锯得直"。同一课文中的"金就砺则利",主语是"金就砺",它相当于省略句,省略"于",即"金就于砺",而"就"在文言中一律为动词,于是译作"金属在磨刀石上打磨";"利"是谓语,是形作动或名作动,译为"变得锋利"。这一句有许多人译错。

3. 倒装句

倒装句的类型有宾语前置、定语后置、介宾后置、主谓倒装、特殊倒装。前面几种都已讲过。听课时,我发现最大的问题出在古诗词特殊倒装句。这些倒装句有的是为了押韵有的是为了平仄。

例如,"多情自古伤离别"(柳永《雨霖铃》)要译为"自古以来多情的人为离别而悲伤。"这里的"多情"翻译时应放在后面,是一种倒装。还有如"交戟之卫士欲止不内"(司马迁《廉颇蔺相如列传》),这里的"交戟之卫士"是倒装,指皇宫的仪式,这样用是为了强调。这虽然不在教学范围内,适当讲一下也应该,要不学生问你怎么办?

4. 比喻句

文言文中的比喻句可以看作判断句,应尽可能把意思翻译清楚。例如,"胜友如云"若翻译成"有声望的朋友像云朵一样",这怎么行呢?文言文比喻句的翻译要看句子的本意,把比喻翻译清楚。该句应译为"有声望的朋友们纷纷像云朵聚集起来,很多很多"。这里的"很多很多"就是句子的本意。又如,"归心似箭"如果译成"回家的心像箭一样",那怎么行?应该把比喻的意思译清楚,如"急于回家的心像箭那样快似的……"

5. 反问句

文言文中的反问句可看作一种判断句。

6. "一、三、五不论,二、四、六分明"

这一句最好背下来。虽然它并不很规范,但很有用。首先,对古诗的押韵而言,2、4、6、8句的最后一个字要押相同的韵,而1、3、5、7句的最后一个字就不要求押韵。其次,这一句对平仄也适用,每句的第二、四、六个字,平仄要符合要求。

从押韵来说，诗歌往往是1、2、4、6、8句或2、4、6、8句的末尾一词押韵。这方面，此句没有说全。

7. 对偶、对联

对联不一定是对偶。今体诗中的首联与尾联不一定是对偶，但额联、颈联必须是对偶。写春联时，上下联对偶固然好，但不是对偶也可以，把它们看作首联、尾联就可以。但是，右为上联，左为下联，上下联可以内容来作区分。此外，下联的最后一个字必须是平声，这也是区别上下联的一项标准。

8. 确定今体诗八句位置的技巧

为快速分清今体诗的八句，首先要找到额联、颈联。辨别的技巧是：依次用数量词、叠词、形容词、名词找出对偶，然后再根据内容区分前后，以及首联、尾联。

题干：下面是一首七言律诗，八句都打乱了，其中第二句是"碾冰为土玉为盆"。其额联是（   ），颈联是（   ）。

（1）秋闺怨女拭啼痕

（2）偷来梨蕊三分白

（3）半卷湘帘半掩门

（4）娇羞默默同谁诉

（5）借得梅花一缕魂

（6）月窟仙人缝缟素

（7）倦倚西风夜已昏

解题与分析：诗歌押韵的是2、4、6、8句的最后一个词。现在已知第二句，推知押的韵母是"-UN"。先根据数量词找，一个是"三分"另一个是"一缕"。从押韵分前后，那么是"偷来梨蕊三分白"，还有"借得梅花一缕魂"，但不清楚这两句是额联还是颈联。再看叠词，只有一句有"默默"，其他都没有，那么它是首联或尾联中的一句。然后找名词，根据有押韵的是下句的原则，它们是"月窟仙人缝缟素"和"秋闺怨女拭啼痕"，这两句是一组对偶。再根据内容的渐进分析，就可以填空了：额联是"偷来梨蕊三分白""借得梅花一缕魂"；颈联是"月窟仙人缝缟素""秋闺怨女拭啼痕"。

这一首诗的顺序应为：

倦倚西风夜已昏，碾冰为土玉为盆。

偷来梨蕊三分白,借得梅花一缕魂。

月窟仙人缝缟素,秋闺怨女拭啼痕。

娇羞默默同谁诉,半卷湘帘半掩门。

根据首联与额联的关系,以及颈联与尾联的关系,我们可以将打乱的诗句整理好。根据整理后的诗句,我们可以发现,押韵的是 1、2、4、6、8 句。

五、现代汉语语法方面

1. 复句

常教或常考的复句有四个:并列复句、递进复句、因果复句、让步复句。

我们可以把连贯复句、承接复句、总分复句(分总复句)归入重新处理后的并列复句范围,甚至因果复句都可归为上位概念的并列复句。部分并列复句关联词要重点记,包括:"不是……而是……"(注意:"不是……就是……"是选择复句的关联词)、"是……也是……""既……又……""既……也……""此外""另外""例如"等。

递进复句的关联词包括:"不但……而且……""尚且……何况……""……从而……""……而且……",还有"最""更""极""再"等。

有的因果复句可以归为并列复句,但也有独立的因果复句,其关联词为"既然……就……""之所以……是因为……"等。

最后讲讲让步复句。让步复句本来在中学阶段是不教的,但考试考过。关联词为"即使……也……""尽管……也……""虽然……也……"的是让步复句中的假设复句;关联词为"即使……但是……""尽管……但是……""虽然……但是……"的是让步复句中的转折复句。

另外补充条件复句。对于条件复句,通常只要记住关联词"只有……才……""只要……就……"即可。无条件条件复句的关联词为"无论……都……""不论……都……""不管……都……"。要注意,条件复句、无条件条件复句,如果光凭关联词,有关联词也可能是单句,关键要看有几个谓语。

2. 句子基本成分

句子基本成分有主语、谓语、宾语、定语、状语、补语。它们的前后位置一般分布为"(句首)状语＋定语＋主语＋(句中)状语＋谓语＋宾语＋补语"。

解题时,对于句子成分的处理,通常采用主干分析法,即只分主语、谓语、宾语。句子的强调成分，如定语、状语、补语都包括在主语、谓语、宾语中。

3. 短语

在基础教学中，短语简略地分为名词性短语、动词性短语、形容词性短语三种。这样虽满足一般教学要求，但我们应把短语系统地教给学生，因为这至少对学习文言文是有利的。

系统的短语有 16 种：

主谓短语：祖国伟大、人们幸福。

动宾短语：挑水、建造高楼。

并列短语（联合短语）：工人农民、农民工人、讨论学习、学习讨论、洁而净、净而洁（注意：并列短语中的词可前后调换）。

数量短语：十二个、一座

"的"字短语：买菜的、戴眼镜的

"所"字短语：所求、所见、所闻

方位短语：墙上、三年前

同位短语（复指短语）：司机老张、我们大家、北京首都

偏正短语：我的妈、快走、来一趟

固定短语：铤而走险（成语）、怨天尤人（成语）、人大（紧缩）、乡办（紧缩）

能愿短语：能告诉、会打胜仗、可以出席

趋向短语：到老师家去、去看电影

介宾短语：在夜里、像云一样

连动短语：开门进屋、挑担打水

兼语短语：叫他开门、指鹿为马

紧缩短语：越来越好、一来就走（注意：紧缩短语本用于复句，暂时可作单句处理）

4. 句式

一般提到"句式"就是长句、短句、整句、散句，还有整散相间，语法上属于句群范围。提到"基本句式"就是陈述句、疑问句、祈使句、感叹句，语法上属于单句范围。

5. 否定句的虚化

用于记叙类的文章。否定句的虚化通常在形式上是否定，但实质是为了衬

托。例如,"樱花,不像梨花那样……,也不像桃花那样……,樱花是……",句中的"不像"形式上是否定的,但并没有否定的意思,而是为了用梨花、桃花衬托樱花之美。

6. 联绵词

联绵词属语素范畴。汉语很多词以一个字表示,如"人""口""刀""手"等。它们是一个字,每个字是一个语素,一个语素构成的词就是单纯词。汉语中,一个词常由两个或几个字构成,如"崎岖""荒唐""遥远""葡萄"等。它们都是两个字构成的词,这两个字是同一个语素,可称为"联绵词",是单纯词的一种。"潇洒"有两个字,一个语素,属联绵词。如果把"潇洒"的两个字分开,其意义与"潇洒"完全无关。

7. 独句成段

独句成段,也称"单句成段"。独句成段的作用就是"强调"。

从结构上说,"独句"要么是上一段的最后一句,要么是下一段的第一句,为起强调作用而独句成段。有时,这个句子已经构成段与段的关系,此时就成了过渡段,起承上启下的作用,便与强调作用是两回事了。

16 我与"五个一点"

20世纪八九十年代，上海语文特级教师徐振维见到还很年轻的刘京海，问道："我看到你听了我几次课。你是教研室主任，你说说，我上的课有什么特点？"

既然是徐老师亲口问，刘京海便认认真真地说："你的课很有特色。我怕评错了，对不起你。你很善于在课中寻找不同学生在认知上的差距，并由此激起学生之间的认知冲突，组织学生辩论，从而循序渐进地实现原定的教学目标……"徐老师听完以后，思考良久，点点头说："你的归纳很中肯，也很有用……"以后，她就用如何激发学生认知冲突的理论来指导上课。

我的语文教学生涯也不算短了。我上的课还算不错。有一次，已经十分成功的刘京海问我怎么才能上好语文课。我说："你想为我总结经验，还是想包装我？"玩笑归玩笑，但我还是说了一些。过了不久，沉思中的刘京海对我说："刚才你说了上好语文课的一些条件。我认为这就是你的经验。我思考了一下，可以称为'五个一点'……"

我回家后整理了一下。此后，我出去讲学，人家问起我有什么经验，我就把刘京海为我总结的"五个一点"说一遍。现在看来，也还有些用处。

一、对教材主题的思考，尽可能深一点

我在前面讲过，若要我概括一下我听过的课并提一些建议，那么便是：希望上公开课的教师能够把教材的主题思考得深一点。我和很多同行交流过，凡是课没上好的，十有八九是对主题思考得不够深刻。换句话说，有很多语文教师对课文的主旨开掘不深。

什么会影响教师对教材主题的思考呢？我想，首先是迷信"教参"。"教参"就是教学参考资料，一般每册课本都配有一本"教参"。编这些"教参"的几乎都是有经验的专家。一篇课文该上几课时、教材怎么安排、每段的提纲怎样、背景、作者介绍、主旨及价值、写作特点……写得很详尽。教师有了这样一本"教参"，可以说是"一本在手心中不慌。"

课文的主题在"教参"中也是现成的，只要摘下读读就行了。我不是说"教

参"中归纳的主题是错的,但深刻与否,就要另当别论了。有的"教参"已经沿用了多年,从与时俱进的角度看,有修订的必要。有的学生也能买或借到"教参",于是依样画葫芦,教师又能怎样呢?

其次,因为习惯了部分阅读,有些人几乎把精力全放在对教材各部分的处理上。因为迷信"教参",教师把重点都放在如何将课上得与众不同,而忽略了对主题的思考与开掘。有的课文已经是很传统的了,几代教师都上过,所以有的教师很担心上不出新意。新意在哪里?许多教师在教学方法的变更上花功夫,但须知,没有对主题的开掘,其他都是细枝末节。

最根本的是在思维上。为什么不能作深入实在、恰如其分的解剖呢?以朱自清的《荷塘月色》为例,"教参"上对它的主题写得很明确,如"淡淡的喜悦与淡淡的忧愁"。教师只要能够细细地阅读,品味一下"淡淡的喜悦"是什么,在哪些语句中,怎么产生的;再品味一下"淡淡的忧愁"是什么,从哪些语句中体现出来;然后思考一下作者写这些的原因,就可以思考得很具体,开掘得很深刻。试想,在那样的形势下,面对国破家亡的局面,有良心的知识分子怎么能不忧愁万分呢?一夜的失眠,难道不是忧心忡忡吗?可是自己能到南方去吗?弱妻孺子的牵挂,力不从心的担忧……怎么能丢弃,一走了之?在月光下对山河的爱确实使作者获得了"淡淡的喜悦",而这"淡淡的喜悦"不正突显作者此时的"浓浓的忧愁"?……

我听课,只要听到讲课教师对文章主题开掘得比一般的教师深,就感慨万千,其他的可以少谈或不谈。"只要比别人深一点",但就这"一点"也来之不易,我岂能不肯定?

二、找上课的切入口,尽可能准一点

对于用播放录像或者讲一个小故事等作为一节课的开头,我虽不反对,但也从来不提倡。不反对是因为客观上,上课伊始很需要把学生的注意凝聚一下,特别是在有不熟悉的教师来听课的情况下,学生的注意容易分散。不提倡是因为这样的开头,其内容与课文内容之间往往缺乏内在联系,很容易破坏课的完整性。还有就是,这样的开头容易导致教学时间拖沓,对教学目标和预设的达成度的实现具有一定负面影响。

因此,对于同样的问题,我想换一种说法,不叫"上课的开头",而叫"上课的切入点"。就像医生做手术,切入点的准确确定,很能体现执刀医生对整台手术的构思和运作。如何最快最准最有效地完成教学任务,实现教学目标,是我们必须考虑的问题。

我主张从课文中寻找切入点。教《死海不死》可以"我看,死海死了……"为切入点,引起学生对课文的兴趣,挑起学生的认知冲突。教《项链》,可从让学生思考项链的象征意义是什么着手。教《荷花淀》,可从对"荷花"的理解入手……标题总有作者的用意,从标题切入比较容易。我听过一堂课,是新教师上的。她几乎是妙手偶得,从课文内容的梳理入手,接着要求学生思考文章的结果是怎么来的……总之,从课文入手找上课的切入点是一个路子。可以从标题、内容、结果、过渡等入手,哪怕要从课外内容中选切入点,也必须尽快地进入课文的讲解,与教学目标一致。

切入点的确定,应有利于调动学生的积极思维。上课上得好与不好,调动学生的思维很重要。如果学生能够动起来,就具备上课的基本条件。如果学生能够顺着教师的启发,找到解决问题的关键,那么教学目标就能很好地实现。当然,如果教师能够顺着学生的思维提出问题,就显得更自然了。不过,这样对教师的要求太高了一点。

切入点的确定,要与难点、重点的解决有关。每堂课有每堂课的重点与难点,解决好它们是教学目标的要求。避重就轻,听课的教师能感觉出来。举重若轻,能够很好地体现教师的教学水平。只要听到教师上课有迟滞的情况,我就可以料定在重点与难点的处理上,该教师缺少思考或相应的办法。

切入点确定后,上课的各步骤也都应得到充分运用。上课有不同的步骤,如果能在教学的起承转合中自然得体地用到切入点,就表明该切入点不仅有"切入"的作用,而且是帮助学生理解文章的重要抓手。这种切入点何其好也!

从许多教师忽视的地方选切入点,往往能使教师上的课产生出乎意料的观感,使课堂节奏起伏自然,锦上添花。上别人上过的课,如果有好的切入点,常常能够出奇制胜!

三、对问题的设计,尽可能细一点

如果说,第一点主要针对教材,第二点主要针对教师,那么第三点的"问题设计"则更多针对学生。教师在预设备课时必须认真考虑这个环节。教师对学生可能提出的问题一定要有充分的准备,必须尽可能做到应付自如。

首先是一般的准备。学生进入课文学习后会有什么问题?他们会有哪些思考上的误区?如何引导?学生能够自己总结吗?他们需要哪些台阶?跟不上上课节奏怎么办?……这是必要的预设,也是很一般的预设。这种准备集中在教学前、教学中,甚至涉及每一个教学环节。

其次是特别的准备。教师应该想得细一点:手头有"教参"的学生会怎么回答,要怎么应对、引导?思维超前的学生会提些什么问题,要怎么应对、引导?思维比较迟滞的学生会提些什么问题,要怎么应对、引导?对于文不对题的回答,该怎么办?对于表现欲强爱发言,但总是说不到点子上的学生,又该怎么办?……换句话说,每个学生都是特殊的,都有特别的情况,教师都得有所准备。

"尽可能细一点"的重点,不在于有什么问题或情况,而在于如何能处理得体,是一个如何操作的问题。然而,操作是具体的,总是反映出特定的教育观,仅凭临时抱佛脚不可能奏效。

我们也可以换个角度思考。对于这堂课,学生与听课教师的"期待视野"是什么?我能给学生什么,给听课的教师什么?课文中有哪些"空白"需要填补,学生有没有可以用来填补"空白"的相关生活经验?怎样启发学生想到这些生活经验,怎样让他们自己填补"空白"?一堂课的成功离不开学生和听课教师的参与,怎么样能让学生更多更好地参与呢?如果这些问题都能想到,那就基本做到了"细一点"。

我听课最怕的是教师面对学生的问题,不知该如何回答,不知该如何引导,不知该如何收场……事后想想,这些问题又不是很难,教师怎么没准备呢?可他们偏偏就是没有准备。

可以说,课上得好坏与"问题的设计细不细"有较大的关系。当然,有的教师平时做得很不错,就是公开课上砸了。这主要是经验问题,多上几次公开课就会好的。

四、对重点难点的处理,尽可能实一点

几乎每节课都有重点和难点,有些学生没教就会,但更多的学生需要教师教一教才会懂。如果处理不好,重点难点堆积起来一直得不到解决,就会成为

学习的障碍。要一下子解决,几乎是不可能的。所谓"差生"或者"学习困难学生"就是这样产生的。

有些东西往往"只能意会不能言传"。它们在传承教育中往往无法说得很清楚,只能靠学生慢慢地在实践中体味,进而理解。但是现在的教育,教师必须能够讲清楚,尤其是在有人听课的情况下。语文知识尽管不像一些理科的知识,线性很强,循序渐进得很明显,但如果有些知识部分学生落下了,教学就不会那么顺利。没发觉还好,一旦遇到,卡了壳,就变成大事了。

只要是重点或难点,教师就要把理解的过程延长,尽可能分成几个环节,每个环节都需有明显的特征,学生容易把握。比如,说到"写作",就要从"写作前""写作中"和"写作后"三方面的过程来解释。"写作前"的灵感来袭、构思、主题;"写作中"的起笔、组词成句、组句成段、组段成文;"写作后"的修改、润色、再修改,等等。

有的重点难点需要辨别和分清相关知识。例如,要讲"补叙",就要从"叙述"讲起,讲"正叙""插叙"及其作用后,再讲"补叙"就清楚了。

思维方面的重点难点也是如此。"中国人失掉自信力了"是错的。为什么?先用几个句子来比较。"中国人没有失掉自信力","有些中国人失掉自信力了","有些中国人没有失掉自信力",与这三者比较,谁是对的,谁是错的? 能不能归纳它们的规律?

真正弄懂重点或难点,常常需要经历由感性到理性,再由理性到感性的过程。依旧以上述问题为例。我们可以得出"中国人失掉自信力了"和"中国人没有失掉自信力"都是错的,因为它们都说得太绝对。而"有些中国人失掉自信力了"与"有些中国人没有失掉自信力"是对的,因为它们不绝对,而且是事实。那么,"自然界中不全是生物"与"自然界中的有些东西是生物",哪句是对的,哪句是错的? 为什么? 原来,特称的不管肯定还是否定,都是对的,因为它不绝对。可见,理解这些才能说明学生真的懂了。

对于教材中的重点或难点,要分析得慢一点,例子多一点,过程清楚一点,这样学生才能学得扎实一点,教师要以似乎最差劲的学生能否学会为标准,这样才会教得实在一些,达成度就高。

五、布置作业和练习,尽可能系统一点

常言道:"学了不练,过了就忘。"课上习得和学会的知识与能力,课后应该

让学生练一练，旨在巩固。

有的教师不是很重视作业，认为反正教材后面有现成的作业，学生有练的就可以了。他们一般不布置什么作业。当然，有的教师除了重视课文后面的作业，还会补充不少作业。他们的观点是"做得多了，不懂也会懂"，即以学生的练来代替自己的有效教学。此外，还有的教师显得很随意。

我并没有加强作业研究的意思。我只是说，教师自己布置的作业可以尽可能系统一些。

教师上课上得再好，所讲的知识或涉及的能力总是有限的，总是有不那么系统的地方，而不系统的东西总是很难记住。也就是说，课堂知识要有效地转化为学生自己的东西，就要求作业具有内在系统性。

以比喻为例。教师上课可能讲到了比喻的作用，那么比喻有哪几种呢？怎么从逻辑上看待比喻呢？比喻与类比怎么区分？等等。经此，比喻这个知识点就成相对系统的了。

这样的作业，有时可以补充教师上课时没有讲到的内容，有时可以与前面讲过的某一点建立联系，或者为后面某个知识点的教学做铺垫。有时，教师要考虑教这一课，与整个单元的要求，甚至与这个学期的要求能否吻合。这些东西往往不是每本教材都有，因为每位教师都有自己个性的一面。课文不过是例子而已，系统的东西往往是最需要积累的东西。

当然，我对有的教师很少布置作业没有什么意见。其实有好多东西完全可以在课堂上解决。既然已经系统地解决了，作业少些又何妨呢？

我的语文教学的"五个一点"已经介绍完，这里再略作小结。语文教师上课，要做到"五个一点"：（1）对课文主旨的思考，尽可能深一点；（2）找上课的切入点，尽可能准一点；（3）对问题的设计，尽可能细一点；（4）对重点难点的处理，尽可能实一点；（5）布置作业和练习，尽可能系统一点。

上述五点是否有刘京海成功教育的影子，有待大家评定。我认为，这"五个一点"其实是上好课的经验，不管是上公开课还是上家常课，或许都有些效果。

17　语文教师职责外的职责

语文教师是一种职业，又不仅仅是一种职业。有些小事似乎不是语文教师的事，但语文教师又必须管或者重视。这或许可以称作"语文教师职责外的职责"。

一、握筷、握笔及其他

课堂监考，监考者有时免不了要走来走去。突然，我发现某考生的握笔姿势有问题。他把右手的大拇指也握住，人斜着。我想看看他的字到底写得怎么样，结果一看，很不理想。我突发奇想：这个教室里有多少学生的握笔姿势有问题呢？一看吓一跳，竟有三分之二的学生握不好笔！这是谁的责任？中午，我在学生食堂吃饭。我又好奇地观察了一下周围学生握筷的姿势。我吃惊地发现有问题的不少。有大拇指、食指与中指在上，无名指在下的；有食指与拇指在上，食指压住拇指的；有的食指翘起来，在整个吃饭的过程中始终不用的；甚至，有的学生用大拇指和食指捏筷子……晚上，我看电视，发现影视剧中也有不少名演员握笔姿势不对，这或许与他们从小没有用好筷子有关系吧。

我幼时学握筷，父母神情之严肃令我印象极深。有句话我至今还记得："用不好筷子，就是对父母不孝！"我有个同学用左手写字，但吃饭是用右手。我问他怎么回事，他说："用右手握筷吃饭是父亲打出来的。用左手写字是因为学校老师不打……"世界上的大多数人是右利手，也有人是左利手，习惯用左手，这自然可以理解，但这位父亲竟然不允许儿子用左手握筷吃饭，对于此，我只能表示理解。

难道用正确的姿势握筷就是对父母的孝顺吗？教孩子正确握筷也许是父母行使自己教育孩子的权利，但这样做的根本目的是为孩子以后能够正确地对待教育吧。

自那次监考，我开始下意识地关心学生握笔的姿势。我发现，握笔的姿势与学生的成绩呈正相关。

我本来想，字写得差点或好点与人的智商高低总是没有多大关系的，可谁知道握笔姿势竟会影响学生智商的发展！这真让我百思不得其解。慢慢地，我想通了：字写得不好，成绩也会受到一定影响，进而对学生自己或者家长产生某种智商方面的负面心理暗示，使学生的自信心受挫，慢慢地影响学生成绩的提高。

有一次，学生要参加辩论赛。我看了她手机里储存的辩论稿，觉得很不错，思考得很深刻，然而再看她（手写）的作文，就觉得可删的内容好多。同一个人的作品，却有如此大的差别，又该怎么解释呢？显然，字写得不好，甚至影响了学生思维的流畅性与深度。在手机上写东西，因为用得熟练，居然能够提升其思维的流畅性与深度！我很为这位学生感到可惜，因为高考是纸笔考试，而不是机考，这自然会影响她的成绩。

我在想，那么多的学生握笔姿势不正确，写不好字，难道我们语文教师就没有一点责任？举书法家说，写字好坏，与握笔的姿势有关，与手骨的结构有关。换句话说，有的人是成不了书法家的。我们并不是一定要培养学生成为书法家，只不过是希望学生写的字能让别人辨认得清，让学生的自我感觉好一些而已。所以，我们在教学生的时候，难道可以允许他们之中的那么多人握笔姿势有错，而且不作纠正吗？难道能不考虑学生未来的发展吗？如果学生握筷姿势的错误要归咎于家长，那么握笔姿势的错误，教师难辞其咎！家长管教孩子握筷的姿势，当然是出于对孩子的爱。教师纠正学生握笔的姿势，当然也是出于对学生的爱。而且，教师对学生的爱不仅是生物性的，还是民族的、社会的、文化的！教师对学生的爱中有着沉重的责任！

二、擦黑板的作为

擦黑板历来是值日生的事。每次课后，值日生总得把黑板擦干净，然后自己把手洗净，把粉笔灰弹尽。

我从当教师的第一天起，每次课后，总是习惯自己把黑板擦干净。有时我会从学生手里把黑板擦抢回来，坚持自己擦。我想，反正我的身上手上都已经是粉笔灰，为什么一定要学生也把手上身上弄脏，也要去洗一洗呢？为了怕学生没擦黑板受班主任批评，我甚至对管事的班主任说："不怪学生，是我要擦，我喜欢擦黑板……"

这样，学生也慢慢习惯了，甚至理所当然地认为擦黑板是教师的事。我也不解释。"不对他人作要求"本来就是做人的一种准则。只要我自己认为是对的,别人有看法又有什么关系呢? 别人的看法是别人的,奈何不了我,我偏要我行我素。做人就该这样善解人意,我想。

有一次听课,下课后,年轻的语文教师拿起黑板擦,对一位学生说:"今天上课,你的表现非常好! 奖励你去擦黑板……"这位学生脸带笑容,认真地开始擦黑板……

我惊住了,原来擦黑板这件事还可以这样用! 我不由得非常佩服这位女教师。

擦黑板是小事情,可是怎么用,却大有原则。

有人可以把擦黑板变成一种惩罚,就像有人把劳动作为一种惩罚。而我呢? 我本来坚持自己擦黑板的做法,其实是把擦黑板变作表现自我的一种方式。在这种情况下,那些不擦黑板的学生是正面的还是反面的理解呢? 相比而言,这位年轻的女教师把擦黑板作为一种奖励,是多好的方法啊!

教师擦不擦黑板都没有错,因为不擦的话,也不是教师自己不愿擦。如果值日生心里不愿擦而非擦不可的话,让他或她擦,多少有点惩罚的意味。把擦黑板作为奖励,不是凭空之奖,而是奖得其所! 如果受奖学生本来就愿意擦黑板,这没得说。如果这位学生本来就不想擦黑板,现在非擦不可,而且霎时心里非常愿意,甚至觉得这是一种荣耀,这该有多好! 长此以往,这位本来不愿意擦黑板的学生或许也会渐渐地喜欢擦黑板这样的劳动了。更何况,其他学生也会受到感染,以后对擦黑板这类行为,也会习以为常。教育在变化之中,教育在无形之中!

教师不应该仅仅表现自己,而应该善于让教育化为一种自觉的需求。光强调身教言教是不够的,能让大家自觉做应该做的事,才是教育应该达到的层次。而且,教师在教育这种至上的作用的影响下,也会逐渐变得高尚纯粹!

三、我们要怎样的精典

我有一位朋友也是语文教师。他打了一个电话给我:"老师,报上发表了我的一篇文章,是写继承精典的。您看过没有,您觉得写得怎么样?"我知道他打电话来是希望得到我的褒扬。我其实是看过他发表的这篇文章的,我该怎么说呢? 我想了想说:"写得还不错。不过你该想想,如果你 20 年前的老师也写这篇文章,那么你的文章与他的相比,有什么新的突破吗?"

我们读书的时候,我们的老师也在向我们宣传,要我们自觉地继承和传承精典。他们也开出了书目。他们说的与我们现在向学生宣传的没什么太大的区别。既然这样,我们写这样的文章有多大意思呢?

精典也可称为"经典",但两者还是有许多区别的。经典往往指古书。有些古书值得我们好好学习并且传承。不过,过去与现在不同。过去的教师要求我们尽可能精读并且记住这些古书。现在的教师则要求我们尽可能多地浏览基础的古书,以此作为未来发展的基础;对于与自己从事的职业有关的,则应精读、品味、实践、发展。

还有一种说法,即精典本身的意思。这个精典,当然包括古代的,但也并不否认精典中可以有现代的书。只要是在生活、工作中经常要用到的书,并且基本上是正确的,便都可以称为"精典"。我们都应该认真地读,在使用中反复领会。

在我看来,对待精典,本来不必分什么古代、现代。既然传承精典要从古到今,总不能拒绝现代的东西吧!宣传"传承精典",却不知道什么是现代的精典,那这样的传承还有什么意思呢?譬如说,现代的学生不把计算机作为一种精典,不把它学好,行不行?

在我看来,传承精典不仅不应分古今,还不应分中外。既然是地球人,就应传承古今中外的优秀文化。凭什么只传承中国古代的呢?这样,可供我们选择的精典数量众多。现在的社会,不学好外语是不行的,甚至只学一门还不够。这外语算不算是一种精典?

传承精典是大好事。人类的知识、学问、经验、文化自然要现代人传承。然而,传承中千万不能失去对糟粕的警惕!古代的学问包含很多糟粕,不能让它们束缚我们的手脚,困住我们的思维。

我们还要看到,这些糟粕存在的许多原因,往往是由条件不充分导致的。有着一些未完成的探索,甚至是错误的探索,也许条件改变就能带给我们很多启发呢,因此,不如把这些糟粕存放起来,以备不日之需。

关于精典的讨论也许还会继续下去。我想,传承精典必须坚持与时俱进的原则。也许一些精典真的能使我们变得有学问,但这不是我们的根本目的。我们的根本目的是知识能够为我所用,为时代的发展所用!

四、责任与"告密"

我曾经当过一个学期的初中班主任,当过一个学年的高中班主任。记得刚当班主任的时候,老班主任给我一份名单,上面有六个名字。说是这六个学生会把班级里发生的大小事情都告诉我,还说:"你肯定需要知道这些真相的。"当时我很吃惊,这不是"告密"么?

我上任后向学生宣布:"班级的情况靠我自己了解,哪怕错了,也靠自己纠正……"其实,我不可能也不需要了解班级的所有情况。给大家一些空间不是很好吗?为什么一定要大家都很紧张呢?我有什么问题就自己去了解。了解不了,发生一些误会又怎么样呢?大不了向大家作检查,再弄清楚罢了。人们总会在误会中成长的,学生也是这样,特别是男生。我这样做,班主任不也当下来了吗?而且我的这个班也不比别的班级差!

这么宣布后,我发现,这六位学生开始有点失落,但之后,他们渐渐地融入集体,也过得很好。慢慢地,他们也忘了原来答应教师要汇报情况的承诺。

几年后,我不再担任班主任。有一次,有个已经毕业的学生来看我。他长得高高的,已经是个大学生了。他很认真地对我说:"老师谢谢你,你没有要我们'告密'。当时我很失落,但现在不同了。我知道你在拯救我们,虽然你从不对我们说,好像没有这回事。一个真正的人,不能靠'告密'活着,要靠责任活着。你既然可以'告密',也许你'告密'是正确的,但是为什么你不去直接帮助人家呢?做人就要做堂堂正正的人……"说完,他高兴地笑了,我也笑了……

"告密"的内容也许没什么不对,甚至有可能是正确的。但只靠"告密"生活的人,其心理往往不怎么健康。教师要靠学生"告密"来管理班级,培养的往往是心理阴暗的人。哪怕管理效果很好,也与我们的教育目标"风马牛不相及"。

是与非往往体现在责任上。教师是一份有天职的工作。哪怕有些教师有做得不到位的一面,但是在关键时刻,他们依然会不顾自身的安危,为了学生挺身而出!在学生面前,他们说的是真话,做的是堂堂正正的人!

这篇文章的内容真的与语文教学无关。不过我认为,语文教师有自己的操守。既然语文的外延几乎与整个世界相当,那么语文教师就必须把学生与世界万物的联系建立起来。语文教师本能地把教会学生做人作为自己的崇高职责。所以,我写的这些小事是每位语文教师都会做的,是语文教师自身修养的组成部分。

第三辑
作文或许可以那样指导

　　"或许可以那样"是某一年上海高一语文考试的作文题目。这里,我化用了这个题目。

　　我认为,指导作文时,语文教师必须让学生树立一些现代意识:读者意识、换位意识、逻辑意识、审美意识、试错意识、容错意识,等等。我们写文章是给谁看的? 虽然学生写的作文是给教师看的,但学生必须树立文章是给社会上每个人看的意识! 我们写文章虽然都是在写我们主观的看法,但在构思的时候,你难道不从对方的角度考虑吗? 要让文章被大家称好,写作就得学会换位思考! 你读了别的同学的作文,也许在心里笑话写的思路不对,思维不合逻辑。教授学生一些基本的逻辑,对提高学生的作文水平是很有用的。我们几乎对所有的东西都会本能地评判美或不美,那什么才是美呢? 作文是一种艺术,自然可以用美来衡量。所以,树立正确的审美意识很重要。

"好的文章是没有什么错的。"想一想，从理论上说，存在这样的可能吗？我们只能选最合适的，选别人一般不认为是错的，把它们写进作文。一点错也没有的文章，广义上说是没有的。我想这就是试错、容错意识。我们的学生怎么能没有这样的意识呢？明明知道是错的，为什么要写进作文？难道不能换一下吗？换一下就一定会扣分？不见得！

作文指导要让学生有基本的时间意识、经济意识、最大化意识，等等。这篇作文允许多少时间写完？怎么样才能最快实现目标？在现有的条件下，怎样写这篇作文才能得到最高的分数？学生应该能够及时地考虑这些问题，作出最恰当的决定。

"那样"是对还是错？不要简单地分析，因为"那样"也可能是错的。有"那样"就有"这样"。同样，"这样"可能是错的，也可能是对的。对作文题目的审视必须辩证，因为事物是发展的。我这样分析是在告诉读者，我说的可能是对的，也可能是错的。你必须认真思考。

作文最重要的是思考的深度。但是思考过程中的种种错误，一旦在作文中被发现，就会被扣分。有时，面对教师出的作文题目，几乎没有一个学生能够思考得完美无缺。有的教师喜欢出这样的题目，还认为自己水平很高，其实不然。在进行审题训练时，我们可以让学生对这些题目作些思考，但在正式作文时，还是应以大多数学生都能写为准。教师的职责不是为难学生，而是为学生排忧解难，如此而已。

01　我的作文指导观

我教过十多年大专班的写作理论课,学生大多是教师。他们考得很好,但是他们最担心的还是写作。要他们写一篇像模像样的论文,很多人至今仍会叫苦连天。我也教过十多年的高中作文,发现写作理论与作文实践虽有联系,但差别更大。我看过许多外国人出的作文指导专著,其中很少使用写作理论。我不想评论两者孰是孰非,我只想说,教作文不能用简单的写作理论,而要用写作实践以及写作经验,因为这是两个不同的领域。就因为领域不同,多年来发生过多少似是而非的笑话! 考试学与考试、逻辑学与逻辑、生物学与生物、语文与文学,等等,看似一回事,却偏偏不是一回事。指导作文不能一味地用写作理论!

我是个作家,写过几部长篇小说,也曾涉猎短篇小说、微型小说、散文、杂文等。我写作靠的是写作理论的指导吗? 不是,至少不全是。我靠的是自己对生活的体验,当然也有在写作实践中的体验。说写作学对写文章没什么用,这种观点太绝对,应该说它是有用的,只是直接作用不大。

大家都说,我教作文教得不错。我是用什么教的? 是教科书上的写作理论吗? 说实话,这些写作理论我其实很少看,也很少用。我用我的写作实践经验来教。只要不违背写作学的理论,只要学生能学肯学,能写一手好作文,我就觉得我这样做是对的。

学生作文写什么? 要是有学生想写长篇小说、短篇小说,那么我可以个别指导,但课上不行。高中没有培养作家的任务,而且作家是培养不出来的。高考的作文也不过一千字不到。高考作文也不能用评价作家的标准来作评判,因为高考没有发现作家的任务。写得很好的高考作文,它的作者不见得就想当作家,他们的志向可能五花八门。

高中生的作文指导,重在作文的基本功训练。我们对学生作文的评判,也要公平地用相对统一的标准。有些教师说"某某学生作文写得好"等,也许是偏向于文学的。用文学的标准来要求全部学生,这就不公平了。所以,面对所有学生,教师只能用一般的标准来评判和指导。学生有文学特长不会吃亏,因为根据一般的评判标准，他写的作文已经能够得到好评了，加上文学上的特色，自然不会减分，甚至有可能加分。但如果一位未来的理科大师，他写的高考作文文学性不够，因此要评低分，那这种做法就太蛮不讲理了。

有位作家给自己的孙女辅导作文，还写了范文。考试时，他的孙女把他的范文改了一下，结果评分不及格。这位作家很气愤，写了文章发表在报上。"我写的难道会不及格？"这位作家简直难以相信和接受这一结果。

我不清楚之后还发生了什么事，也没有看过他写的范文。但是，如果由我给范文打分，也很可能判不及格。理由很简单。给考试作文打分是门科学，凭什么因为你是作家就可以打高分？更何况，抄范文本来就不应该及格。有的文章得看几天，才发觉写得好。有的文章得看几年，才会发觉越看越好。教师评价一篇作文的时间是有限的，凭什么教师一定要给你判高分？反之，这样不等于是在对教师进行评判，其实是在说，这样的教师真差劲！他凭什么这样武断？就因为他是名作家？须知，文学性强本来不是学生作文唯一的评分标准。这位作家的文章文学性强不强我不知道，如果很强，而我看不出，或者要花几个月才能看出，甚至几年，可以吗？

我们指导学生作文，有一个条件，那就是"在规定的时间里"。如果是考试，那么学生应在多少时间内完成一篇作文？即便是平时的作文，也应有一个时间限制。这是一个不成文的规矩。这一点，写作理论几乎没有提及。在规定时间内写出一篇符合标准的作文，这样的要求不可谓不高。学生在这个时间段内要完成审题、立意、构思、结构、语言组织、写句写字，以及兼顾风格等方面，真不容易！怎么调度？怎么选择？怎么写成？教师该怎么训练？

有的学生用一小时写作文，有的学生因其他题目多花费了时间而仅用半小时完成，还有的甚至只花了十五、二十分钟，更有甚者，干脆其他题目全部不做，一百五十分钟的考试时间只用来写作文。教师怎么才能准确评判学生的作文能力强还是不强？或者语文水平高还是不高呢？说实在话，只能根据卷面来评判。在规定时间内写出具有一定质量的作文，靠的是实践，是教师的实践和学生的实践，尤其是学生的实践。只依照写作理论教程来教，能实现吗？

我想必须让学生想想容错和试错的问题了，这也是作文指导的一部分呢！

一台外国造的高端电视，有一个零件坏了，维修需等国外运送零件，耗时需三个月。可是平时的生活离不开电视啊。于是你在旧货市场花五十元买了台旧电视。旧电视放了一半没图像了,拍拍打打又有了图像。不久,没声音了,再拍拍打打,声音又来了……直到外国的零件运来,高端电视机修好。请问,这两台电视机哪台好呢?从费用的角度看,肯定是高端电视机好,因为值钱。从使用的角度看,则是那台五十元的电视机好。为什么?因为它的容错率高,哪怕有个零件坏了,拍拍打打后照样能够使用,不让人失望。

学生写作文如同使用电视机。这个字写不出,就换一个,一个词想不出,也可以换一个,只要意思没大错就可以了。平心而论,学生在写作文的过程中,有过几次这样的容错、试错?事实证明,容错意识强的同学,写作文就快。反之,就会磕磕碰碰,磨磨蹭蹭,甚至到收卷时间了,还没写完。说试错和容错是现代人应该具有的一类意识,一点也不为过!

可怕之处在于,有许多教师很顶真,甚至很严格。一点错都不行,必须要选对。这样的教师会对学生造成什么影响?而且,什么才是对的呢?能用得上的、能起作用的居然是错的,而没用到的居然是对的!其实,没用到的可能对也可能错,用得上,而且具有积极作用的,肯定是对的。有的时候,选择有好多种,有最好的、好的、合适的、过得去的……在时间有限的情况下,只要能用就是好的。何必要字字计较呢?自古以来,成大事者常常不拘小节。不拘小节而能成事,肯定有容错意识。事实上,容错意识也是现代人应该具备的一种品质。

我曾经让学生试验向不同的对象传播同样的内容,看看会有什么变化。学生发现,向幼儿传播花费的时间最长;向教师传播花费的时间最短,但难度最大,因为教师最容易吹毛求疵。我之所以让学生这样做,是为了让他们树立读者意识。写文章是为了让人看的,说话是为了让人听的。人家看不懂听不懂,是你的问题,而不是人家的问题。你为什么不在传播之初就考虑一下传播对象的情况?为什么不选择传播对象能够接受的传播形式?

我还问过学生,你写的作文现在是给谁看的?你知道他们喜欢什么,讨厌什么吗?你为什么不能让他们喜欢你的文章?有的学生说,你不是要我们不要说违心的话吗?既然是正确的,还怕人家讨厌吗?真理难道还需要谦虚?

我说,你为什么不能既让他们喜欢又让他们不讨厌你的文章呢?这可是现代人的又一个标志啊!是的,有读者意识才能懂得妥协的价值,才能真正有力地维护真理,才能成为让更多人喜欢的人!这不是我们的教育目标之一吗?

授人以鱼,不如授人以渔。以效果来衡量写作是教写作文的好办法。以效果来检验，就能知道自己的作文写得好不好。而且，以效果来检验是在整体地评价作品，有时可能说不出原因，但是会有一定的感觉，这种感觉就是一种评价。我曾经说过，评价鉴赏能力是语文水平的最根本体现之一。说得玄一点，就是语感能力。语感能力强，语文水平就高。语感能力很难依靠教师的教学提高。语感的提高要靠实践，至少是在教师指导下的阅读与写作的实践。

从整体角度出发，也往往能够评价部分的改变带来的效果的改变。作文的某一句写得好，有利于整体效果的提升，反之亦然。语文教材曾经收录过老舍写的文章，写北平的热，但整篇没有一个"热"字。他是怎么写的？就是从显示效果着手。写变软的柏油马路，伸出舌头的狗，纹丝不动的柳树叶……每一句都是写北平的热的景象。部分是如此，那么整体当然是如此。

学生若是掌握了用写出效果或者用效果来检验作文的办法，那么即便教师没教，甚至是教师也不曾注意的写法，学生也能自己学会。说人家"长得矮"不好，要是人家忌讳"矮"呢？那么就写"不长"吧。这肯定比"矮"好。如果把"他"安排在"矮"的环境中，他不显得"高"许多吗？此时，学生无意中已学会衬托的写法了。

对于写作观的讨论，也许永远也说不完。有的内容我会在后文分小文章来说明。这里请允许我稍作归纳。

教学生写作文，不能光用写作理论，更有效的是写作实践和写作经验，是对写作操作的重视，以及体验的交流。

教学生写作文是一门科学，评判学生的作文也是一门科学。让学生准确地评判自己的作文，是教作文成功的关键，因为只要是人，写文章时总会本能地把自己认为最好的一面呈现给他人。

作文有时间限制。教师必须要让学生学会在规定的时间里写出符合要求的作文。

让学生树立用效果来检验作文写得好不好的意识，逐渐形成自己在写作实践中练习、探索、学习的好方法，不断提高学生的容错意识，协调文章各方面的因素，在规定时间内写出比较理想的作文。

让学生确立写作对象意识，以能够被读者接受、认可、喜欢为写作的重要标准。

02　作文的标题

我曾去某校听一堂课,因为时间紧,到了学校就进入教室,只见黑板上赫然写着"给你的作文起个好标题"。这是该堂课的主题。我看完就摇摇头:"这堂课完了。"可是我还得听,还得认真地听。我不知道自己该不该做记录,该是神情严肃还是该笑容满面,该盯着教师看还是该伏在桌上……似乎都不合适。

这位教师准备得很充分,讲了"好的标题能让文章增色,能让主题增色,能让读者欲罢不能,急需阅读全文,能够……"然后,他举了不少例子来说明。

课后,我等了好久,在人稍微减少的情况下开始评课。我问该教师:"请你说说,什么叫好的标题?"他依然很得意地侃侃而谈。我听了一会,决定打断他的话。我说:"什么叫好的作文标题? 就是扣不了分的标题……"

一、扣不了分的标题是好标题

学生殚精竭虑地为自己的作文起一个好标题,这当然是好事。问题是,起个好标题要费多少时间? 写一篇作文一共有多少时间? 起个好标题是很容易的事吗? 会不会起的标题比原本构思的简单标题更糟,还误以为自己很有悟性? 这样的话,不仅不会为作文增色,反而要扣分,怎么办?

应该说,依据写作理论来构思并上好"给你的作文起个好标题"这堂课,还是比较容易的。从标题与主题、语言、结构、构思、阅读心理的关系等角度考虑,虽然花点时间,但讲课还算是不难。然而,请想想,这样的主题有没有可操作性? 你真的能教会学生很快地为自己的作文起一个好标题吗?

我在想,教师为什么不从学生在作文审题过程中容易出现的问题出发来选公开课的主题呢? 难道学生的作文都写得那么好吗,以致没有必要提及? 难道所谓好的标题能够掩盖内容的贫乏、思维的肤浅、语言的单调吗? 俗话"一美遮百丑",效果竟如此之大! 但说实在的,如果标题起得好,而文章的内容不够好,两者反差太大,不是更容易暴露文章存在的问题吗?

我最担心的是殚精竭虑的对象。如果殚精竭虑用在写文章上,那问题不大,而如果用在"起一个好标题"上,那就本末倒置。一个不做正经事的人,一旦殚精竭虑,就会"走火入魔"。

我要求的是"起个标题"。如果这个标题很平常,就算不起眼,也扣不了分。因为标题平常了,阅卷教师的关注点就在文章本身的质量上了。如果是篇好作文,还怕得不到好分数?

那么,扣不了分的标题是什么呢?具有操作性吗?

所有文章都有写作对象,所有文章都与写作对象具有联系。写作对象在不同的文体中有相应的变化,如记叙对象、议论对象、说明对象等。因此,写作对象自然是文章的必要因素。有的文章干脆用写作对象来命名,这也不错。说完整一点,标题就是以文章的写作对象为主构成的短语或短句,说得简单些,就是标题中要有写作对象。

我当然可以说得很复杂,比如标题有几种类型,标题与所写文体的关系、标题与所写文章主题的关系,标题与文章所用结构的关系,标题与文章基调的关系,标题与文章风格的关系……有的文章标题就用文章的主题命名,有的则用线索命名……哪怕这些说的都是对的,其实不说也没关系。在我看来,只要让学生记住作文的标题通常是以写作对象为依据而构成的短语或短句就可以了,因为阅卷教师没法扣分。留点时间给学生写好一篇作文吧!

二、找出写作对象是起好标题的关键

首先,为什么以写作对象为依据而构成的标题就扣不了分?因为这样的标题中有写作对象。换句话说,标题显示这篇文章在写作对象的范畴之中。毛泽东的《沁园春·长沙》是首词,词牌为"沁园春",标题是"长沙"。"长沙"就是这首词的写作对象。这首词写的是毛泽东青年时在长沙的所见所思。梁衡《跨越百年的美丽》的写作对象就是居里夫人,"跨越百年的美丽"是一个虚标题,它更着眼于文章的主题,即居里夫人的美丽,跨越百年依然存在。日本栗良平写的《一碗阳春面》,它的写作对象简单而言就是"一碗阳春面","一碗阳春面"中体现的是人与人之间的温情,以及艰苦奋斗、迎击挑战的精神。

其次,不必把写作对象看得很难。其实,不管是谁,只要是写文章,哪怕写的文章不怎么样,作者对文章的写作对象都是清楚的。所以从操作实践来说,只要经过几次练习,几乎没有人会说不清楚写作对象。换言之,这就是为自己的作文起个好标题的根据。怕就怕刻意去找自己文章的写作对象,反而弄巧成拙。对于虚标题和实标题，如果不花些工夫，常常不得其解。现在，你大概能理解为什么我那么反感"给你的作文起个好标题"这堂课了吧。

再次，标题有实标题与虚标题之分，学生只要注意不要全是实或全是虚的就可以了。但正副标题有大小的关系，如果处理不当，出现"大题小文"或"小题大文"的情况，就有问题了。比如，"苏州园林"是个实标题。在这个标题下，可以写苏州园林里的所有内容，甚至园林里能买到的小吃也可以写。若写的是苏州园林的造园艺术呢？"苏州园林"这个标题是可以的，但是大了一些。如果把原来的标题作为正标题，加上副标题"浅谈中国古代的写意手法"，那么标题相对而言就小了一些，写造园艺术就合适了。一般说来，对于一千字不到的文章，标题大些小些，不大会造成视角上差别，副标题常常可以省略，只是标题不能太大或太小。

最后，标题一旦写好，尽量不要变，顺题而写，除非发现审题不当。作文基本写完后，有一个步骤几乎是不可省的，那就是比照一下标题与文章。只要两者相当，没有大问题就可以了。

三、怎么做到标题"扣不了分"

标题中只要有了写作对象这个因素，基本上就扣不了分。可也不能说得太绝对。如果标题与作文文体不符呢？这也是要扣分的。比如，记叙类的文章都有线索，所以也有用线索作为标题的。如果是这样，那么写作对象在哪里呢？这个问题必须时时放在心里。如果只想到"文要对题"，忘记了写作对象，标题中没有写作对象的因素，如用主旨为依据命题，那么学生写的内容往往会离规定的写作对象越来越远。尽管对题，但是错得越来越离谱。现在的高考作文多以材料为题目。学生应先审题，然后确定写作对象，再拟标题，然后写作文。如果要写记叙文，那么就真的要注意了。

另外，标题如果与作文的风格不一致，往往也会扣分。作文写得很严谨，可是标题很飘逸，如说明对象是"想象力"，作文写了激发"想象力"的几个方面，标题是"飞起来吧"，两者好像有联系，但风格相差太大，这样的标题自然也会扣分。

此外，有的学生很喜欢使用小标题的形式，即在为作文拟好标题的情况下，写的时候把全文分为三部分，给后两个部分拟上小标题。这样会出现一些问题。一是客观上把一篇作文一截为三，影响了文章的完整性。哪怕有的教师很有水平，能够把三个部分归纳为一，但是谁能保证你的作文能让这位教师看到呢？二是这些小标题稍不注意就会脱离写作对象，为什么要给自己提高难度呢？年轻人往往会对形式的变化特别感兴趣，认为既然在范文中有拟小标题的，为什么自己不学着用一用呢？须知，范文有其出版上的需要，成熟一点的教师往往对形式上的变化颇不以为然，他们更看重内容。

有的学生会在标题的下面写上"题记"。虽然只是一两行，但是题记本质上是对标题的补充，会不会对写作对象有所损害呢？如果是对形式上的追求，那么教师或许会反感的。而且，我发现写题记的学生往往很难把作文写满规定的字数。

关于标题，我写了这么多，其实都只为强调一点：标题以写作对象为依据。记住这点，上述的许多问题便解决了。

我曾接触过一个阅读题目，这个选择题列出了四个选项，问以哪一个为题最合适。我看到四个选项中只有一项有写作对象，便选了它，我答对了。其实，写作对象是考试要考的基本知识。语文教师不教写作对象或不知道写作对象是不应该的，学生也是如此。

03　万事开头难

我在内地省份的一张语文报上读到过一位高三教师写的文章。他居然说，任何一个作文题，开头都能从屈原写起。他还说，以屈原为例写起，能够增加作文的文化内涵，而且显得生动形象。我是不敢这样大言不惭的。他说的我也不以为然。但我不由得想试试他说的有没有道理。结果试后我发现，不管写什么文章，开头真的都可以从屈原写起。

我不想举例我是怎么试的，我只想说说我是怎么想的。

首先，既然所有作文开头都可以从屈原写起，那也能从别人写起，如李白、苏轼、欧阳修等，只要是有名望的文人，都可以，不一定要用屈原。

其次，既然你能这样写，那别人也会这么写，类同写法必然会影响评判。所以我得出结论：这位教师说的，虽然出于真心，但在写作实践中不可取，高考中尤不可取。

还是用让读者感兴趣的材料开头为好。例如，"道路中间的白线叫什么？叫琼玛卡诺线。琼玛卡诺是位护士。她发现路上汽车越多，发生的车祸也越来越多，要动外科手术的病人也越来越多。她就想，能不能在道路中间画条白线？这样可以减少事故……从 1917 年到 1924 年，她不断呈文向政府建议，直到 7 年后才允许试验……事实上，自从道路中间有了这条琼玛卡诺线，受车祸所累的人越来越少。"这样的开头就容易让人感兴趣。

一、开头入题要快

开头有无数种方法，不能简单地说哪种好，哪种差。不过，千字左右的文章中，有什么必要在开头大动干戈呢？开头通常是第一段，一般说来不超过一百五十个字的篇幅，说了半天，字数早就超出，却还在题外唠唠叨叨，有什么必要呢？在我看来，学生写作文，虽万事开头难，但入题快几乎是唯一的标准。

入题快，就是进入标题快，就是写作对象或话题出现得快，就是进入对论点的思辨快。要思辨充分，思路清晰，就要有一定的篇幅。如果文章的开头花了许多笔墨，影响了有效论辩，实在是很不合适。

那么，入题快的方法有哪些？

（1）从人人熟悉的观点入题。在审题的基础上，从人们熟悉的观点入手，引入自己的思考或看法。这一方法相对比较容易，读者的兴趣容易被调动。不过，因为人们熟悉，所以要写得简练些。

（2）从人们通常认可的观点入手。从同样的写作对象出发，从人们平时认可的观点入手，引入自己的思考或观点。如果与读者的观点相仿，或者深一些，则让人信服；如果观点与人们认可的不同，则可以引起人们兴趣，顺着你的思路思考，达到你的目的。

（3）从作文的材料引入开头。如果是材料作文，那么原材料不用，离开材料另行作文，是个大忌。引入的材料要尽可能简略，用自己的话极概括地说出，甚至提到即可。

（4）引入自选材料，要与原材料成类比关系，再用上原材料。这样的开头最稳，如"琼玛卡诺线"的材料，如果要论证"持之以恒"或写"小人物有大贡献"之类的文章，在阅卷教师那里一般很容易过关。

二、开头的结构

虽然高考作文题常常写有"文体不限，诗歌除外"，但高考总的说来，要考查考生的思维程度，所以总有思维深度方面的要求，哪怕记叙文也是如此。体现思维深度的文章以议论文为多，这样的文章观点较明确，阅卷教师容易分辨得出，所以，从文体上讲，写议论散文是最合适的。

从议论的角度说，开头一定要用到题目提供的材料，否则要扣分。但是人人都这样写就类同了。有的教师要求学生抄材料，这就更错了。原材料必须概括，各人的概括有自己的个性，这样一来，题目提供的材料就变得不完全相同了。

先写自选的与原材料具类比关系的材料，要极概括地阐述，然后点到原材料，表明作文以此为题，不是"文不对题"。在这基础上，引出话题或写作对象，对相关或浅或深的观点尽可能作一些简单的罗列。最后引出思考、论点或者论点范围。有时，论点一时来不及思考完整，那么先提出论点范围也可以，反正文章的中心论点在引论、本论、结论都可以。

议论文或议论散文的开头，对议论而言就是引论。引论的功能是引出议论对象(写作对象),引出论点或论点范围。前面说的就是引论的结构及写法。

以 2011 年上海秋考的题目为例:犹太王大卫在戒指上刻有一句铭文:"一切都会过去。"契诃夫小说中的一个人物在戒指上也刻有一句铭文:"一切都不会过去。"

这篇作文的引论可以这样写:

余秋雨和几位作家考察以后,经过尼泊尔,到达中国的土地时,流泪了。他说,几个古国的文明已经消失,只有中华文明依然存在并且继续滋润着中华民族……他的说法与大卫戒指上的铭文"一切都会过去",以及契诃夫小说中的人物戒指上"一切都不会过去"的铭文有着相似之处。是的,文明可以消失也可以与时俱进,但是文化终究怎么才能永远与时俱进呢?

这个引论入题是很快的,在引述两则材料后,就切入了"文明",在简单地交代"文明"与消失、"文明"和与时俱进后,马上进入主题,即文明要与时俱进。"余秋雨"的材料与题目材料存在类比关系,而且使作文从一开头就因引用而显得与众不同,吸引阅卷教师的眼球。

三、写开头要注意整体

我在前面说过,中国人的思维是先整体的。虽然开头是作文的一个部分,但是作者必须在写好开头时,思考开头与作文整体的关系,这样的开头才是理想的。

从引论的例子看,找到与作文题目相仿的类比材料,事实上已经开始审题。作文的写作对象清楚后,拟什么标题心中便也有数了。类比材料的选择当然要准确,与原材料应有明显的类比关系。这一类比材料最好还能增强阅卷教师的阅读兴趣,起到一石二鸟的作用。如果用下棋来作喻的话,那么只具有一个作用的材料常常是臭棋。所以,选择合适的类比材料至少有两个功能:丰富议论内容,增强阅读兴趣。

写好开头,不仅要从整体思考出发,而且必须考虑作文的结尾。

头尾呼应是最简单的结构方法。有的学生不在意头尾呼应,那么你用什么结尾呢? 其实,会用头尾呼应是会写作的一个有效标准。既然开头用了"余秋雨"的材料,就要考虑在结尾中也用到。我们也可以把"犹太王"与契诃夫小说人物戒指上的铭文材料也作头尾呼应。这样看来也不错。然而,这存在一个重要问题,你看得出吗？作文题目中的材料如果不在主文部分出现,也就是说,如果不在本论中出现,不成为论据,那就是一种偏题。所以,头尾呼应可以有两种,也可以交叉起来,但是如果用作文题目中的材料作头尾呼应,此材料必须在本论中作过论据。以类比材料作头尾呼应则可以不管,在头尾部分出现即可。

具体而言,"余秋雨"的材料在作文中因用在头或尾,不作论据,所以是材料;考试题目中的材料必须作过论据,而后才可以作头尾呼应用,即要用三次或三次以上。

我们总是说"万事开头难"。我们几乎都有一个共同的体验:起一个好的开头,就会越写越顺利。我们常在写完作文后觉得开头写的句子不是很通顺,甚至连字也写得没有其他地方好。既然有的学生有这样的问题,那么不如先用铅笔写第一段,待全文写完,再重点修改,甚至可以重写。因为写完一篇作文后,学生的语言已经很流畅了,也容易发现并修改第一段中的不足了。

四、写好开头与材料的积累

写好开头,对写好全文具有很重要的作用。我检查了一下毕业班教师的工作,发现很多教师给学生布置了写作文开头的作业。我仔细看了看作业的具体操作,然后恍然大悟。原来写好开头这个环节简直可以称为"材料收集",就是在写作文。学生写过多少开头,就写过多少篇作文。因为学生思考过所收集的材料,甚至构思过作文框架,这与写完一篇作文的作用几乎一样,而且人人不重样,有个性。

高考作文中,论证需要很多有用的论据。临时常常想不到,就算想到了,要写进作文,也往往写不全。有不少指导作文的教师出了集子,其中很大一部分是收集的材料。学生觉得很有用,就去买这样的作文指导书。买的人多了,作文中用到的材料就容易类同,缺乏新鲜感。其实,与其买这样的书,还不如自己收集。你看的文章,觉得材料好就摘抄下来。既然一样动笔,还不如自己按引论的结构要求改写一下。动手时,学生自然会用脑想:怎样概括才好？于是,材料容易被记住,而且学生已有了全文的构思。

写一个开头,就一百五十个字左右。写作文时要找合适的类比材料。找到了合适的类比材料,就等于找到自己准备好的作文开头。既然"万事开头难",那么有现成的开头,写作文就会顺手得多。

　　我要求每位学生都订一份《报刊文摘》，一年也就 100 元左右。《报刊文摘》每周两份，看中的材料就做个记号，一个月后，再重新选择。三个月后正好放假，再次重新选择后，写个开头，结构上有概括的类比材料、写作对象、论点或论点范围。这样边写边收集，有 28 篇左右就够了。不管出什么题目，在作文中至少能用到一则材料。这些开头多看几遍就可熟悉，写进作文时，只要加入题目中的材料即可，还不易与他人重复。

04　谈谈作文阅卷的种种心理

学生写完一篇作文，从理论上说，要一个小时左右。时间花多了，语文的其他题目就完不成。完成了其他题目的解题、答题，有的学生写作文的时间就少了，于是拼命地赶拼命地写。那么，教师阅卷通常要多少时间呢？如果说，批阅一篇作文大概需要 10 分钟，一天也就只能批阅 48 篇。有的教师做过统计，说是教师读学生的一篇作文并且判分，平均每篇花 40 秒。我不知道对不对，姑且录在这里。我们就算批阅一篇考试作文一般需要 5 分钟吧，通常要持续 10 天左右。他们每天面对同一个题目，很多写法差别不大、新意不多的作文，很容易审美疲劳；而且，实在地说，阅读这些作文并不都是享受，所以作文的阅卷教师也不好受。

当学生的，必须适应教师阅卷的这 5 分钟的评判。虽然从理论上说，文章的读者范围是全社会的，但事实上，考生的作文只能由阅卷教师看。所以适应这 5 分钟，对学生而言显得特别重要。面对学生的作文，阅卷教师在 5 分钟里有怎样的心理变化呢？我想，学生对此也应该了解一些。

一、想见到一位健康、正派、有希望的年轻人

每次参加作文阅卷，总会有许多令人感叹的事情发生。认不清考生写的字最常见。阅卷教师认不出考生的字时，可以问问这个人，问问那个人，但你想想教师会问几次？总不能一直问下去。所以，教师给这类书写太差的作文打的分不会高，而且没有人会对此有什么意见。有时，阅卷教师会忍不住让其他教师来看学生写的作文，原来这位学生竟然在作文里大写爱情、初恋。这样的作文，文不对题是显然的，这样怪诞的表述，徒然让人大笑……

显然，上述作文只能让阅卷教师反感。那么什么样的作文才能让阅卷教师不反感且不由得都喜欢呢？公共关系理论中有一条原理，即"投其所好"。

常言道："文如其人。"教师看作文，一直期待能看到一位健康、正派、有希望的年轻人。字写得不好没关系，但至少要让阅卷教师能够认得出，否则阅卷教师就会认为这个学生学习不认真。你写"爱情"，就算写得很好，阅卷教师会赞

赏你这个"恋爱大师"吗？你以"斗蟋蟀"为材料，以"打群架"为材料，以"骗吃蹭饭"为材料……阅卷教师很少会认为你是正派的人。还有，你写很多负面材料，表现出强烈的不满情绪，行不行呢？阅卷教师知道的负面情况远比你多。你知不知道，负面材料加上负面材料，仍然是负面材料。你为什么不加一些正面材料呢？一身正气又该怎么体现呢？为什么总是爱当"愤青"呢？

难怪我看到有些学生写"追求""进击"的作文，常常会判较好的分数。从理论上说，你"追求"什么，为什么"进击"？这是个问题。但是阅卷教师太希望看到有希望、有追求的年轻人了，所以这些作文也就判得不错。

"投其所好"是公共关系学的原则之一，不是作文必须做到的原则。但是在作文中是有用的。学生面对的阅卷教师有许多不同的爱好，学生不可能选择由谁来看自己的作文，但是学生写的作文以及使用的材料，基本上得让大家都能接受，尤其是阅卷教师。

有一次，我参加阅卷，大家对一篇作文的判分有不同意见。我说："这位学生的作文存在着许多不足。但是我想，如果这位学生能够进大学，那么四年之后，他写的文章肯定能超过我……"那位有不同意见的教师不说了，因为大家知道我算是能写文章的了。大家同样也知道，给健康、正派、有希望的学生作文判个比较理想的分数，让他或她有机会深造，几乎是所有教师的心愿！

二、想见到一位思维深刻、见解过人的年轻人

我曾在甘肃某地听过一堂作文课。那堂课是在一个大礼堂上的，听课的学生和教师挤得满满当当。教师在黑板上写了一段材料：

长安城里有一匹白马和一头驴子。白马跟着玄奘到西天取经去了。三年后回来，白马和驴子说了许多外面见识到的东西。驴子很感慨。白马说："其实我和你一样，都走了三年……"

教师启发学生思考："怎么理解'都走了三年'？"于是学生想到：白马走了三年，是因为有追求。驴子走了三年，是因为没有追求。有了这样的思考，就形成了对"崇高"与"平庸"不同的理解。所列的本论提纲这里就略了。

应该说，这样的审题是讲得过去的。然而，可怕的是，几乎所有人都是这样思考的。

评课时，我对这堂课作了必要的肯定，之后说："能不能把白马和驴子都看

成崇高的？前者取真经,经过千难万险;后者在长安为人们天天磨面运货,也艰苦卓绝。要体现自我价值,都必须为之奋斗牺牲。如果能够这样思考,那么所列的提纲在论证时每条论据都可以有白马和驴子的材料,作文将更紧凑,而且主题更深刻。"

面对同一个题目或同一则材料,学生如果有不一般的思考,能够展示思维的深度,那么肯定能够得高分,甚至比一般的作文要高得多。

不要以为我这样说是高看了学生的思维深度。其实,学生应该比我们教师有更深刻的思考。从心理学的角度,高二学生的思维已发展到人类的最高阶段,只是因为种种原因,有的人没有充分表现出来罢了。教师有启发学生深入思考的责任,而不是自觉或不自觉地阻碍学生的思维发展……

主题表现得越隐蔽越好。文艺理论的这个观点在文学作品中无疑是正确的,但在考试作文中就不能这样了。考试是一门科学,考试作文的主题应该越显豁越好。因为阅卷教师一般只有 5 分钟的评判时间,完全有可能因为一时看不清主题,而作误判。如果学生把作文的主题隐蔽起来,就等于让阅卷教师发现不了主题。

在一个自然段中,最重要的是这段的第一句或最后一句。议论类的文章,这段的主题通常放在第一句,散文类的文章则通常放在最后一句。两者比较,哪个更显豁？显然是前者。当然,如果觉得这样仍不够显豁,那么可以独句成段,起到强调主题的效果,教师也一定能够看清楚句子并且知道具体的论点。

可以预见,一旦教师在判卷时发现面对同样的题目材料而见解比大部分学生深刻的作文,就会打较高的分数。

三、想见到一位作文结构规范,能解决实际问题的年轻人

我们肯定看到过不少文章不过是杞人忧天的感慨,不能给他人什么启发。我也看了许多高二、高三学生的作文,好多就是这种类型的。写文章就要解决实际问题,或者对社会的某些现象有感而发,否则还写它干吗？因此,作文中光发表杞人忧天的看法是无用的。

为什么这种情况在学校里很常见呢？从学生来说,主要是把写作文看作给教师看的得分工具。从教师而言,未重视作文应有现实针对性方面的内容这一点,缺乏对学生的指导。其实,作文的现实针对性是很容易看出的,凡是有的,

作文就有力度,哪怕有的学生不知道什么叫"现实针对性"。

一般而言,考试作文在千字左右。我看到有的考生真的在考试时数着字数。这也太傻了。其实,只要在离开卷面倒数第三行或第四第五行的地方结束全文就可以了。数它干吗?请你再想想,一篇写了正好 800 字,另一篇写了 900多,文章写得水平几乎是一样的,怎么判高下?肯定第二篇要高一些。更何况,要写一些有现实针对性的内容,本来可长可短,在结构允许的情况下,多写一些有什么关系?

作文的结构应该规范。我们确实看到过引论、本论、结论不全的文章,甚至是所谓的范文。但是,考试作文必须引论、本论、结论完整。考试作文的本论必须有三个分论点,而且这三个分论点要有递进关系,都必须是肯定句的形式,绝不允许用否定句。对于考试作文,头尾呼应是必须的,各段之间还应有适当的过渡……

我说了这么多,教师在指导时怎么兼顾得来?所以,归根结底靠的还是教师和学生对写作拥有流畅的整体把握。如果全文上下的联系既有起伏,又显得流畅,那么就显出考生是位会写作文的人,当然要判高一些。

05 我是怎样写这篇应命作文的

在 2001 年的夏天,我接到一个电话,要我马上写一篇作文,题目是这年的江西卷高考作文题,说是越快越好,收到就在报刊发表。我是 1999 年评上特级教师的,给我电话的是我的领导,所以这篇作文我必须写,而且要写好。

这年江西卷高考的作文题开头是这样的:

(2001 年江西卷)阅读下面一则寓言,根据要求作文。(60 分)

有一个年轻人跋涉在漫长的人生路上,到了一个渡口的时候,他已经拥有了"健康""美貌""诚信""机敏""才学""金钱""荣誉"七个背囊。渡船开出时风平浪静,说不清过了多久,风起浪涌,小船上下颠簸,险象环生。艄公说:"船小负载重,客官须丢弃一个背囊方可安渡难关。"看年轻人哪一个都舍不得丢,艄公又说:"有弃有取,有失有得。"年轻人思索了一会儿,把"诚信"抛进了水里。

寓言中"诚信"被抛弃了,它引发你想些什么呢? 请以"诚信"为话题写一篇文章,可以写你的经历、体验、感受、看法和信念,也可以编写故事、寓言,等等。所写内容必须在"诚信"的范围之内。

注意:①立意自定;②文体自选;③题目自拟;④不少于 800 字。

这几个因素选哪一个最好? 当然是选"诚信"。那么,其他可以选什么? 选"美貌""金钱"的几乎没有,选其他的可以吗? 说实话,似乎都行,但是不是最重要的呢? 未必。后来我了解到,如果选其他的都要扣分,好像最多要扣 13 分。我为什么选"诚信"? 当然是思考的结果。如果有学生不知道该选哪个,那么我要从命题的角度解释。一般而言,放在最前面的就是最重要的。因为有难度,对的人会少,但要让大家尽可能都对,所以要放在最前面,让考生容易发现并作思考。审题这关我基本过了,与"诚信"相关的观点,也进行了梳理。作文的论点定什么? 对此,我心中有数,但是一下子说不清楚。

我要准备开头,即引论了。我想整篇作文我会用到很多的材料和论据,材料和论据一多就容易显得杂乱,能不能有所规整呢? 当时的社会热点是日本反华,我想用这篇作文来抨击日本反华人士。所以,我想尽可能用与日本有关的材料和论据,这样材料即使多也不会太杂。

开头直接写日本，太直反而不好，那就从别的写起吧。我写的标题和引论摘录如下：

"诚信"的解读

与其将"诚信"归为某一民族的专利，倒不如把它归为全人类的择善准则。正因如此，中国的关公神龛遍及东南亚，甚至在美国也能受香火供奉；绿林好汉罗宾汉也从西方到东方广为人知；日本人喜欢在头上箍上白带子，上面写着"诚信"……然而对"诚信"的解读远没有结束，或许永远也不会终止。

我在引论的开端写到了"关公"，就想到在结尾要用到，构成头尾呼应。我从"关公"想到"罗宾汉"，是想强调全世界对"诚信"的赞颂。当然，也想到结尾要用或不用，也知道不用也没关系，字数够就不写，字数不够就写。注意，这里已经提到写作对象"诚信"。接下来，应该是关于"诚信"的一般观点以及解释。这一点我在这里没写，准备在后面部分写，因为"日本人喜欢箍上白带子，上面写着'诚信'……"已经隐含"诚信"的一般解释。这里不写好不好？我不知道，反正在后面部分我要加强对"诚信"的一般解释，阅卷教师如果看到了，也就不会扣分了。如果阅卷教师疏忽了，我就再次提到，这样总行吧。既然我确定"诚信"是作文的写作对象，标题也就好拟了。这篇作文的本论部分摘录如下：

解读，首先是范围问题。一部分人的"诚信"，如果与全人类的"诚信"不相吻合，即与全人类的根本利益不相符，那么这部分人的"诚信"也真应该加上引号。小泉执意要上靖国神社之"诚信"，如同东条英机之"诚信"，信奉屠杀与掠夺，让他国生灵涂炭。小泉的道貌岸然背后，布满阴森杀机，何"诚信"之有！

解读，还有一个态度问题。对"诚信"的理解，的确因人而异，或浅或深，或对或错。然而，浅了可以加深认识，错了，则必须认错，旨在今后改正，让人观其行，才能信其言。德国人还算有反省精神，对"二战"的责任决不含糊其辞，对铲除法西斯余孽也能不遗余力，这样才赢得了世界人民的谅解。瑞士的银行曾经为希特勒藏匿金钱，这个罪行被揭发，必然引发它的声誉危机。日本还有"历史教科书"问题、"慰安妇"问题，等等。当8月15日日本老兵身穿旧军服唱着旧军歌，在靖国神社前招摇而过，请问，小泉之流的"诚信"还能欺骗谁呢？

解读本身不应该是孤立的。在一个统一体中，健康、美貌、诚信、机敏、才学、金钱、荣誉都是其中的因素。从人格角度看，诚信无疑是最根本的了。其他的可以看作"诚信"的支撑或衍生，相辅相成。这些因素我们姑且称为"实力"。

有实力的诚信能产生多少真、善、美的效果;同样,有实力的谬误的"诚信"又能产生多少假、丑、恶!"二战"时,德、意、日,可谓有实力,他们的"诚信"却遭世人唾弃。现今的美国也可谓有实力,它颐指气使,把导弹打到人家使馆,把飞机驶到人家家门口,出尔反尔,言而无信。这里又有多少"诚信"? 现今的日本也有实力,它在支撑什么样的"诚信"?

上面摘录的是本论部分,共三段。本论部分必须三段或以上,一般三段就够了。两段不行,太简单了。从形式上看,可能三段、四段甚至五段,从思维的层次而言一般也就三段。

这个本论,先得看三个分论点。请看第一句,"解读,首先是范围问题",这是分论点吗? 不是。这是带有说明性质的段旨,与下面一段的"解读,还有一个态度问题",以及再下面一段的"解读本身不应该是孤立的"一样。因为标题中有"解读",这样写也显得结构比较整齐。所以,三个分论点是:

(1) 诚信必须与全人类的根本利益相吻合;

(2) 诚信要观其行才能信其言;

(3) 有实力的诚信由真、善、美支撑。

联系一下原文,你可以发现,原来,分论点在作文中所占的篇幅有的可以占该段的三分之一,有的可以占二分之一,甚至超过二分之一。原来,提纲中的分论点在写的时候可以"拉长",分几句表述也可以。为什么呢? 一是为了使作文显得一气呵成,少了些疙瘩;二是分论点本来属于议论,议论文如果没有一定的议论篇幅,就不符合文体的要求。

你还可以发现,每条分论点都是用肯定判断句。你或许会恍然大悟,怪不得上面摘录的本论第三段带有说明性质的,像是第三个分论点的"解读本身不应该是孤立的"用否定句,因为分论点不能用否定句的形式,这句不是分论点。

你还应该发现,这三条分论点之间存在逻辑关系,且其中没有并列关系。虽然教材中是允许并列关系的,但是我很反对并列,因为这样只能使论证浅薄。试想,如果两条或三条是并列的话,怎么能够使议论深入呢? 如果习惯了用这样的递进思考(结构上称为"层进式"),还要并列式吗? 参加工作后,每次发言都有这样递进的观点,发言的深度会超过多少人? 在篇幅有限的千字作文中,难道不应该包含更多的思想信息吗? 有的时候,有人说起我的学生某某现在有多少成就云云,我从不惊讶,因为我知道他的思想的确比别人深刻,他有成就是理所当然的。

你还会发现,这三条论证中没有对比,因为对比本质上是一种并列。黑与白,看似对比,其实在颜色的范畴中,它们首先是并列的,只有在特殊场合才是对比关系。因此,在论证方法上,三段我都没有用对比论证。

我说过,教师必须弄清逻辑中的从属与包容关系。这篇作文三条本论是从属关系还是包容关系? 它们的上位概念是"诚信",我们能不能发现这三条论点之间存在着的递进关系? 三者是"大、小、力度"的问题。其中的逻辑关系,可以说是从属关系。

本论第一部分采用的论证方法是类比论证。它的含义比一般的论证方法要丰富。小泉不是战犯,也不会上绞刑架。然而,一旦把他与东条英机相类比,即使不说他是战犯,不上绞刑架,也已经有了这样的效果。

本论第二部分采用的是双重对比论证。第一层是德国与瑞士相对比,德国是反面,瑞士是正面;第二层,德国是正面,瑞士是反面。在对同一个分论点进行论证时,对比论证是很有力量的,更何况这里还是双重的对比论证!

注意,写到这里居然还没有用到批判日本的材料,于是加上了"当 8 月 15 日日本老兵……"从论证方法上说,这是举例论证。但是叙述过细,应该要扣分。但作者只是想借此让读者明白日本法西斯的罪恶和无诚信,而且是一笔带过,因此阅卷教师会手下留情。

本论第三部分在开头几乎是把原作文题抄了上去,为了弥补引论中没有提及所给材料的不足。材料中有那么多的概念,为什么要选"诚信"呢? 这里用了借代,想来阅卷教师不会看不到,因此也不会扣分。特别要注意的是,这里的分论点部分似乎太长,可是却自成一体,分论点的论证部分超过了二分之一,而且与"实力"接得很紧,而且有议论三要素,所以即使长些也没有太大问题。

这一段的论证虽然有正面部分,但是很少,大量的材料是反面的。采用的论证方法是举例论证。与此同时,用了鲁迅的"顺手一枪"的写作手法,把离当时不远的美国轰炸我国驻南斯拉夫使馆,以及美国侦察机在海南撞落我国战斗机的事件批判了一下。当然,不能忘记日本,所以最后提了一句,作文的结构也显得完整了。

最后请看一下本论的三段行文结构。每段都用"总—分—总"结构,分论点的提炼只要我们把上下两个"总"的部分的意思叠加就可得到。恐怕有的阅卷教师会被每段开头的带说明性质的句子误导,所以我在每段最后的"总"中用了问句——"何'诚信'之有?""还能欺骗谁呢?""它在支撑什么样的'诚信'?"。

如果你有心,还能发现几句文言句式,如"……之有?"等。这是在悄悄强调作者的文言水平也不错。

你能从引论中发现"与其……不如……",在本论的第三段中发现"姑且"吗?选择这样的词语是为了表述严密,也许有的读者不认同你的观点呢!这样会很稳妥。

这篇作文的结论部分也摘录如下:

解读"诚信"不能不涉及内涵,不过,这里还有个历史范畴问题。关羽的诚信中,当是"忠"的成分居多,与现代的诚信差距甚远。罗宾汉的诚信以"义"的成分为主,现代人只能稍作参考而已。现代人的终极关怀已经不能只局限于一家一户,一族一国,甚至不能只关注人类。大千世界,芸芸众生都需要关怀,都需要和谐发展。在这样的态势下,实力的诸因素才能使诚信有一个无限丰富、充实的空间。每个人是如此,国家、社会也是如此。这就是我们应有的"诚信"观。

这是作文的结尾一段,也是作文论证的结论部分。开头的第一句我们不提。为什么"关公"要写成"关羽"?这是写文章的"避重复"原则。关羽与罗宾汉两材料是为了头尾呼应吗?不完全是,因为这里的句子中有解释概念的目的,即对写作对象作必要的解释。虽然这种解释在全文的引论部分显得不足,在本论的第三部分开头有所补足,但是这里再作一点强调也是应该的。接下来是现实针对性的内容,强调现代社会如何对待诚信。如果我们把这一点与引论的结尾比较一下,引论的结尾是论点还是论点的范围?你看得出吗?这既是全文的论点,也是论点的范围。这样的话,请问这篇作文的论点到底是什么?是强调有实力的诚信能产生多少真、善、美的效果,还是在人类的终极关怀看来,大自然的一切都需要诚信地对待?其实都是可以的,不过观点深些罢了。你注意到"诸因素"这个词了吗?在作文的现实针对性部分,再次提及对写作对象"诚信"意义的解释。

06 对高中作文主题的几点思考

世界是丰富多彩的,主题也应该丰富多彩。这话说得对,值得深思。高中作文的主题是否也应该丰富多彩? 这是理所当然的事。问题在于,高中生平时的作文乃至训练,还有随笔等,主题本来就不加限制,自然是丰富多彩的。但是从大家都很看重的考试作文来看,不可能想写什么就写什么,总是有些规则的,写得太浅了不行,写得太深了,也许阅卷教师也难体会。从约定俗成的内容来看,必须参照民族的潜意识。中华民族习惯上对哪些主题感兴趣? 这是我们考试作文必须仔细思考的主题范围。评判高考作文是一门科学,选拔一些学生,培养他们成为国家需要的人才,其实也是一门科学。

一、体验、哲理、况味

要想成为大学生,年轻人自然要经过考核。中国社会对这些年轻人是最抱有期望的,因此非常自然地认为,18 岁左右的年轻人应有较丰富的"人生体验"。"人生体验""人生哲理""人生况味"就是考试作文必有的标准之一。反之,达不到一定的标准的考生,常常就丧失了深造的机会。常言道:"文如其人。"在某种程度上说,作文是个人品性的外化形式。因此,至少从考试作文中,能够基本看出考生具有的品性。他在想什么? 想得深不深? 虽然 18 岁左右的年轻人的人生阅历是有限的,但是在有限的阅历中,考生是不是比别人想得深刻一些,懂得更多呢? 考生有多少体验,思考过哪些哲理,想到过哪些人生况味? 在作文中是可以一定程度地反映出来的。

基础教育与高等教育虽然紧紧相连,但两者之间实有很大鸿沟。基础教育基本上把学生看作孩子,而高等教育把学生看作成人。

懂点人生道理是社会对大学生的基本要求。说的是"懂点人生道理",实际上要求的是"懂得越多越好,越深越好"。学生应该感觉得到这种差别。事实上,经历过高三的学生会发现,在高三这一年里,自己一下子懂得许多,好像一下子就成为大人了。这一年,学生学的东西堪比从出生到高二,真令人吃惊!

在"体验""哲理""况味"三者中，"体验"是上位概念。一般说来，"人生哲理"似乎是对理科生而言的，"人生况味"是对文科生而言的。其实，"人生哲理"与"人生况味"的要求是相差不多的。对于对考试作文的评判，本来就不分理科生还是文科生。不管是强调已经获得的哲理的深度，以及强调感受到但未必得到总结的哲理的深度，抑或是经验，至少阅卷教师要能首肯。我们必须思考阅卷教师能够首肯的主题范围。阅卷教师很强调学生自己独立获得的哲理。毛姆说过："任何瞬间的心动都不容易，不要怠慢它。"把"心动"写下来，也许别人还没有写到过，这是一种特有的"人生况味"，也许可以称为哲理，值得玩味。这样的作文当然会获得好分数，一定能给他人启示。但这很难。学生获得的"体验""哲理""况味"大都从传承中来，在传承中思考，在传承中形成自己独到的见解。阅卷教师都是成年人，成年人对哲理深浅的感受自然有自己的标准，所以成年人认为比较深的哲理与学生考试作文中表现的对哲理的阐述存在某种一致性，因为两者的体验本质上是一致的，不过有着主动与被动的区别罢了。

我们不得不说，考试作文的主题范围就集中在这些成年人的认识范围内，尽管是这些成年人认为年轻人应该有的思考范围，但是这些"人生体验""人生哲理""人生况味"都不能独立于社会的现实存在。换言之，考试作文的主题范围与社会关注的范围基本一致。

二、作文主题与传统文化精神

如果把多年来的高考作文题目，以及审题思考后的写作对象、话题收集并归纳起来，我们会发现，它们主要集中在三个层面的七个概念上。

第一层次　　效率　　奉献　　价值　　责任/使命

第二层次　　　　　　追求　　超越

第三层次　　　　　　反思

这七个概念基本上都在中华传统的优秀文化范畴内。前面两个层次的六个概念，可以构成 14 个讨论主题：效率、奉献、价值、责任/使命、追求、超越；追求效率、追求奉献、追求价值、追求责任/使命、超越效率、超越奉献、超越价值、超越责任/使命。所有的概念与思考必须有质疑，也就是反思。如果把第三层次的反思作为题目，那么就有 15 个主题可以讨论。总的说来，这些题目的运作都得用到反思,即质疑思维。

举个例子吧。以效率为写作对象,从质疑出发,我们要考虑效率的意义、如何才能提高效率等。具体而言,"时间就是效率"的说法对不对?"不讲效率就是最大的效率"的说法对不对?"人类的历史就是追求效率的历史"的说法对不对?我们必须思考有关效率的基本问题,之后才能列出本论的三个分论点,构成本论提纲。

(1)效率与休闲本质上有相同之处;

(2)人类历史就是一个不断追求效率的历史;

(3)在追求效率中培育、体现自我个性。

这个本论提纲未必是最好的,还可能有更好的。三条分论点的关系是递进的,思考也是比较深刻的。请看第一个分论点,效率与休闲的相同之处是什么?为什么要加上休闲?是因为人的生活质量。一味追求效率未必对人类发展有益。而第二个分论点中的效率也因此有了积极休闲的意思。在这样的基础上,展现个性,发展个性,才能与社会的发展并肩而行。

有些很细致的学生在想:"你是根据第几个题目思考的?"说实话,我是根据第三个有关"效率"的题目思考的。你应该发现,本论的第三个分论点往往有着"超越"的内容,因为作文本来就应该递进。第一个分论点与写作对象贴得很近。一般说来,第二个分论点是学生要特别考虑的,它应与第一或第三分论点构成逻辑关系。也就是说,第一层次的四个概念作为写作对象是必须要事先考虑周全的。第二、第三层次的三个概念,既可作为写作对象来思考,也可作为思考方法来运用。

这几个概念是否有效,可以用成功的作文来验证。虽然说的是传统文化精神,但是现代理念可以在作文中体现,而且可以显得很稳妥。有的人可能会说,我们写好这 15 篇作文不就可以了吗?这样做会有效果,但是作文往往不可能这样命题。写好作文的基本方法还是必须掌握的,用好质疑思维才是最根本的。

三、作文主题与人权文化精神

从 21 世纪开始,人权意识在社会上日益得到认同,高中作文以及高考作文中也时常出现。体现人权意识的好作文在一类评分卷中也占有一定分量,这在以前是不可想象的。提到人权文化精神,应该引起重视的是哪些概念呢?

民主	平等
尊重	尊严
友情	慈善
悲悯	宽容

从广义上说,这八个概念是"你中有我,我中有你"的关系,但又相对独立。民主、平等是一般社会大众能认可的观念;尊重、尊严重在个人的价值体现;友情、慈善应该是人与人之间的真诚关系;悲悯、宽容是个人对他人和社会在道德层面应有的态度,是崇高道德的基础。

以悲悯为例,我们先从主观与客观来思考它的两个方面——悲悯与宽容,然后列出本论的三条分论点。

(1) 悲悯与宽容以是非确定为原则;

(2) 悲悯旨在重视痛苦的社会原因;

(3) 悲悯旨在为更多的人走出痛苦而努力。

一般而言,在审题、思考的时候,可以同时兼顾传统文化精神与人权文化精神,列出的分论点两方面都可以涉及。上面的本论提纲也可以如下所示。

(1) 悲悯必须体现自我对社会的责任;

(2) 悲悯在同情之中必须有原则坚守;

(3) 悲悯者必须承担铲除不幸的重任。

在人权文化精神方面,虽然我选了八个概念,但其实是远远不够的。不仅这八个概念之间常常会"串"起来,而且它们还可能与其他的概念连起来。我想这没有关系,这八个基本概念能够被记得牢一些,学生能够运用自如才是最好的。

在道德范畴内思考,悲悯是十分深刻的。它有同情的一面,但不能离开谴责;它有着深深的包容,然而为人类承担的责任,使自己陷入痛苦;它"哀其不幸"是强烈的,它"怒其不争"是咬牙切齿的;它自觉承担引领人们前行的重任,几乎没有自己的喜怒哀乐,都是为他人在呼唤!我建议教师好好地思考"悲悯"的深意,它对引导学生作文主旨具有特殊的作用。

四、作文主题与社会主义核心价值观

我记得,有次上级部门来检查学校对社会主义核心价值观的掌握情况。抽查下来,教师中语文组和政治组最好,总体情况是学生比教师好。

1. 国家层面的价值目标

富强　　民主　　文明　　和谐

2. 社会层面的价值取向

自由　　平等　　公正　　法治

3. 公民个人层面的价值准则

爱国　　敬业　　诚信　　友善

仔细想想,社会主义核心价值观难道不是我们作文包括高考作文的主题范围吗? 把它与上面的三项作比较,说实在的,相差其实不大,只是相对具体一点罢了。

07　高中作文主题质疑范围

　　山西灵石讲学结束后,我和教师们座谈。有位教师说:"本来我一直觉得学生作文写不出是因为缺乏作文材料。我认为随着学生生活阅历的增加,材料会慢慢丰富,写好作文是可以等待的。现在知道学生不光是缺乏作文材料,也缺乏对作文主题的思考……"我很认同这一观点,而且还想作点补充:高中生和高考生不同,如果以成人的思想为标准,高中生的思维广度与深度,远未得到好的开发。

　　世人都说中国人很聪明,但也有人认为中国人缺少质疑意识。也许是因为缺乏质疑精神,所以中国人的个性不够张扬,创造意识也有待提高。

　　我们看看欧洲一些国家的作文题目,几乎都有质疑的因素。哪怕是文学性质的,也离不了质疑,而且一直以来都是这样。

　　上海的高中作文教学已经开始在质疑上下功夫。质疑本质上是一种思维品质,质疑的范围包罗万象。在训练中能不能把范围圈小一点? 我觉得应该从加强实效的角度尝试一下。有十个方面值得我们每一个有志向的青年关注、思考并质疑:人与自然、人与环境、人与艺术、人与科学、艺术与科学、道德底线与高尚道德、追求与低调、名利与价值、尊严与平等、文化。

　　下面一一介绍这十个方面应该具有的观点。

一、人与自然

　　能用理性的方式思考,并为自己建立理性法则的人,才是理想的人。英国哲学家休谟说:"理性很容易被欲望征服,成为它的奴隶。"也就是说,一旦人们迷信理性而忽略甚至违背人类的本能需要,那么理性也许会对人类的生存与发展起到惩罚的作用。

　　自然为人类的发展提供了一切条件和机会,包括物质的、精神的,等等。然而,人类的发展往往以摧毁自然为代价。所谓战胜自然,是把自然作为敌人来对待。但"绿水青山就是金山银山",人类应该与自然和谐相处,同甘共苦,相互促进。可以这样说,自然就是人类,因为两者休戚与共,而人类也应该成为自然,因为人类本就是自然的一个组成部分。

要敬畏自然。听得懂的就按自然说的办,听不懂的也要按自然说的办,直到能够听懂为止,因为我们虽然能察觉许多自然规律,但尚未对它们进行研究、掌握,所以本质上,人类仍处在未知之中,而且懂得越多,未知的就越多。只有保护好自然,人类才能为子孙万代谋幸福,才能可持续发展。

人类作为万物之灵已经太久,那种为所欲为的时代已经一去不复还。"人定胜天"本质上是把自然作为敌人看待。人类必须约束自己,把自己看作自然的一分子,在保护自然的同时保护自己。人类源自自然,最终必须回归自然。作为一个哲学术语,"回归自然"是崇高的,如同绚丽复归平淡,神圣而又安详!

人类的终极关怀是什么?正是关怀自然,关怀宇宙,关怀一切!因为人类是自然之一,是宇宙之一,是一切中的芸芸之辈!

二、人与环境

以前,人类与环境的关系总被理解成一种主观与客观之间的关系。有人强调,只要人类能充分发挥主观能动性,就一定能改造环境,甚至再造环境。这种想法在初始阶段也许是可行的,但到了后来就会很可怕。正如唐·吉诃德用长枪与风车决斗,过分夸大人类的主观作用,这种静止地看待环境的想法多么幼稚落伍!

"唯武器论"的看法是错误的,盲目夸大人类的作用也是错误的。技术的发展与时俱进,只有掌握技术发展的规律,人类的主观能动性才能真正体现出来。

人是环境的产物。不管怎样,人类的生存都有环境的因素,甚至本身就是环境的一种表征。因此,人类完全可以为环境所用,环境也能为人所用。不要哀叹自己为别人所用,你也用了许多别人提供的条件,只是不自觉。因此,你也应该为他人提供条件,为他人所用。

人类不管自觉或不自觉,总要为环境所用,而且应在这个过程中能动地改造环境。因此,人类首先要能够适应环境,在适应中让自我强大到一定程度,才有可能改造环境,超越环境,追求理想环境的实现。公平永远属于掌控环境的强者。

换言之,人与人的关系是互为环境的存在。能够为他人选择最适合其发展的环境,甚至作出牺牲,就是甘为人梯的精神。从某种角度说,优化环境到了一定程度就是人与人和谐发展的崇高境界。

三、人与艺术

人类的发展与艺术的发展同步。原始社会有与它相适应的原始艺术，现代社会也有与它相适应的现代艺术。有人感慨纸质媒体的式微，哀叹文化的末日来临。殊不知，在没有纸质媒体的时代，是说唱艺人靠口传心授，把作品传了一代又一代。纸的产生，文字的出现，印刷术的发展，使纸质媒体问世。于是，戏剧、小说等艺术形式有了载体，得到迅猛发展。电脑的出现使得戏剧、小说等艺术形式受到了影响，但新媒体的涌现，肯定会催生新的受到欢迎的流行艺术样式。

东方人认为，艺术的生命在于为老百姓所喜闻乐见。这种强调艺术普及的看法很有哲理，因为只有在普及的基础上才能有扎实的提高。

西方人的看法与东方人很是不同。他们认为，艺术的创新首先培养了一批能欣赏艺术的人，从而提升社会的审美素养。他们把艺术提高看得很重。我想西方人的看法也有一定道理。艺术的普及也许是自然而然的事，但艺术的提高确实需要有人进行开天辟地，甚至艰苦卓绝的工作。据说，世上只有 5％—7％的人能读懂乔伊斯写的《尤利西斯》。当然民族文化之间的隔阂也会影响传播。莫言就说过："我读过卡夫卡的《城堡》。我至今不理解葛里高尔是怎么成为小甲虫的……"

艺术的发展，贵在创新，贵在普及与提高并举。

社会审美也许可以说是一种集体潜意识。每个人的审美素养不同，人与人之间的交往和相互影响，造就了一代人的社会审美。在人类社会中，社会审美是文明的一个窗口。在人类社会的不同阶段中，社会审美是由低级向高级逐步进化的。在阶级社会中，各阶级的社会审美难免有隔阂。

民族的艺术也是世界的艺术。一种艺术形式如果是民族的，即受到本民族人民的推崇，也一定能够被世界各民族接受。

如果说艺术的本质是反映社会生活的本质，那么它主要是通过艺术形式的变化来反映这个本质。换言之，艺术的创新主要体现在形式的变化中。

四、人与科学

广义的科学,包括技术科学与人文科学。狭义的科学,指的就是技术科学。

科学本质上是人类对规律的探索与认同。对规律的探索是无止境的,所以人类的未知也是无止境的。换言之,人类对规律的探索与认同越多,未知也就越多。越是大言不惭地宣称自己知道得多,就越表明自己愚蠢。

适应规律就是适应科学,顺从规律就是顺从科学,敬畏规律就是敬畏科学。

科学的本质是批判。批判性思维来自对科学的坚守。质疑就是指批判性思维。教育并不在于让人知道多少知识,而在于培养具有批判性思维的人。有批判性思维的人,才能自己探索知识的海洋。只有知识的人如同两脚书橱,知道的有限,他的心目如同井底之蛙。

宣称自己所拥有的知识是神圣、不容置疑的人,他所拥有的一定是伪科学。世界上存在很多这样的伪科学,我们必须予以警惕。

科学是把双刃剑。一方面,科学的发展使自然有了长足的变化,使食物变得丰富充裕,等等;另一方面,科学的发展又使得污染遍布全球,自然变得肮脏难认。一方面,科学的发展使人类的寿命越来越长;另一方面,科学的发展又使人类面对疫情只能被动应付,左支右绌……

科学家除了承担技术开发的责任,还要承担由此而来的道德伦理责任,承担人类存亡的是非责任。

黑格尔说过:"存在即合理。"以合理来掩盖不合理是危险的、错误的。似乎合理的就是科学的,但其实本质极可能是伪科学。

现今世界,最可怕的是系统化的暴力,它似乎并不直接伤害人类,而是暗中通过规则、制度和程序等系统化的手段剥夺各种自由,限制各种可能性,即程序正确地实施剥削。这种剥削就像遵循着科学的规则,似乎不是犯罪,而是通过制定标准和游戏规则合法地攫取暴利。警惕这种用伪科学为非作歹的手段,靠的往往不是揭露而是实力。用真正科学的方式来与伪科学的手段作斗争,尽管需要承受巨大的压力和牺牲!

五、艺术与科学

人类的整个发展过程中,艺术与科学的发展几乎是同步的。如同广义的科学本身包括艺术，科学和艺术与人类既密不可分又互成系统。

艺术与科学互为依据，相互依存。欧洲经济与科学的发展曾以英国、法国为首，相对落后的德国却在哲学上处于领先地位。一方面，德国的经济与科学早晚会追平英法；另一方面，从整个欧洲来看，艺术与科学的发展仍是基本同步的。

同样，从世界范围来看，中国经济与科学发展现今走在前列，那么中国的人文艺术也必然会走在前列。中国有着很大的发展空间，科学与艺术的普及往往需要花费很长时间，这既是中国发展的弱点，也是中国发展优势。一方面，它延滞中国的持续发展；另一方面，它又巩固中国发展的基础。

艺术的发展为科学的发展提供了无限的想象力，而科学的发展又为艺术的发展不断提供新的与时俱进的载体。艺术与科学虽是两门学问，可它们异中有同，即对规律的把握、对秩序的把握是相同的。

艺术素养和科学素养对人类而言不可或缺。虽然人们具有的艺术素养和科学素养不同，但人们的艺术素养和科学素养是衡量社会发展水平的重要标准。从中国与发达国家的人均艺术素养和科学素养水平相比，两者都差强人意，但同时也预示着存在很大的发展空间，需要我们长久的努力。

艺术与科学的统一，是真、善、美的统一。换言之，因为真、善、美是统一的，所以艺术与科学也是统一的。追求真、善、美的统一也是人类的终极理想。艺术与科学的统一，就是真、善、美的统一，就是人类的理想！

六、道德底线与高尚道德

道德底线是人们必须遵守的最起码的为人原则。在社会生活中，人与人之间总会形成一定的关系，形成一种具有某种约束力的道德规范。因此，道德底线也就成为从事各种职业的人必须遵守的职业道德或职业操守。道德底线一旦突破便是堕落。

道德底线不能与高尚道德相提并论。前者是基本的，可以约束每个人的；后者是高尚的，不是每个人都能拥有的，是大家所尊崇的。

离开理性思考与自我约束，道德就成了空话。因此坚守道德底线往往需要付出，甚至牺牲。在缺乏理性和自我约束的群体环境中，坚守道德底线的人必会感到孤独与遭人白眼，于是坚守道德底线就显现出某种高尚的亮色。

道德底线是有追求的人都可以达到的道德境界。

有高尚道德的人必须做到一切对人类负责,对自然负责,对真理负责。有高尚道德的人必须懂得羞耻,懂得宽容,懂得悲悯。

公德是每个人都应该遵守的社会公共道德。例如,不许随地吐痰,按次序排队,等等。日本人强调"不要让人讨厌",中国人强调"不要让朋友为难""不给人添麻烦",以及中国人历来提倡的"与人为善""文明出行",等等,都是在说要遵守社会公德。

道德总有利他的特点。利他有着不同的层级和标准。具有高层级利他的道德,或者有利于普罗大众的道德,才称得上是高尚的道德。

道德也是人们执着追求自我完善的体现,不讲道德的人一定是没有崇高理想的人,没有崇高追求的人。用道德作为面具来掩盖罪恶用心的人是最令人不齿的人。也正因有这样的人存在,道德才与文明联系在一起,才有了识破坏人的无限穿透力。

七、追求与低调

追求应该是高尚的,不是追求私欲的或自私自利的,不顾别人死活,甚至损人不利己的。追求包括物质追求和精神追求。追求物质未必低下,追求精神未必高尚,关键在于是否利他,是否对他人负责。

把小我与大我统一起来,也就是把自我发展融合在集体、社会、国家、人类的发展之中。自我发展离不开集体、社会、国家、人类的帮助,也会促进集体、社会、国家、人类的发展。这样的自我发展观,体现出承担与责任,体现出开阔的胸怀与远大的境界。

低调是人的一种处世原则,把自己看作普通平凡的人,像普通的人一样生活。不张扬,不矫情,不自命清高,甚至甘于被漠视,受委屈,被侮辱。把自己的丰功伟绩看作很平常的事,把他人作出的贡献看得很重,把自己受到他人的帮助与支持看得很重。

能够低调处世的人,心中常有高尚的抱负,他们的精神生活一定是丰富多彩的,也一定有战胜一切的信心和毅力。哪怕他们什么也没有,他们也一定是沉稳坚强的人,是心灵富裕的人。

低调,是人生价值的崇高体现,哪怕只是一种生活态度,也有着沉思和退让。

真、善、美存在于不断追求真、善、美的过程之中。淡泊与低调是人人可以追求到的境界。想成为名人的人未必有错，但不是名人偏偏把自己作为名人是可耻的。名人应该是低调的，因为名望本质上是自己的努力与奉献得到他人的承认。

人的价值归根到底体现在对待索取与奉献的态度上。真正的伟人总是怕给社会添麻烦，从不向社会索取，而是一心奉献社会，追求、实现自己的价值。

八、名利与价值

名利观本质上是一种价值观。有的人一辈子追求名利，其实什么也没有得到，名和利都是虚无。有的人一辈子不追求名利，却有名有利，因为人民忘不了他，始终记着他。

人们往往从价值角度来衡量他人。有的人把名利与价值连在一起。然而，不同的人有不同的名利观与价值观。世界上，衡量人的价值的标准往往是成就、奉献、工资等。

不同的工作常常与不同的工资连在一起。工资高低是衡量人的价值的一种标准，但不是人的价值高低的唯一标准。许多人一生成就很高，有着杰出奉献，却没有高工资。这一方面是因社会条件的局限，另一方面也在于他们并不看重这些，不会刻意去追求高工资。他们更看重自我完善和自我实现。

说到自我完善，就得说说中外的不同观点。中国自古代起就很强调自我完善，如"达则兼济天下，穷则独善其身"。得志就使天下的人都得到好处，特别是老百姓；如果不得志，那么就好好做人，使自己更加完善，成为大家的楷模。当然，现在需要对这句话作新的解释。外国人对自我完善的看法可以以美国的马斯洛为代表。马斯洛认为，自我完善是创造人类没有过的东西，或者使自己更加完善。也就是说，有能力的人把对人类和世界的责任担在肩上，在创造中完善自我，没有能力的人则把完善自我作为己任。看来，中外都把自我完善置于价值层面，都有辩证的两方面。

价值有物质的方面也有精神的方面。人的价值常常会超越时代、超越范围、超越职业、超越境界……不被物化和异化，不为物累，不为名累。物化，就是只追求物质利益，人为物所累。异化则包括物化，以追求名利为人生唯一目标。

当下，人要走出狭隘的名利观、价值观，要逃离平庸，追求卓越。只有逃离了平庸，才不是俗人。庸俗的表现就是计较名利得失，脱离了低级趣味的人就是脱俗和高尚。

九、尊严与平等

每个人都有尊严，每个人都应有尊严地生活在世上。

每个人都需要高尚的同情、怜悯，但接受不了他人居高临下的施舍。中国人强调不吃"嗟来之食"就是这个道理。

整个人类史就是一个让人，让更多的人真正不断获得尊严与平等的历史。它远远没有结束。给每个人施展个性的空间，就是给每个人尊严与平等。

真正的尊严来自实力与成功。

传统社会中，专制与民主水火不容，但在新技术条件下，专制与民主有可能调和。孔子当年提出，每个人都应各安其位，认为有着等级公正的社会是好社会。现代人则反对等级观念而追求平等。民主要以法治和自由为前提。没有任何约束的民主是很恐怖的事情。支持民主的价值是平等，民主是一种为实现平等的制度安排。

十、文化

传承文化要遵守抽象继承的原则，传承文化必须体现在具体现实之中，体现在日常生活之中。传承文化必须传承世界各国各民族的优秀文化，而不能只传承本民族的优秀文化。

文化中有糟粕，不可无条件继承，必须尽可能多地剔除糟粕。不过，有些糟粕可能在特殊条件下也有用。因此，传承文化必须有理性的思考并作理性的选择，必须有实际的价值。

中华文化是唯一不曾中断的文明，现在仍然具有积极作用，滋润着中华民族和世界各民族。这是因为中华文化能够吐故纳新，不自背包袱，不妄自菲薄。

文化上的每一个进步，都是迈向自由的一步。一个民族的觉醒，首先是文化上的觉醒。

文化是心灵的培育。英国文化研究鼻祖雷蒙·威廉斯在《关键词》中提出，文化从广义上有三个层面：(1)精神和美学；(2)特定的生活方式；(3)知识和艺术创造。

怀旧不能解释当代问题。在新问题面前,资源需要重组或重新解释,不管是新资源还是旧资源,离开了当下热点,离开了当下迫切需要解决的问题,都无实在的意义。这就是探索,这就是传承。传承值得尊敬,但不能复制。传承的同时必须更新或重塑。

中国需要一个"存在的跳跃",即需要自觉的精神建构。当传承与创造成为精神的自觉,这种"存在的自觉"就能实现。

以上十个方面并不绝对。有许多方面的认识正处于不断发展之中,我们都应予以关注,也都可以增加内容。例如,探索与传承,合作与妥协,集体意志与个性表达,等等。只要你对新观点新思想有所重视,有所关心,把看到的摘录下来,有时间再看一下想一下,你的思想就会变得深刻,思路就会变得流畅,自我提高就会快得多。

显然,光凭这十个方面是不够的,思想的深度方面也是如此。但是,如果把这些看作基础或底线呢?如果说高中生起码要能有这样的认识或观点呢?如果考虑到与时俱进的因素,学生每年能否有所改变或更新呢?高中生应该思考得深刻而全面。

08 高中作文本论、分论点拟定的一些误区

高中作文训练,教师应根据实际存在的问题作一些系列操作。前面我们已经谈到作文的开头与结构。从引论、本论、结论的结构出发,引论一般这样写:简单概括自选的与作文原题具类比关系的材料,然后简单概括原题,引出两者的相同点;对这个相同点作一些解释,浅些也可以,深些的往往是自己无法或很难论证的观点;最后提出本文的论点或范围。这个结构几乎是不变的,照着写就可以了。而结论只有两个,就是作文的总论点,以及作文的现实针对性。现实针对性要考虑论点论证完了该"怎么办",可以或表扬或批评某些社会现象,也可以作些号召。这种结论的结构也不会有大的变动。考试时可以先不作考虑,为的是节省时间。因此,如果要为自己的作文列提纲,考试时时间比较紧,引论与结论的提纲可以不必列,因为它们几乎是一样的,稍作改动就行。

作文最关键的是拟定本论的三个分论点。一般而言,分论点一旦拟定,就能正式写作,甚至作文的得分也大致清楚了。这就是本论提纲。

例一 题目:教训

简析:

这是个命题作文的题目。在初次要求学生列本论提纲三个分论点时,几乎所有学生所列提纲都不合格。因此有必要先提出以下要求。

(1) 列本论提纲,不要引论和结论部分,更不要有论据或材料的表述;

(2) 要用肯定判断句,因为是观点,不是提出问题;

(3) 不要同义反复,不要用比喻等修辞方式;

(4) 三个论点构成层进关系,不要并列式、对比式;

(5) 一般而言,本论的第三条总有"超越"的意思,总与自我有关。

参考一 教训

(1) 从成功与失败中总结教训;

(2) 一定要找到主观与客观的教训;

(3) 在不断总结教训中提升自我素养。

参考二　教训

（1）从失败中总结教训；

（2）从成功中总结教训；

（3）科学理性地检验教训的效果；

（4）在不断总结教训中提升自我素养。

"教训"的这两个本论提纲写得都不错。实际上，提到"从成功中总结教训"的同学大概不足 1‰，大家都习惯"从失败中总结教训"，但这是不周全的。事实上，我们大都是"从成功中总结教训"的。写这篇作文，如果能写到这一点，就一定能得比较高的分数。想一想，为什么只有这么少的人才能想到这么平常的观点？我们的思维中缺少什么呢？缺少逆向思维，也就是质疑思维。

我们不在论证中用并列结构，所以"失败"与"成功"可以用一个分论点表述，如果要分开，那么分论点就应该有四个。其实"在失败中总结教训"因为人人都知道，所以本没有必要论证，在引论中提一下就可以了。

例二　题目：起步

简析：

这也是命题作文。如果不作指导，也许有近一半的学生会写成记叙文的提纲，因为"起步"这个词指的是一种动作。要让学生看到题目时就想到，要构思的文体是议论散文，必须从概念出发来构建本论提纲，所以要把"起步"转换为概念——"开端"，然后从"开端"思考本论三个分论点。

参考　起步

（1）万事开头难。

（2）人生处处是起步。

（3）起步应该怎样做？

A. 起步要坚守正确的方向。

B. 每个阶段都要迎难而上，找到新的成功路径。

首先，本论第一个分论点是哲理，可以说是不错的，只是浅了些，不过没有关系。如果递进思考之后，出现的观点是有新意的，那么两个分论都能成立，反之，则两个分论点全不用，必须重新思考。"人生处处是起步"是有新意的，也就是，如果我们把人生分成阶段，那么可分为无数个阶段，每个阶段都有开端。这样,这个本论提纲就有第一、第二个分论点了。

其次,这本论三列了两条,选哪个好? 如果选 A 为本论第三条,虽然写得深刻些也能勉强过关,但从逻辑上说是有问题的。A 应在议论之前,也就是应在引论中提一下。从递进的逻辑角度看,还是选 B 为好。

例三　题目:成才

参考

(1) 在逆境中成才;

(2) 在顺境中成才;

(3) 艰苦奋斗出人才。

训练中,几乎所有的学生都看不出这套提纲是错的。因为光靠"艰苦奋斗"出不了人才,即"艰苦奋斗"并不是"出人才"的充分条件。问题出在哪里呢?

其实,分论点一、二是从客观角度看"成才",而分论点三是从"成才"的主观角度看问题。如果为这一个本论提纲增加第四点"在不同的环境中艰苦奋斗,努力成为祖国所需的人才",那这个提纲就比较完美,符合逻辑,符合社会实际。

写作时,上述问题往往很难及时被发现并纠正。但是如果我们能够想到,结论部分通常包括本文总论点和现实针对性,那么作文就有救了。有不少学生对这里的本文总论点不那么在意。请想想,本文总论点通常会把本论的三个观点叠加,这样就有了前面说的第四条,而有了它,作文就没有了大的漏洞。当然,现实针对性也是非常有用的,如果写到了,作文的漏洞就有可能补上。

其实,影响成才的因素有很多。美国心理学家推孟做过一个著名的实验。他对 1000 多名高智商儿童进行了长达 30 年的追踪研究,得出一个结论:成功需要一定的智力基础,但到达一定的智力水平后,成功就不取决于智商。成功人士的共性在于,拥有很强的自信,知识面比较宽广,能融会贯通和包容。

如果以上述材料写这篇作文,本论提纲就需有所变化。当然,后面的例子也会为我们提供作进一步思考的可能。

例四　题目:有位勇士,他有勇往直前的精神。他前进时,遇山就翻过去,逢水就游过去,坚持不懈向前进。有一天,进入沼泽,他仍然奋勇向前……结果陷入泥淖,难以脱身……

阅读上述材料,自拟题目,写一篇作文,字数 800 字左右,文体不限,诗歌除外。

简析:

这是一篇材料作文,阅读材料后,我们应该知道理解这则材料所蕴含的哲理必须用类比,所以,写议论散文是比较合适的。

用这则材料写作文,如果先拟本论提纲的话,那么大约一半的学生会出错。

通常,许多学生会在拟完本论提纲后再拟作文的标题,所以我们先列一般的本论提纲。

参考一

(1) 两军相对勇者胜;

(2) 根据条件制定成功的方案;

(3) 在战胜困难中不断成长、完善。

本论提纲中,凡是肯定"勇敢"的都是错的。将"两军相对勇者胜"中的"勇"简单地理解为"勇敢"是错的。为什么呢? 因为在阅读材料时,必须从材料中提炼哲理,而且必须从整体材料中获得。这则材料的哲理是"有勇有谋才能成功"。材料中的"勇士"不是陷在沼泽了? 你还能简单地肯定"勇敢"吗?

这个训练告诉我们:面对许多材料作文,必须在从整体上把握材料中蕴含的哲理后,才能进一步思考。

参考二

智勇双全才是成功之道。

(1) 有智有勇才能成功;

(2) 遵守规律,未雨绸缪;

(3) 在战胜困难的实践中不断完善自我。

这个本论提纲是比较好的。本论第一条从个人角度作考虑,第二条是从客观视角,提出按规律办事。在这样的基础上,"勇士"也在不断走向成熟。

例五　题目:习惯

简析:

这是1985年的全国高考作文题目。题目采用命题作文形式。这个题目出得很浅,考生自然有必要写得深刻些。许多学生在小学里就接触过、思考过以"习惯"为主题的作文题,或许因此,命题教师认为人人都有条件写好这篇作文。可是,在这一年,面对"习惯"这个题目,写得非常好的考试作文很少,因为学生思考得并不深刻。许多学生一接触题目就想到:习惯来自平时;要养成好习惯,改掉坏习惯……这不是同义反复吗？这不是在简单地解释概念吗？其思维模式几乎等同于小学生，高中生是不应该简单地用"好"与"坏"来看待世界的。

其实，这个时候应该用前面关于主题部分所学到的东西。如果想到前面文章中提到的传统文化精神的几个概念："效率""价值""奉献""责任""追求""超越"……在很短的时间里列出这个本论提纲不是很容易吗？

参考

（1）习惯必须指向效率；

（2）警惕习惯中的保守因素；

（3）养成不断更新的生活方式和思维方式。

这个本论提纲我希望学生能够背出来，因为我们遇到看似很简单的作文题目时，很容易犯人云亦云的错误，把文章写得浅了。如果我们能想到"习惯"这个题目的处理办法及其本论提纲，也许会有所启发。

09　谈谈质疑作文

最近几年，语文界很提倡学生写质疑作文。质疑其实是思维的一种。在作文训练中强调思维训练已持续多年。语言是思维的工具。但是我们的语文学习在思维训练方面常常是很被动或者说无规律的。理论上虽强调思维训练，但操作中常常有意无意地忽略它。

作文中强调质疑思维，其实突出的是批判性思维和创造性思维。一个民族如果有较强的批判性思维素养，那么在物质或精神上对国家对世界的贡献一定是很大的。

质疑思维在作文训练中必须占据重要地位。我们没必要把质疑作文作为新东西来对待。作文训练一直都有质疑思维的训练，只不过不是很受重视罢了。

一、对成语、格言、谚语类作文题的质疑

我发现许多教师在布置作文训练时喜欢把一些成语、格言或谚语等纳入作文题目的来源，这也许是一种比较容易的出题方式。我发现，对于这样的作文题，在审题的时候，几乎都可以用质疑来思考。也就是说，如果用成语、格言、谚语作为作文题目的来源的话，我们几乎都能从中找到思维不严密的地方，进而深入思考，列出很不错的本论提纲。

例一　题目：从东施效颦说起

简析：

"东施效颦"是个成语，但是历来都是反面的，用来取笑"东施"。难道不能肯定"东施"吗？东施觉得自己长得很丑，这是很了不起的，很客观的，甚至可以说是很有勇气的。更何况她想改变自己，所以向西施学。这有什么错？错就错在，人们把西施的一切都认为是美的。而西施自己知道她心口疼所以"颦"，这本来就不美，当东施要学，她竟然没去阻止。

这样质疑之后，这篇作文的三个本论分论点就可以列出了。

（1）要选择正确的模仿对象作为学习的楷模，提升自我；

（2）学习离不开他人的同情与理解；

（3）学习离不开他人的真诚指点与引导。

列出第一点时，我们想到的往往是"不盲目效仿"。把这句作为分论点一般是不行的，因为是否定的，论点通常不应该是否定的。不过，如果把它作为标题，还是可以接受的。从写作对象考虑，本题的写作对象难道不是"在模仿中学习"吗？

例二　题目：从"桃李不言，下自成蹊"说起

简析：

"桃李不言，下自成蹊"选自《史记·李广列传》，本意是赞颂李广虽不善言谈，但一生功劳卓著，人们一直纪念他。如同桃树、梨树开花结果时，人们为了欣赏花开，为了享受果实，在树下踩出一条小路。这个题目曾经是某省的高考作文题。

如果把这个成语放大，那么桃花、梨花盛开，或者果实累累，不也是一种"宣传"吗？李广的"不善言谈"，对现代人而言是个缺点，却是李广的自我宣传，我们的确应该学习。作为现代人难道不应该"推销自我"吗？从这样的质疑出发，可以列出不一般的本论提纲。

（1）实力的展现就是最好的宣传；

（2）利国利民精神永远值得人们敬仰；

（3）要多做实事，也要"推销自我"。

这个提纲的写作对象是"实力"。主旨应该是：实在地为人民作贡献，人民会记住他。标题可以是"推销自我也是实事"或其他。

例三　题目：万丈高楼平地起

简析：

这是信天游里的一句，可以作格言来看。

这句格言原本强调成功要打好基础。写作对象自然是"基础"。从这个格言思考：难道"高楼"都是"万丈"的吗？难道"平地"能够起"高楼"吗？这样一来，三条分论点很快就拟好了。

（1）成才必须把基础打稳打实在；

（2）根据不同的需要打不同的基础；

（3）根据祖国的需要确定发展目标，把自己的基础打稳打扎实。

例四　题目:心底无私天地宽

简析:

"心底无私天地宽"可以说是一句常用语,选自陶铸所作诗句。如果我们用质疑来思考,"心底无私"者的天地就一定比别人"宽"吗? 如果把共产党员、科学家钱学森同一般的优秀人物相比,钱学森的天地肯定要"宽"得多。这又是为什么呢? 因此,这句耳熟能详的常用语中是否缺少了一些东西呢? 那么,是什么使人"天地宽"呢? 其实,离开了对基础科学的理论把握与实践,离开了宽阔的眼界,天地是不会很"宽"的。

(1) 心底无私天地宽;

(2) 无私又掌握高深科学理论的人,他们的天地会很宽;

(3) 要当无私又身怀绝技的接班人和建设者。

这个材料是观点型的。写作对象是"无私与科学",标题可以据此写出。

二、对命题作文或观点型材料作文的质疑

有不少考试作文题是话题式命题作文或观点型材料作文。过去的考试作文常常用话题式命题作文,而现在的考试作文常常用观点型材料作为作文的依据。对于这样的作文题型,我们可以要求学生用质疑思维审题并列出本论提纲。考虑到这类题型在考试中常常出现,因此,我们对这类作文的训练也应重视。

这类作文题,有的没有叙述材料,有的即使有叙述材料也较少。这类作文题常常有相对明显的观点,比较容易使用质疑的思考方法。

例五　题目:谈谈"勤俭"

简析:

这是一个命题作文,属话题类作文,"勤俭"是话题。我们的前辈常常向我们传授"勤俭"的意识,而我们往往觉得这个观点太老,没有写作的冲动。我们不妨从质疑的角度来思考:"勤俭"如果没有开源、创新,还存在吗? "勤俭"归根到底是为了什么? 等等。这样,本论提纲也能很容易地列出。

(1) 离开开源的勤俭如同无本之木;

(2) 离开创新的勤俭没有存在的意义;

(3) 为开源、创新而勤俭才是发展之本。

例六　题目：或许可以那样

这是一个春季高考的作文题目，是命题作文。通过对题目的审视，我们发现题目中已经有观点，不过要对题目作一下质疑。"或许可以那样"，也许是对"这样"不满意。这便构成三组可能对也可能错的辩证关系："这样"与"那样"；"这样"；"那样"。如何才能找到令人满意的呢？只能靠质疑和选择了。要怎么找出来呢？要找它们的上位概念。于是，作文的写作对象也找到了。

（1）对"这样""那样"的质疑；

（2）新事物的建构源自对旧事物的质疑；

（3）在质疑中博采众长，开拓创新。

我们还可以再写一个本论提纲：

（1）在尝试中探索、选择；

（2）在试错中探索、选择；

（3）在实践中比较、选择。

这个本论提纲相对比较简单，写的时候对所选材料的要求就高了。

例七　题目：猪妈妈对小猪说："你长得像大象！"狮妈妈对小狮子说："你长得像你父亲！"

阅读上述材料，自拟题目，写一篇不少于 800 字的作文，诗歌除外。

简析：

这是材料作文，材料是个寓言。读完这则材料，你应该很快地理解它的哲理，这个过程相对比较容易，因为本质上它是观点型材料作文。一般的思考是肯定狮妈妈而否定猪妈妈，认为猪妈妈"像大象"的说法不切实际，过于夸张，是一种虚荣的表现。肯定狮妈妈是因为它说得很实在也很科学。所以，材料的哲理是：人贵有自知之明。

不过，我们能否不要那么武断呢？因为材料作文如果由两个或两个以上的材料构成，那么简单地对两者一肯定一否定往往太浅了。能不能对两者都肯定呢？质疑在这里不过就是角度不同罢了。这样一想，思路就打开了。

（1）人贵有自知之明；

（2）把长辈的赞扬当作激励；

（3）力所能及，超越前辈。

例八　题目：肖伯纳说："你我各有一个苹果，交换之后各人仍然只有一个

苹果；你有一个思想，我也有一个思想，交换之后，我们各人都有两种思想。"

简析：

从表面上看，这则材料有两样东西：苹果和思想，然而仔细思考发现，实际上强调的是一个东西——思想。思想是不会增加的，除非有"交流"。这便是重要的写作对象。这样的审题是比较容易的，称此作文材料是观点型材料作文，是因为材料的观点很明显，容易找到。

质疑思考并不是只看到简单的两个东西，而要看实质是什么。交流的结果是双方只有两种思想吗？这两种思想通过交流又会出现怎样的理想的结果？

（1）思想在交流中深化；

（2）新思想在"碰撞"中产生；

（3）新的和谐在深度交流中实现。

例九 题目：比尔·盖茨坦率地忠告即将走出学校、步入社会的莘莘学子："生活有时是不公平的，你应该去主动地适应它；这个社会并不会在意你的自尊，而是要求你在自我感觉良好之前先有所成就。"

简析：

阅读这则作文材料，你会发现它几乎全是观点，是典型的观点型作文。它的上位概念是什么？是"适应""自尊"还是"自我感觉良好""成就"？原来"自尊"是上位概念，可以作为本文的写作对象，标题也有依据了。上位与下位概念清楚了，辩证之后就是递进思考，列出本论提纲。

（1）自尊的维护要靠实力支撑；

（2）适应社会，战胜自我，才能赢得自尊；

（3）自尊应该是谦虚平和，积极而乐于助人的。

思考一下上面的本论提纲的构成。题目采用"加概念"的形式。"实力"一词也不是凭空而来的，源自材料中"先有所成就"。"战胜自我"源自"主动地适应它"。第三点就与"超越"有关了。试想，真正有自尊的人，因为有实力，自然对他人态度平和，而且乐于助人。这个提纲用的依然是递进关系，一条比一条深入，而且逻辑性强。

三、对叙述较多的材料作文的质疑

这也是一种材料作文的命题方式，不过叙述部分比较长，字数也比较多。

考试作文通常不采用这种形式命题,但是并不绝对。作文训练常常会遇到这种作文题型,因此,还是能够熟练运用为好。

这种作文题型,最难写好的是引论部位。因为原题中的叙述材料过长,而且很难提炼,所以就不能在引论中用上类比材料。对本论的三个分论点的论证中,必须首先以原题中的叙述材料为论据,虽然这些材料侧重点必须与分论点相关,但是有可能要三个论据(一个分论点的论证用一个论据)。因为是从同一则材料中引出分论点,所以这些分论点之间的关系或许相距较远。为了避免三者不相关,写作对象应尽可能在每条分论点中出现。

例十　题目:寺院新来的小沙弥对什么都好奇。秋天,禅院里红叶飞舞,小沙弥跑去问师父:“红叶怎么会掉呢?”师父一笑:“因为冬天快来了,树撑不住那么多叶子,只好舍。这不是放弃,是放下!”

简析:

这是一篇材料作文的题目。材料相对较长,说了一个小故事,并且解释“这不是放弃,是放下”。我们先分析一下“放弃”与“放下”的解释。“放弃”是什么都不要,一走了之。“放下”是指一个动作,其他都保存着。两者相同的是“放”,不同之处在于,一个“放”是什么都不要,另一个“放”是暂时的,其他都保留。这种审题分析用的是辩证质疑的思考方法。接着就要对本论作递进分析,列出本论提纲。可以在引论中解释一下“放弃”与“放下”的概念。由于本论中强调“放下”,所以“放弃”可以略去,不过,引论和结论中也要提一下这两个词(请思考一下:为什么“放弃”一词可以略去? 为什么即使本论中略去“放弃”,引论和结论中也要提一下这两个词?)。本文的写作对象可以是“放弃”与“放下”,标题可以是《从“放弃”与“放下”说起》,也可以是《“放下”与其他》。本论参考提纲如下。

(1) 善于“放下”,才能集中精力和优势;

(2) 善于“放下”,才能未雨绸缪;

(3) 善于“放下”,才能坚守信仰,成功实现目标。

在这样一篇作文中,怎么样才能写好引论呢? 引论中这个故事总要简略地作交代,但因为字数的关系,类比材料无法使用。可是这个故事在本论中必须分三次作论据。这三个论据必须与分论点有关,第一个贴近“集中精力、优势”,第二个贴近“未雨绸缪”,第三个贴近“信仰、成功”。这三个论据字数要少些,因为后面要用其他的论据来充分论证。

例十一 题目:1895 年 11 月 8 日深夜,伦琴结束了实验离开实验室。突然他想起忘了关闭电源,便回到实验室。一开门,他看到一只板凳正发射着一束绿色的光! 他伸出手掌,发现屏上清晰地显现一节节骨骼的黑影……于是,他疯狂地寻找事实真相,十几天没离开实验室……他发现了 X 光。1901 年,伦琴成为第一个获得诺贝尔物理奖的科学家。

克鲁克斯可以说是伦琴的导师,他也曾发现抽屉中保存在暗盒内的胶卷莫名其妙曝光了。他以为是胶卷质量低劣,厂家给了他赔偿,可他却错过了一次伟大的发现。在伦琴发现 X 光的 5 年前,美国的古德斯柏德偶然洗出了一张透视底片,他想这是药水或技术的问题,把底片丢进了垃圾堆……

简析:

这是一个材料很长的材料作文题目。审题后我们知道"眼见未必为实"或"科学发明往往要抓住偶然"的哲理。用辩证质疑的方法,我们可以列出《看见与发现》或《偶然与必然》之类的标题,并列出本论提纲。

看见与发现

(1) 看见而且能深入研究,才能有所发现;

(2) 坚持主观与客观统一的认识,才能最终发现真理;

(3) 人类不仅需要创造,而且需要自我完善。

偶然与必然

(1) 偶然中蕴含着必然的因素;

(2) 从抓到的偶然中发现必然,需要恒久的努力;

(3) 自身素养的提升往往也要抓住偶然给予的机遇。

写这篇材料作文时,需特别重视引论与本论的写法。

本篇文章谈了"对成语、谚语、格言的质疑""对命题作文和观点型材料作文的质疑"和"对叙述较多的材料作文的质疑"三个问题。它们在题目的分类中虽然不交叉,但是因为有着对象、思考、结构三方面本身的相容的要求,所以有必要在最后加以说明。

本文特别强调质疑思维,几乎所有作文例子都在用质疑思考。那么到底该如何质疑呢? 总不能又是"只可意会,不可言传"吧。其实,质疑思维在教学中只要抓住本论及三个分论点必须用层进式的结构就可以了。虽然用的是层进式结构，但是思维上一定要以递进的方式来思考问题。一开始难免生疏不熟练，用的次数多了就容易了。写文章是如此，思考问题也是如此。批判性思维一旦形成，就会成为人的重要素质。其实，教学生作文就是教学生如何思考，如何做人。

10　材料、素材、论据与论点的关系

最后，我觉得有必要说说材料、素材、论据与论点的关系。可以写进文章但还没有写进文章的资料，我们一般称为"材料"。材料有的是某某文章的名言，有的是古代或现代事件的叙述。这些材料准备用进文章，就称为"素材"。而一旦这些素材写进文章了，就分两种：写在引论或结论的，称为"素材"，也可称为"材料"；写进本论中的，就称为"论据"。换言之，论据是进行论证的素材或材料，一旦进入论证，就必须称为"论据"。简单地说，这三个名词中，材料是上位概念，它包括素材与论据。用在引论与结论中的只能称为"材料"或"素材"，而在本论的论证中出现过的材料和素材，都可称为"论据"。

一、古今中外的材料在文章中的关系

有的学生写议论文或者议论散文时喜欢全用古代材料。在引论中是这样，在本论的论证中也是这样，结论中依然这样。换句话说，整篇文章用的材料全是古代材料。喜欢用古代材料的学生往往是文科生，反正要考历史，不如顺便多记些古代材料，写作文时用得也很自然。他们用古代贤人的名言为材料，用许多古人的史实为论据，殊不知这样的文章，给人一种从坟墓中刨出来的感觉。写文章必须体现文章的现实针对性，如果用的全是古代材料，那么现实针对性要怎样体现呢？

有的学生则相反，写作文用的几乎全是现代材料，无论是引论、本论，还是结论，要用就是用现代材料。别的姑且不管，这样的文章当然是可以的，因为写文章本来就是要解决现实问题，全用现代材料自然没问题。

还有的学生，写文章总喜欢用外国材料作论据，而且通篇如此。喜欢用外国材料作论据的文章，总给人与外国关系很密切的感觉。例如，有篇作文题目是"谈教育"，作者全用了外国材料作论据，让读者形成这样的感觉："外国的教育比中国的好。"如果你说："不是这样的！"读者会说："文章中什么地方说过'中国的教育好'？"其实，这都是因为作者在文中全用外国材料作论据的缘故。那么，如果有学生在作文中全用中国材料呢？那真的没有什么关系，因为文章本来就着重解决中国存在的现实问题。

看来，对于文章中材料的使用，也应有所训练。

一般而言，喜欢在文章中用中国材料或现代材料的学生，问题不大。而喜欢用古代材料或外国材料的学生就应稍加注意了。从视觉效果来看，这多少有点问题。因此，如果用了一个古代材料，就起码要用一个或一个以上的现代材料相对应；用上一个外国材料，就起码要用一个或几个中国材料相对应。当然，也可以用副标题加以强调。不过，学生在作文中一定要体现作文所具有的现实针对性。

哪怕在作文中已经注意了材料属性的问题，学生也必须注意，文中用到的材料必须概括、精炼。有人说，题目的材料必须在引论中抄一下，这当然是不对的，但是题目中的材料必须出现在引论中，这话是对的。对于要在引论中用到原题中的材料，你应该概括一下，哪怕用一两句，甚至一个词也好，因为在作文后面也可以提到。作文引用的名言不要贪多。用到举例论证，举的例子不要太长，有时还要取舍。以什么为标准呢？我想，只要一段的字数与其他段的差不多就可以了（一般150字左右），多一点问题也不大，太多了就必须取舍了。

一篇作文，特别是考试作文，一般用几个材料好呢？这个我说不好。上海高考的一类卷作文，平均每篇用了6个材料。我不是说写作文必须用6个材料，用4个、5个也可以，但7个、8个就没必要了。

有学生问我："一篇作文平均用6个材料，怎么用得到，写得下呢？"其实只要点到就可以了。举一个例吧。

上海人的"壶"里乾坤真大！东西文化在这里荟萃，海纳百川，让人目迷五色。可是东西文化在交融中也有冲突，在"快餐文化""杯水主义"的背后依稀有"文化沙漠"的影子。一些不健康的东西也在向我们侵袭。可是上海人真能包容，真有自信。在"拿来"与"扬弃"之后，海派文化似乎沉稳地应对了挑战，变得更有生命力了！看一看浦东的变化，它能说明许多问题。

这一段议论中就用了6个材料，不过都很简略罢了。

二、注意作文中论点与论据的关系

材料进入本论，几乎就成了论据。于是，论点与论据就构成了直接的关系。先说说进入本论部分的未必都是论据。

刘勰说得好:"句有可削,足见其疏;字不得减,乃知其密。"无论繁简,要是拿"无可削""不得减"作标准,就都需要提炼。但是,这提炼的功夫,又并不全在下笔时的字斟句酌。像上列几个例子,我相信作者在写出的时候并没有大费什么苦思苦索的功夫。只要来自生活,发诸真情,做到繁简适当并不是一件太困难的事。顾炎武有云:"文章岂有繁简耶? 昔人之论,谓如风行水上,自然成文,若不出于自然,而有意繁简,则失之矣。"

——周先慎《简笔与繁笔》

这是课文中的一段。材料用了好多。用到刘勰的名言、顾炎武的名言。它们哪个进入了论证,可以称为论据? 我们先看看这一段的分论点是什么? 分论点是:"只要来自生活,发诸真情,做到繁简适当并不是一件太困难的事。"从哲理上看,与分论点关系紧密的是顾炎武的名言,因此他的这句话就是分论点引用的论据。称得上紧密的是指什么? 分论点强调"繁简适当并不难,只要来自生活,发诸真情"。顾炎武的话也强调"若不出于自然,而有意繁简,则失之矣"。两者只是语言组织的形式不同,在哲理上几乎是一样的。刘勰的话与这段的分论点和论证没有关系,所以它是材料不是论据,是引用不是引证。我们从原文中的"但是"就能看出这点。它起到引出分论点的作用,以及增强文学性的作用。

材料必须能证明论点才能成为论据。为了使论点与材料直接构成关系,有的时候我们还必须对材料作一些必要的改动,使这种连接显得更明显。

例如,证明"扶贫必须落到实处"的论点时,原材料有一个是这样的:

《宁夏日报》对某村进行扶贫,他们把扶贫款增加了一些,然后发到每一家村民手上。结果不少村民喝酒、赌博把扶贫款全花完了。第二年,《宁夏日报》发现对这个村的扶贫工作泡了汤。于是对村里的现有资源作了了解,对市场的供货情况也作了了解。他们利用村里的空仓库种起了蘑菇,并且派了技术人员对村民作指导。并且按照工作量按月发工资。市场对蘑菇的需求很大,他们又引进了许多蘑菇品种……这个村终于脱了贫。

我们能否直接将这则材料作为论点"精准扶贫必须落到实处"的论据? 不行。首先,这则材料太长,本来就必须精炼。其次,"落到实处"只是材料中的一部分,其他的部分与"落到实处"关系不大。很有必要对这则材料做些改动:

精准扶贫必须落到实处。靠发扶贫款,并不算落到实处。《宁夏日报》的同志积极调查村里的资源和市场的需求,最终选择了种蘑菇,还专门请了技术人员作指导。村里逐渐富了,蘑菇的品种也增加了,也开始研究下一步发展了。扶贫要落到实处,就必须为村里的可持续发展着想,为村民的未来着想。

在这里,论点中的"落到实处"与材料中的"落到实处"必须直接相关,这样才能对材料作一些必要的处理,使之成为论据。这样的例证也会显得有力,而且不会出现"跑题"或"偷换概念"的情况。

这样的情况在考试的阅读题中也有:

艺术美在推动社会前进方面具有特殊的价值。艺术美虽然有供人消遣、娱乐的一面,但更重要的是,它负有推动社会前进的特殊使命。朗吉弩斯说:"艺术作品不仅打动听觉,而且打动心灵,能把人的禀赋和修养中那些文词、思想、行动,以及美的意象都鼓动起来,把作者的情感传到听众的心里,引起听众和作者共鸣。就是这样通过由文词建筑起来的巨构,作者把我们的心灵完全控制住,使我们受到作品中的崇高、庄严、雄伟等品质的熏陶,潜移默化。"艺术美能够征服人心,鼓舞人心,促进人们奋发向上,以达到推动社会生活前进的最终目的。

题目:这一段论证了艺术美在推动社会前进方面的特殊价值,你认为论证是否充分?请作出判断并说明理由。

简析:

这里的论证当然是不充分的。这段的论点是:"艺术美在推动社会前进方面具有特殊的价值。"这段使用的论证方法主要是引证。在朗吉弩斯的这段话中,重点只是艺术作品对听众的作用,包括潜移默化的作用。就这一点而言,论点与论据两者关系很远。此外,在"推动社会前进"方面没有论据。因此,这段的论证是不充分的。那么怎么才能显得论证比较充分呢?至少要在这段中增加一个论据,说明是艺术美推动社会前进。

一般而言,也许不应该让学生记住那么多的规矩。那么简言之,就是在用论据论证分论点时,尽可能用上两个材料作论据,而且这两个论据从不同角度出发,都与论点密切相关。这样的论证也就比较充分了,论点与论据的关系也比较密切了。

三、用增加议论篇幅来避免"以例代证"

不管是写议论文还是写议论散文，议论总是最重要的。为了保证有足够的议论，至少在表述议论部分应有足够的篇幅。否则，议论篇幅过少，阅卷教师常常会判"以例代证"或者"观点加材料"。这样的文章肯定不及格，因为没有论证，论点与材料"各归各"，没有有机地融合成一体。那么，如何保证有足够的议论篇幅呢？这里，我提供三种方法。

方法一：在本论中，每一段的首句是该段的分论点。

学生在列出分论点的时候，通常是从全文思考的，所以这些分论点常常是一句话，甚至是一个词，甚至有时连句子都不通顺，如"要好好学习"前面漏了主语"我们"，等等，忘记了在具体的文章中，论点或分论点要与上下文连贯通顺。因此，光用一句话往往是不够的，要增加几句才是。

议论文或议论散文中，议论要有三要素：论点、论据、论证。换句话说，其中的每一项都归议论。如果我们不是用一句话表示论点或分论点呢？如果是化为两句、三句甚至四句呢？这几句是不是议论？当然是。这样，议论的篇幅不是增加了吗？阅读本书前面的议论范文或片段，你有没有发现有的文章段落的分论点部分占了有关段落的三分之一、二分之一甚至更多的篇幅？看来，用这个方法增加文章的议论篇幅是可行的。

方法二：议论部分的段落，采用"总—分—总"结构。

在作文的首句或几句，表述的是论点或分论点。接着，就是用一个或几个论据对论点或分论点进行论证。在作文的最后层次，往往又需强调论点或分论点，这部分有时写得少些，有时写得多些，但一定存在；有时是这一段的论点或分论点的重复，有时是延伸。

有些学生不会写或写不好这一段的中间层次的论证，只把材料写上，而没有很好地论证。然而，这一段的议论篇幅是符合一般要求的，因为就像麦当劳里的"巨无霸"，两头有议论的"总"压住，这一段的议论篇幅总该可以了吧。我曾经说过，在议论的段落后可以加上一句问句。问句一定是议论，对不对？

方法三：如果上述两项还不能让文章有足够的议论篇幅，学生还有对"以例代证"的"担忧"。

对此，学生只能增加这一段议论部分的篇幅了，或者在论证时增加议论。

增加的议论其实也很简单，如说说它的来源，说说它的未来，说说它的表征，甚至说说它的延伸效果……或者想想不同的阅读对象，加上必要的同义反复……要不然，请看看本文引用的周先慎《简笔与繁笔》中的议论部分是怎么写的，应该能获得启发。

11　浆果林的启示与作文做人

　　这篇文章不能说是完全的作文指导，但是也很重要。可若说它是专门讲教育学生做人的，又不像。这篇文章我曾发表过，而且收到过读者来信，有人还向我讨教过，我觉得有些意思，就收录在本书里。

　　我有一对在译影厂工作的朋友，他们突然打电话向我求助。原来，他们读高三的在学生会当体育部长的儿子突然收到一封女同学的求爱信，于是读书读不下去了，整天神魂颠倒，还旷课了……他们要我想个有效的解决办法。

　　我是个凡人，没有什么特殊的办法。我说："让我和你们的儿子通个电话试试吧。"孩子能够和我通电话，这是起码的条件。我和他说起浆果林的故事。

一、浆果林的故事

　　有一片很大很大的浆果林，里面的浆果虽然有大有小，但从整体上看，东、南、西、北四个方向生长的果子大小还是比较平均的。有两个人，姑且称他们为 A 和 B，要从浆果林的一头走到另一头。他们的游戏规则是这样的。

　　（1）看谁先到终点；

　　（2）每人只能采一个果子，看谁采的果子大；

　　（3）不能走回头路，路线只能朝前不能朝后。

　　看完游戏规则，有人说："反正有一个条件总能够实现。"也就是说，要么最先到，要么采一个大果子。然而，游戏的根本要求是：一个人同时实现三个规则。这就需要动脑筋了。

　　我把题目和要求都对朋友的儿子说了，并说明智商在 130 以上的人，20 分钟就能想出办法。第二天我打电话给这位学生会体育部长。这位体育部长也很配合。他做出了题目，也花了 20 多分钟。他的解释是这样的："如果我在这场游戏中胜出，就必须最早弄明白什么样的浆果才是最大的，以便我马上行动。我弄清这个问题花的时间越短，那么我完成游戏任务的可能性就越大。所以，我必须在路途行进到一半时达到这个目的。要达到这个目的，就必须有两次验证的机会。第一次验证确定的浆果最大的样子是这样的，不能保证第二次验证的浆果也是这样大的。只有经过两次验证而不采,才能说明第三次验证的最大的浆果与第一、第二次验证的浆果相比是最大的或是相等的,甚至是很小的,从而确定什么样的浆果是最大的。就这样,通过两次验证,我用最短的时间知道了什么样的浆果是最大的。所以,我胜出了!"

他还有一点没有说。那就是,在一般情况下,能够非常理性地对待游戏的人很少见,哪怕对手是长跑健将也是如此。

我听完后,对他的思考结果作了肯定,并且特别强调是他自己一人独立思考出的结果,而且是理性的结果,非常不容易。在他沾沾自喜的时候,我告诉他:"既然是你独立思考所得,而且来之不易,那么你就要遵从这个结果。这个结果正确与否已经经过你的检验,所以和我、和你的父母没有关系……你知道我指的是什么。"

他没有回应。第二天,他的父母说,他一整天没说话,只是呆想。第三天,他上学去了,恢复了正常。我知道他会怎样对待这位给他写信的女孩。

二、浆果林故事的思考

对这样的结果,我不由作深入的思考。

第一,应该说,这是理性思考的结果。这位学生知道要确定真理,必须经过两次验证。这是很不容易的。可是这位学生的思考有一个漏洞:你既然可以假定在路途的一半,要弄清什么样的果子是最大的,并且把这一半的路途一分为三,以作两次验证,那么也可以假定在路途的三分之一弄清这个问题,也可以把这三分之一的路途再一分为三,然后作两次验证……根据极值理论,这样的趋势必然趋向于 0,也就是说,在起步之初就知道什么样的果子是最大的——这是不可能的。

问题在于,必须为这样的理性思考增加一个维度,以使思考能够进行下去。通常说来,样本在 150—300 之间的结论是可信的。样本不到 150,结论没有说服力;样本超过 300,就没有存在的意义。一位语文教师根据自己在某个班的教学实践写了篇论文,其结果往往很轻易就会遭到否定。理由很简单:样本小于150,缺乏说服力。当然,如果结论被三个班以上的实践证明是正确的,那么这篇论文的结论一般都会得到肯定。

我们站在浆果林前,第一次看周围的浆果,在 50 个左右的果子中确定什么样的浆果最大，但是不采。然后向前迈步，重新确定另外 50 个左右的果子中哪个最大，仍然不采。第三次从其他的 50 个左右的浆果中确定什么样的果子是最大的，依旧不采。此时我们已经完成了 150 个样本的检测。再以后，也就是第四次从 50 个果子中发现验证过的一样大的果子，采了就往终点跑。因为有了两次验证，又有了足够的样本。这次肯定能够胜出。

第二，这只是一个游戏，却能告诉我们：现实生活中，存在这种充满心思的人，他们总能成功，即便在同样条件下，也能比别人得到更多更好。这就是所谓的"精致的利己主义者"。你要不要学？怎样学？尽管人们一般都讨厌身边存在这种人，但是没有办法拒绝符合规律的成功的做法。而且，这里的两次验证与样本不能小于 150，这两个规律已在某年的春季高考中作为常识考过了，尽管没有教过、学过。

第三，刚才讲的浆果林游戏的故事，其结果得出还是比较顺利的。然而，现实生活中会复杂得多。一般而言，是你思考的结论，你就应该去做。这是非常浅显的道理。然而，我们看到的常常是：虽然是我想出的，但是我不做。我认为这样是正确的，但是我不按正确的去做。你又能怎么样？受过欧洲启蒙主义运动影响的人，常常看不懂这种现象。然而，有些中国人真的会知行不统一到如此惊人的地步！幸好，我们遇到的不是这样的体育部长！

第四，有了这样的思想准备后，我们再听到浆果林的游戏，对于不同人出于好奇或戏谑而做出不同反应，也就不会感到十分奇怪了。

看了浆果林的游戏规则，有人会想：既然这样，我只要先跑到终点躺下即可。后者来了，要么抢了他的浆果，要么杀了他！殊不知，抢和杀都是犯罪！有人会想：先跑到前面，挖个陷阱，做好伪装，然而把对手引到陷阱……只有我一个人，当然我第一！有人会想：如果发现采的果子小，就吃了或扔了，再重新找重新采！有人会说：干脆把对手灭了，一劳永逸！

……

哪怕是游戏，哪怕这些只是一种下意识的表现，它们也都是错的！这是一些什么人？拔一毛而利天下而不为的人！难怪有人在惊呼：教育千万不能培养一批精致的利己主义者！

三、把浆果林的故事作为作文材料以及思考

如果把浆果林的故事作为作文材料,那么这个故事的写作对象是什么? 是眼界。它告诉我们的哲理又是什么? 根据前面我们思考的内容,我们可以列出本论提纲。

（1）眼界在遵循理性规律的探索中不断拓展;

（2）眼界在遵守公德的操守中深入并恪守与人为善;

（3）眼界在经验、道德、真理认知的基础上积淀。

这样的作文并不十分难处理。本论第一条强调的是成功必须坚守理性的基本规律。本论第二条是从道德规范角度作的思考。本论第三条是讲眼界形成需要一个积淀的过程。

然而,如果没有对"精致的利己主义者"的贬斥,我们会如此指导学生列出这样的作文本论提纲吗? 如果深刻一点,我们还应把与不良现象作斗争的内容放进提纲中。

当然,我还可以列出另一个本论提纲。

（1）眼界在遵守理性规律的探索中不断拓展;

（2）眼界在对所承担责任的理解的加深中逐渐拓展;

（3）眼界在改造与享受主客观世界中积淀、升华。

我想,浆果林的故事如果作为作文材料,可以作出上述的思考。我当然知道作文与培养人的关系,我很反对培养那些精致的利己主义者,但我又感到对此无可奈何。不管什么时代,总少不了精致的利己主义者。但是,如果这样的人才是自私的,是置他人于不顾的,更有甚者,国家和民族的利益置于身后而不顾,那么,培养他们有什么意义呢? 不过,我坚信社会终究会教育这些人。

不管在什么时候,语文教师都必须以德为主。虽然语文教学总是与形式有着或深或浅的关系,但形式归根到底总是包含内容的。离开了德,语文还能做什么呢?

可是说到道德,我们常常有空泛的感觉。德育必须实实在在才能放心地教。中国古代的贤者提到道德,通常是从做人的外部操守说起,即所谓的"君君、臣臣、父父、子子"。怎样才能拥有属于自己的操守呢? 我想,能否增加一个词——责任? 加上责任,道德就能变得非常实在。要做一个对自己负责任的

人,一个对自己家庭负责任的人,一个对集体负责任的人,一个对社会负责任的人,一个对民族负责任的人,一个对国家负责任的人,一个对世界对未来发展负责任的人……

这些项可以叠加,但必须落在具体的责任上。

我们还必须让道德责任心的改变可触可摸。为什么责任的实现一定是渺茫的呢?在责任意识加深的同时,我们也应能看到或享受到主客观变化带来的好处……

如果能够这样,那么我们对学生的作文训练就会更加务实,学生的思维就会更加积极,知与行的统一就会更加自觉,而教育教学的质量就会越来越好!

12　高中作文必知 30 条

关于作文,我写了不少文章,最后有必要小结一下。我前面写的文章可能你已看过,但是内容那么多,怎么记得住? 你只要记住这里的 30 条,在写作文前看一下,一般是能够起到作用的。

1. 尽可能以文章的写作对象为依据,拟一个短语或短句作为标题。起标题用其他办法也可以,但是用这个方法最稳妥。

2. 标题下尽可能空一行,以备作文写完后发现有离题的倾向,用来写副标题纠偏,使标题或大些或小些。

3. 作文内尽可能不用小标题,以防影响整篇作文的完整性。

4. 尽可能不用题记,规避作文前后不协调或凑字数之嫌。

5. 首段入题要快,尽早出现写作对象和主旨。

6. 引论的写法,一般先用与作文材料相类比的材料,以增加作文的新鲜感,让阅卷教师感兴趣,之后马上接上作文提供的材料,两者都要概括、精炼。引出写作对象后,简单作解释、说明,然后引出全文论点。如果来不及思考,写论点范围也可以。此段即作文的引论部分,很关键,必须写好。引论 150 字左右,也可分两段。

7. 本论必须分层次展现,要三个分论点,用肯定句形式,构思时要着重体现彼此的递进关系。三个分论点可以拉得开一些,以便中间用具体的论据来论证。分论点通常在一段的第一句,写的时候要分几句写,也可以独句成段。本论部分 600 字左右,可分三段或四段。

8. 论据以现代材料为主,以中国材料为主。

9. 论据中的名人名言要尽可能选权威的。

10. 论证的论据必须是典型的,不能杜撰。

11. 不要用小说或寓言等虚构材料为论据,如果用了,则该段必须加上事实论据。这样前者就不作论据了,起引出论据或增强文学性的作用。

12. 本论部分的论据也要概括精炼,并且尽可能相互关联,使前后内容显得比较完整。

13. 如果想要套用与作文题目比较接近的本论提纲,那就不要留下原有提纲的写作对象的痕迹。

如有次考试作文题目,审题后认为"评价"是写作对象。但要立马列出本论提纲,一时很困难。头脑中记得的是"救赎与悲悯"的本论提纲。参照这个提纲拟出的"评价"的本论提纲如下。

(1) 评价是对他人或某事作出客观的理解和评论;

(2) 评价他人或某事本质上是对自己能否正确评价的评价;

(3) 在评价中反思自我,不断提升自我。

而原来"救赎与悲悯"的提纲为:

(1) 一切高尚道德源于对他人犯罪的悲悯情怀;

(2) 救赎他人本质上就是救赎自我;

(3) 在救赎中行动、反思。

看看,想想,两者是不同的,但为什么两者可以参考? 因为两者都是用质疑思维思考,都采用层进结构。

14. 不要从否定角度立论,哪怕是负面材料也尽可能从正面立论。

如有这样的作文材料:最近上海出现许多楼盘,楼盘的名称形形色色:金色田园、蓝玫瑰、美好家园、望族公寓、金榜人家、总统别墅、天子大厦、富贵苑、财富新村、金字塔、第五大道、维多利亚、东方夏威夷,等等。对这些楼盘的名称,你有什么看法?

这个作文材料是负面的,学生很容易对其中的拜金主义、崇洋媚外,以及对封建主义或资本主义的艳羡提出批判。列出的论点看似肯定判断句,然而本质上都是负面的。

我们可以这样列本论提纲:

(1) 如此多的楼盘显示上海人民具有无限的创造力;

(2) 表现了上海海纳百川、大气谦和的城市精神;

(3) 体现了上海人民有争创世界一流的宏大志向。

这个提纲是正面的,如果要对作文提供的材料加以批判,那么可以在引论与结论中进行,在本论的几段中也可以用对比论证。

15. 结论的结构为总论点和现实针对性内容,字数从 50 字到 250 字不等,可分两段。总论点可以是三个分论点的叠加。现实针对性包括:怎么办;批评或表扬；号召。

16. 作文必须保证足够的议论篇幅，或把分论点加长，或采用"总—分—总"形式。

17. 读者熟悉的少写或不写，读者生疏的或感兴趣的可详写。

18. 全文构思尽可能用以小见大手法。

19. 全文字数统计，以写到考试作文卷末尾倒数第四、第五行结束为准。尽可能不写错字、别字，错一个扣一分，扣到三分为止。关联词尽量少用，容易用错。不要用外语或网络用语。

20. 标题或与论点有关的词语，在引论、本论、结论的结构中需各出现一次，以防"跑题"。

21. 作文要头尾呼应，结构完整。作文题目中的材料至少要在本论中出现一次，以作为论据，否则就是"文不对题"。

22. 善写议论文的，给作文增加一点散文味；善写记叙文的，要为作文增加一点议论色彩。

23. 全文应有一句体现幽默的话，一句体现悲悯色彩的话。

24. 有些内容，估计读者不爱看，但是非写不可。那么，可以用汉语四字格的原则组织词语、句子。这样出现病句的可能性小，因为句子整齐，而且增强了作文的节奏感，读来朗朗上口。

25. 全文所用排比句不超过三句。引论中用排比句的学生较多，建议不要用排比句。

26. 全文可用若干问句（一般为三句）表示强调。

27. 全文可用上两到三句文言句式，不要过多，"半文半白"要扣分。

28. 作文中间不要空行。

29. 全文分段最好七至九段。

30. 字写大些、方些、正些，以他人能比较轻松读懂为最低标准。写字用黑色笔。考前就应熟悉、适应。

图书在版编目（CIP）数据

品课：语文与立身 / 陆逐著. — 上海：上海教育
出版社，2022.3
（上海教育丛书）
ISBN 978-7-5720-1304-1

Ⅰ.①品… Ⅱ.①陆… Ⅲ.①中学语文课 - 教学研究
Ⅳ.①G633.302

中国版本图书馆CIP数据核字(2022)第037711号

责任编辑　孔令会　廖承琳　王佳悦
装帧设计　陆　弦

上海教育丛书
品课：语文与立身
陆　逐　著

出版发行　上海教育出版社有限公司
官　　网　www.seph.com.cn
地　　址　上海市闵行区号景路159弄C座
邮　　编　201101
印　　刷　上海展强印刷有限公司
开　　本　700×1000　1/16　印张 17　插页 3
字　　数　265 千字
版　　次　2022年3月第1版
印　　次　2022年3月第1次印刷
书　　号　ISBN 978-7-5720-1304-1/G·1023
定　　价　46.00 元

如发现质量问题，读者可向本社调换　电话：021-64373213